Lucinde Hutzenlaub wurde in Stuttgart geboren, wo sie nach mehreren Auslandsaufenthalten wieder lebt. Sie ist verheiratet, hat drei Töchter und einen Sohn. Lucinde arbeitet als Kolumnistin und Autorin und findet, Perfektion wird völlig überbewertet.

www.lucinde-hutzenlaub.de, Instagram: @lucindeschreibt, Facebook: @hutzenlaublucinde

Heike Abidi lebt zusammen mit ihrer Familie in der Pfalz bei Kaiserslautern. Sie arbeitet als Werbetexterin und Autorin von Unterhaltungsromanen, unterhaltenden Sachbüchern sowie Jugend- und Kinderbüchern. Sie findet, dass Gelassenheit glücklicher macht als der Versuch, sich ständig selbst zu optimieren.

www.abidibooks.de, Instagram: @heikeabidi, Facebook: @AbidiBooks

Außerdem von Lucinde Hutzenlaub und Heike Abidi lieferbar:

*Ich dachte, älter werden dauert länger.
Ein Überlebenstraining für alle ab 50*

*Ich dachte, sie ziehen nie aus. Ein Überlebenstraining für alle Eltern,
deren Kinder flügge werden*

*Ich dachte, wir schenken uns nichts. Ein Überlebenstraining
für Weihnachtselfen und Festtagsmuffel*

Besuchen Sie uns auf www.penguin-verlag.de und Facebook.

Lucinde Hutzenlaub
Heike Abidi

ICH DACHTE, ICH BIN SCHON PERFEKT

Ein Überlebenstraining
für alle, die herrlich
normal bleiben wollen

Sollte diese Publikation Links auf Webseiten Dritter enthalten,
so übernehmen wir für deren Inhalte keine Haftung,
da wir uns diese nicht zu eigen machen, sondern lediglich
auf deren Stand zum Zeitpunkt der Erstveröffentlichung verweisen.

Penguin Random House Verlagsgruppe FSC® N001967

2. Auflage
Copyright © 2021 by Penguin Verlag
in der Penguin Random House Verlagsgruppe GmbH,
Neumarkter Straße 28, 81673 München
Redaktion: Katharina Rottenbacher
Umschlaggestaltung: bürosüd, München
Umschlagabbildung: www.buerosued.de
Satz: Greiner & Reichel GmbH
Druck und Bindung: GGP Media GmbH, Pößneck
Printed in Germany
ISBN 978-3-328-10822-1
www.penguin-verlag.de

Inhalt

Vorwort Heike: Achtung, dies ist kein
Selbstoptimierungsratgeber!   9

Vorwort Lucinde: »Mut zur Lücke« – mein Leben
als multipotenzielle Dilettantin   14

Teil 1:
Körper, Geist und jede Menge Bauchgefühl

Einmal Superfood bitte, aber vegan, laktosefrei
und hypoallergen! (Lucinde)   25

Wer schläft, sündigt nicht! (Heike)   37

Ein bisschen dick ist nicht so slim – Sport für
Normale (Lucinde)   49

Auf Schritt und Tritt ... Fitnessarmband,
nein danke! (Heike)   57

Nobody is perfect – das Quiz   64

Teil 2:
Du liebst Menschen – keine Projekte

Mein Kind, der künftige Nobelpreisträger
(Heike)   73

Mein Mann, der Prinz in schimmernder
Rüstung (Lucinde)   81

Du kannst es nicht allen recht machen (Heike)   91

MEHR MEHR MEHR: Grenzenloses »Was
kann ich noch für dich tun« – auf der Suche
nach dem entspannten Nein (Lucinde)   99

Der Sechsstufenplan für Neu-Neinsager   **104**

Teil 3:
Organisation ist nur das halbe Leben!

Alles in Ordnung! Oder: Frau Kondo?
Wer ist eigentlich Frau Kondo? (Lucinde)   **111**

Das bisschen Haushalt … muss auch nicht
perfekt sein (Heike)   **121**

Wer was macht, warum nicht, wann und
wie viel – Kommunikation im hutzenlaubschen
Haushalt (Lucinde)   **129**

Zeit für schöne Dinge statt Zeitmanagement
(Heike)   **137**

Test: Welcher Ordnungstyp sind Sie?   **147**

Teil 4:
Entspann dich doch mal!

Indien in Stuttgart: Den inneren Guru finden
(Lucinde)   **153**

Bei Meditation bin ich raus! (Heike)   162

Weiter, schneller, gewagter: Freizeitaktivitäten und Urlaube (Lucinde)   173

Warum Achtsamkeit so furchtbar nervt (Heike)   180

Das ultimative Relax-Horoskop   190

Teil 5:
Wie siehst du denn aus?

Aber Schneewittchen ist die Schönste im ganzen Land (Heike)   199

Bin ich schön? (Lucinde)   207

»Du hast da was« – die Sache mit der Monosprosse (Heike)   219

Instagram, Facebook & Co.: SCHAU! MICH! AN! Schöne heile Scheinwelt (Lucinde)   228

Quiz: Was heißt hier Schönheitsideal?   235

Teil 6:
Dein Leben hat kein Preisschild

Erfolg – was ist das eigentlich? (Heike)   243

Werte – was uns antreibt (Lucinde)   252

Glück – der natürliche Feind des Mimimi (Heike)   263

Mein Haus, mein Auto, meine Markenklamotten:
Erfolg und Reichtum (Lucinde) 272

Erfolgstypen – Versuch einer Systematik 279

Teil 7:
Das kannst du aber gut!

Entspannt in Fremdsprachen radebrechen
(Heike) 289

Improvisation ist Trumpf! (Lucinde) 298

Das Silbermedaillengewinner-Syndrom (Heike) 308

Schwächen zu Stärken machen (Lucinde) 314

Bullshit-Bingo »Glaubenssätze« 323

Nachwort Heike: Zu Risiken und Nebenwirkungen … 326

Nachwort Lucinde: Ein Hoch auf das Leben 330

Danke 332

Vorwort Heike: Achtung, dies ist kein Selbstoptimierungsratgeber!

Um das gleich mal festzuhalten: Falls Sie sich Tipps rund um das Modethema Selbstoptimierung erhofft haben, sind Sie hier komplett auf dem Holzweg.

Sorry.

Nicht dass ich mich im wahrsten Sinne des Wortes für »unverbesserlich« halten oder denken würde, ich könnte nichts mehr dazulernen. Das Gegenteil ist der Fall: Ich finde lebenslanges Lernen ganz großartig. Wir alle entwickeln uns kontinuierlich weiter, und das ist wunderbar so!

Für nicht ganz so wunderbar dagegen halte ich den Trend, um jeden Preis immer besser, effektiver und organisierter werden zu wollen. Denn davon wird man bestimmt nicht zufrieden und glücklich, im Gegenteil. Manchmal macht er sogar überheblich und gnadenlos – sich selbst und anderen gegenüber.

Hinter dem Wunsch, sich selbst zu optimieren, steckt ja oft das Ziel, besser sein zu wollen als andere.

Als wer eigentlich? Besser als Freunde, Nachbarn, Kollegen (m/w/d – wir meinen natürlich immer alle)? Besser als jede:r im Umkreis von hundert Kilometern? Als die gesamte Menschheit? Ist es nicht furchtbar einsam dort oben an der Spitze?

Keine Sorge, kaum jemand erreicht diese Sphären, in denen es keinen mehr gibt, den man überholen könnte. Hält man nicht gerade einen Weltrekord, findet sich immer jemand, der einen übertrumpft. Oder der mehr Geld, Muskeln, Ahnung, Follower hat. Dessen Kinder folgsamer, zielstrebiger und erfolgreicher sind. Und der in allem, was Sie können, besser ist.

Aber trösten Sie sich: Vermutlich hat der ein oder andere Weltrekordhalter eine furchtbar chaotische Wohnung, so manche Influencerin mehr Komplexe als Instagram-Follower und überhaupt jeder sein Päckchen zu tragen. Nobody is perfect, oder? Warum sich also stressen bei dem Versuch, es doch zu sein?

Falls Sie es aber trotzdem versuchen, fallen Sie bloß nicht auf das Märchen von »Nur zehn Minuten am Tag« rein!

Sie kennen sie alle, diese verlockenden Ratgeber, die behaupten, mit einem minimalen Aufwand von täglich nur zehn Minuten könnten Sie erfolgreicher, glücklicher, schlanker, klüger, achtsamer, konzentrierter, überzeugender, beweglicher, schmerzfreier, attraktiver, reicher werden – ja, ein ganz neuer Mensch.

Aber was wäre das für ein Leben? Wenn man wirklich zehn Minuten am Tag all das machen würde, was so empfohlen wird – von Meditieren über Bauch-weg-Training und Gesichtsmassage bis Aufräumen –, wäre der Tag vorbei.

Er finge damit an, dass Sie zehn Minuten früher aufstehen müssten, um zuerst Ihre Träume zu dokumentieren und dann den Morgengruß zu turnen, und würde damit enden, dass Sie fix und alle ins Bett fallen – vor lauter

Zehn-Minuten-Übungen wären Sie fast zu müde, um Ihr Glückstagebuch zu führen oder noch schnell Ihr Vokabeltraining zu absolvieren (»In nur zehn Minuten am Tag Mandarin lernen«).

Nicht zu vergessen die Mittagspausenmeditation, das Klavierüben, die Atemübungen zwischendurch, den Powernap, die Denksportaufgaben, Bauch-Beine-Po, Lachyoga, Seilspringen, Erfolgsjournal, Fußreflexzonenmassage, Entspannung und, und, und.

Und haben Sie auch Ihre 10 000 Schritte geschafft? Genug Obst und Gemüse verzehrt? Wenigstens einen Smoothie getrunken?

Puh ... Ohne professionelles Zeitmanagement wäre das nicht zu schaffen. Klingt furchtbar stressig, oder? Ich kann mir kaum vorstellen, dass ein Leben in durchgetakteten Selbstoptimierungs-Zeiteinheiten sehr erstrebenswert wäre.

Statt Selbstoptimierung empfehle ich lieber eine große Portion Gelassenheit und vor allem ganz viel Humor. Wer über sich selbst lachen kann, hat einfach mehr vom Leben. Klingt das nicht perfekt in Ihren Ohren?

Heikes Steckbrief

5 Dinge, in denen ich alles andere als perfekt bin
(und das ist bloß die Spitze des Eisbergs!)

1. Kochen und backen
In der Pubertät hatte ich mal eine Backphase, aber das ist längst vorbei. Seit ich meinen Mann kenne, habe ich sämtliche Ambitionen in dieser Hinsicht aufgegeben. Er ist Profi – das kann ich eh nicht toppen. Sehr entspannend!

2. Kopfrechnen
Ja, ich weiß, so was kann man üben – aber bei Zahlen habe ich eine Wahrnehmungsstörung. Sie gehen zum einen Ohr rein und zum anderen raus. Es hat Jahre gedauert, bis ich mir meine eigene Telefonnummer merken konnte.

3. Ballspiele
Ich sehe zwar gern Fußball (und liebe es, während der Bundesligakonferenz zu schreiben), aber da bleibt es beim Passivsport vom Sofa aus. In echt sind Bälle und ich wie Feuer und Wasser. Einmal habe ich mir beim Versuch, einen zu fangen, den Arm gebrochen.

4. Warten
Sorry, aber ich bin furchtbar ungeduldig! Wenn mich jemand ausbremst oder warten lässt, fuchst mich das gewaltig. Anders ist es, wenn ich die Wartezeit eingeplant habe, zum Beispiel beim Arzt. Da bin ich fast enttäuscht, wenn es schneller geht als gedacht (je nachdem, wie spannend das Buch ist, das ich dabeihabe).

5. Selfies machen
Sogar mein Sohn kommentierte neulich einen meiner kläglichen Versuche mit den Worten: »In diesem Leben lernst du das nicht mehr.« Ich nehme mich immer aus dem ungünstigen Winkel in schlechtem Licht auf und meine Nase ist auf den Selfies viel kartoffeliger als im Spiegel. Ehrlich!

Vorwort Lucinde: »Mut zur Lücke« – mein Leben als multipotenzielle Dilettantin

Ja, ich gebe es zu: Bis vor gar nicht allzu langer Zeit war ich eine äußerst kritische Perfektionistin. Das war mir lange überhaupt nicht bewusst. Ich hielt mich für entspannt, locker und absolut souverän. Das war ich auch – bei anderen. Nur nicht, wenn es um mich selbst ging. Ich hatte ein Bild von mir, das einer Idealvorstellung entsprach, die ich aus all den guten Eigenschaften, Fähigkeiten und optischen Vorzügen meiner Mitmenschen gebastelt hatte. Sie existierte natürlich nur in meiner Vorstellung, aber sie erinnerte mich eben auch immer daran, dass da noch ein bisschen mehr ging, wenn ich mich nur ausreichend bemühte. Ich konnte sicherlich noch freundlicher sein, wenn ich nur wirklich wollte. Beliebter. Cooler. Erfolgreicher. Schöner. Klüger. Sportlicher. Schlicht: besser. Diese Idealvorstellung trieb mich an – und manchmal auch beinahe in den Wahnsinn.

Ich war keine gute Schülerin. Mein Motto war »Mut zur Lücke« – und diese Lücke war so groß wie alle naturwissenschaftlichen Fächer zusammen. Ich hatte keine Ahnung von Physik, Mathe, Chemie oder Bio, dafür retteten mich Fächer, in denen es Interpretationsspielraum gab. Kunst, Deutsch, Ethik, Literatur, Philosophie und Sozialkunde. Ich konnte bis auf Aufsätze schreiben nichts richtig, und sogar die waren den Lehrern immer viel zu lang für eine wirklich gute Note. Dafür konnte ich vieles ein bisschen. Bei der Berufsberatung warf meine Mentorin dementsprechend entnervt das Handtuch und sagte, mir bliebe nichts anderes übrig, als das zu werden, was ich schon sei: eine multipotenzielle Dilettantin.

So schlecht fand ich das gar nicht. Einerseits. Denn alles ein bisschen zu können und sich nicht festlegen zu müssen, macht einen schließlich flexibel. Andererseits fiel mir überhaupt kein Beruf ein, auf den diese Beschreibung passte, und außerdem war ich neidisch auf die, die genau wussten, dass sie die Firma ihrer Eltern übernehmen, Polizistin werden oder Physik studieren wollten, weil sie das Talent dazu in sich spürten oder weil sie einfach sicher waren, dass es das Richtige für sie war. Ich hatte diese Überzeugung einfach nicht – weder von meinen Talenten noch davon, wohin mein Weg mich führen könnte. Für ein Psychologie- oder Medizinstudium (das Einzige, was mich wirklich interessiert hätte) fehlten mir nicht nur die Noten, sondern auch das Selbstbewusstsein.

Ich hatte also absolut keine Ahnung, wer ich war, was ich wirklich konnte, noch was ich wollte. Das war kein schöner Zustand. Nur eines wusste ich sicher: dass da draußen Großes auf mich wartete. Ich musste nur herausfinden, was genau. Als mir das klar wurde, erwachte plötzlich ein gewisser Ehrgeiz in mir, und ich wollte es wissen: Was würde mich erfüllen, glücklich machen und dazu führen, meine Talente scheinen zu lassen, sodass auch andere davon profitieren konnten?

Hm. Das Problem lag auf der Hand, denn ich hatte ja keine. Wenn ich mich mit anderen verglich, stand ich in meinen Augen immer schlechter da. Vieles halb gut zu können war plötzlich ein Fluch – und ich hätte es sofort eingetauscht in eine Sache, in der ich richtig glänzen konnte.

Um es abzukürzen: Viele Umwege, mehrere Auslandsaufenthalte, zwei Studiengänge, eine Naturheilpraxis, vier Kinder und beinahe dreißig Jahre später weiß ich es: Ich bin immer noch dieselbe. Bin immer noch keine Ärztin, Mathematikerin, Lehrerin oder Polizistin. Dafür bin ich eine ewig Suchende. Tatsächlich ist es genau das, was mich ausmacht. Mein Talent, wenn man so will. Es kommt eben nur auf den Blickwinkel an. Ich gebe mich nicht so schnell zufrieden, nehme Dinge, Situationen, das Leben nicht einfach hin, wenn ich das Gefühl habe, dass noch was geht. Das kann anstrengend sein, aber auch ungeahnte Möglichkeiten bieten. Ich will mich immer weiterentwickeln, nie aufhören, neu anzufangen, weiter lernen und immer die beste Version meiner selbst sein. Das mag für die Berufsberater aussichtslos sein, für mich ist es perfekt. Denn kombiniert mit den viel zu langen Aufsätzen von früher ist genau das daraus geworden, was mich glücklich macht und mein Licht scheinen lässt: Ich schreibe Kolumnen und Bücher. Solche wie dieses hier. Nein, es ist zwar ganz sicher kein Selbstoptimierungsratgeber, aber vielleicht eine Bestandsaufnahme, ein Selbsterkenntnis-Freude-und-Gelassenheits-Buch. Eine Liebeserklärung an unser nicht perfektes und trotzdem und deshalb genau richtiges Selbst. Eines, das uns zeigen soll, wie großartig wir sind, trotz oder gerade wegen unserer vermeintlichen Fehler. Das uns zum Lachen bringt. Das uns anregt, keinem selbst gebastelten Idealbild, das wir doch nie erreichen können, hinterherzurennen, sondern anzuhalten, uns umzusehen und uns über uns und unser Leben zu freuen.

Unsere einzige Aufgabe besteht darin, die beste Version unserer selbst zu sein. Und das sind wir längst, also kein Druck. Der Blickwinkel ist das Entscheidende.

Ach ja, übrigens: multipotenzielle Dilettantin steht auch auf meiner Visitenkarte.

Lucindes Steckbrief

5 Dinge, in denen ich alles andere als perfekt bin
(und das ist auch gut so)

1. Mathematik jenseits vom Dreisatz
Fragen Sie meinen Sohn. Er geht in die achte Klasse, aber ich war auch schon in der siebten keine Hilfe mehr. Bei Fächern, in denen es keinen Interpretationsspielraum gibt und man nicht verhandeln kann, war ich schon in der Schule raus.

Ich bin eben die mit den Buchstaben. Aber kommen Sie mir jetzt bloß nicht mit Textaufgaben. Das sind doch auch nur verkleidete Zahlen.

2. Wegschauen
Ja, ich bin eine liebevolle Mutter und Ehefrau und eine aufmerksame Tochter. Finde ich. Meine Familie findet, ich könnte mich öfter mal raushalten.

Aber tja, darin bin ich leider wirklich sehr, sehr schlecht. Und außerdem würden die sich ganz schön umgucken, wenn ich das wirklich mal machen würde. Aber vielleicht versuche ich es trotzdem mal, wenn sie nicht aufhören, sich zu beschweren.

3. Singen
Ich kann nicht singen. Wirklich nicht. Es ist sehr traurig, denn in meinem Kopf weiß ich sehr genau, wie das alles klingen müsste, und außerdem bin ich äußerst textsicher. Aber ach, das hilft leider auch nicht weiter. Es hindert mich natürlich trotzdem nicht daran, es zu tun. Ich achte eben nur darauf, dass das Publikum nicht allzu groß ist. Und die Fenster geschlossen sind.

4. Fleisch braten
Sagen Sie jetzt nicht, das sei doch ganz einfach, man müsse nur ... Es ist nicht so, dass ich das nicht schon tausend Mal gehört hätte. Das ändert nichts an der Tatsache, dass es mir nicht gelingt. Nie. Das Fleisch möchte von mir nicht gebraten werden. Ist okay. Ich lasse braten. Das macht die Männer in meinem Haus aus unerfindlichen Gründen sowieso sehr glücklich – eine absolute Win-win-Situation. Es sei denn, man ist Vegetarierin.

5. STEUER!

Schon das Wort verursacht bei mir Stressakne. Die Buchhaltung und Steuererklärung macht mich jedes Jahr aufs Neue fertig. Ich habe regelrecht Angst vor dem Finanzamt und verstehe einfach nicht, warum es verschiedene Prozentsätze gibt – und wofür. Ich finde, es gibt kaum einen krasseren Beruf als Steuerberater und nehme mir immer vor, alles im darauffolgenden Jahr besser und vor allem anders zu machen und dann … suche ich am Ende doch wieder irgendwelche Unterlagen und Belege.

Teil 1:

KÖRPER, GEIST UND JEDE MENGE BAUCHGEFÜHL

Wie heißt es so schön? Ein gesunder Geist steckt in einem gesunden Körper – oder, wie der Lateiner zu sagen pflegt: »Mens sana in corpore sano.« Anscheinend hat das der römische Dichter Juvenal schon im 1. Jahrhundert nach Christus gewusst. Und natürlich recht gehabt. Dass wir auf unsere Gesundheit achten sollten, haben wir tausendmal gehört, gelesen, wissen wir. Ausreichend Bewegung, Schlaf, Vitamine und Flüssigkeit: ja. Alkohol, Kaffee, Nächte durchfeiern, Rauchen, Fleisch, Fett und Süßes: lieber nicht. Es ist ja nicht so, als hätte uns das noch nie einer gesagt. Und meistens halten wir uns ja auch daran, so gut es eben zu uns passt.

Natürlich kann man jedes Ernährungskonzept und jedes Sportprogramm personalisieren, perfektionieren und den ganzen Tag nichts anderes tun, als nach Nahrungsmitteln zu fahnden, die so kompliziert sind, dass es sie nur in Spezialgeschäften gibt. Man kann auch in Restaurants bei einem Glas Wasser sitzen, während alle anderen es sich gut gehen lassen. Nichts gegen das Glas Wasser. Zusätzlich. Wie beinahe überall ist es eben das Maß, das über die Gesundheit entscheidet. Da halten wir uns lieber an den guten alten Paracelsus (1493–1541 n. Chr.), denn der war sogar Arzt! »Dosis facit venenum!«, hat er nämlich gesagt, und wir sind überzeugt: »Die Dosis macht das Gift.« Na bitte. Geht doch!

Lucinde

Einmal Superfood, bitte, aber vegan, laktosefrei und hypoallergen!

Neulich traf ich mich mit meiner Freundin Nicky in der Stadt. Ich hatte ein paar Dinge zu erledigen, sie auch, und außerdem gab es da dieses hippe neue Café in der Fußgängerzone, wo man am Tresen bestellt und dann sein Getränk mit an den Platz nehmen kann. Besonders gelobt wurden die vielen verschiedenen Kaffeesorten, die Burger (vegetarische und vegane), die Superfood-Smoothies und die Kuchen.

Das Café war optisch und kulinarisch genau nach meinem Geschmack. Auf den niedrigen Fensterbänken der großen Fenster lagen Kissen, auf denen man es sich gemütlich machen konnte. In der Vitrine gab es verschiedene Kuchen, die alle richtig lecker aussahen, und Nicky und ich überlegten gerade, ob wir uns zu unserem Schmandkuchen mit Mandarinen (Nicky) und Karottenmuffin mit Vanille-Icing (ich) noch ein Gläschen Prosecco gönnen sollten. Klar, es war ein stinknormaler Mittwochnachmittag, aber die Sonne schien, und außerdem sahen wir uns so selten, das konnte man schon mal feiern.

Ich esse sehr gern Gemüse. Aber ich esse auch Fleisch, wenn ich Lust darauf habe und weiß, wo es herkommt. Alles, was strengen Regeln folgt (vor allem, wenn es um Genuss geht), lehne ich ab. Ich bin wohl das, was Ernährungswissenschaftler Flexitarier nennen. Ich esse einfach gern. Wenn mir danach ist, auch mal einen Veggieburger mit Speck. Mehr Flexi geht wohl kaum.

Die von Hand gemalte Speisekarte im Café bot eine riesige Auswahl an vegetarischen oder veganen Speisen. Bei den Burgern standen Buns und Patties, Cremes und Dips aus Dingen zur Auswahl, von denen ich noch nie gehört hatte. Der Happy Burger beispielsweise bestand aus Kidneybohnen-Patty auf Dinkelbun mit Alfalfa-Sprossen, Weißkraut, Rote-Bete-Chutney und Wasabi-Pesto. Abgefahren, oder?

Vor uns waren zwei junge Mütter mit Kinderwagen und ein junger Umhängetaschentyp im Anzug und mit vor der Tür geparktem E-Roller dran. Mutter eins bestellte einen Cappuccino. Mein Blick wanderte sehnsüchtig zum Karottenmuffin. Nur noch Sekunden, dann war er mein. Wie saftig er aussah! Wie das Icing glänzte! Auch Nicky leckte sich die Lippen. Gleich. Gleich würden wir ein Tablett mit unseren Köstlichkeiten in den Händen halten, nach draußen eilen und das Leben feiern.

»Ich hätte gerne eine Chai-Tee-Latte«, bestellte da Mutter Nummer zwei. »Gibt's die auch mit anderer Milch?«

»Klar, wir haben Mandel, Hafer, Soja und ...«, begann der junge Mann hinter dem Tresen aufzuzählen.

»Was? Ihr habt kein Kokos? Warum das denn?«, unterbrach sie ihn fassungslos, während ihre Freundin ihr bedeutete, dass sie draußen warten würde.

Ich lehnte mich ein wenig nach vorn, um die Wartezeit zu überbrücken, und schielte dem Umhängetaschentyp über die Schulter. Der Kirschstreusel sah auch verdammt lecker aus. Dafür hatte der Mann vor mir allerdings keinen Blick, denn er sah demonstrativ auf die Uhr und trippelte unruhig hin und her. Er war offensichtlich schwer in Eile und nicht gewillt, den Erklärungen des Kellners beizuwohnen, denn er versuchte, den Bestellvorgang mit ein wenig Zungenschnalzen zu beschleunigen. Was der Kellner allerdings geflissentlich ignorierte. Die junge Mutter bekam es sowieso nicht mit. Sie war nach wie vor geschockt darüber, dass es keine Kokosmilch gab und einigermaßen befangen bei der Auswahl einer Alternative. Dass es keine Kokosmilch gab, weil die Cafébetreiber versuchten, so wenig wie möglich aus der Ferne zu importieren, sie nicht so viel getrunken wurde und der Schaum keine gute Crema gab, hatte er ihr zwar geduldig erklärt – aber nur mich damit beeindruckt. Sie fand es einfach nur doof.

Er lächelte entschuldigend und zuckte mit den Schultern. »Magst du vielleicht mal Mandel probieren, das schmeckt auch sehr gu...«

»Ach, und Soja bietet ihr aber an?«, unterbrach sie ihn erneut, während sie sich bückte, um ihrem Kind den Schnuller aus Naturkautschuk zurückzugeben, den es auf den Boden geworfen hatte. Ihre Stimme klang ein wenig gepresst von da unten. »Kommt das vielleicht nicht aus ... keine Ahnung ... Asien?«

Der Umhängetaschentyp schnaubte, dabei konnte er hier echt mal was über ökologische und ökonomische Caféwirtschaft lernen. Allgemeinwissen, das man in Feierabendgesprächen an der Bar doch wirklich brauchen kann.

»Nein, unsere Sojamilch kommt aus Rheinhessen«, antwortete der Kellner liebenswürdig und ein bisschen stolz, während er abwartend die Arme vor der hübschen blau-weiß gestreiften Schürze kreuzte.

»Na gut, dann ... nehm ich eben Mandel«, sagte sie genervt. Dabei war nicht ersichtlich, ob sie sich über ihr Kind aufregte, das schon wieder den Schnuller auf den Boden geworfen hatte, oder darüber, dass die Sojamilch nicht aus Asien kam. Junge Mütter haben es auch nicht leicht. »Geht auch grüner Tee anstatt schwarzem?«

»Kein Problem.« Nachvollziehbarerweise hatte sich der Kellner noch nicht bewegt, man wusste schließlich nicht, was ihr noch so alles einfiel, bis sie sich endlich für die passende Getränkezutat entschieden hatte. Aber er lächelte immer noch, wofür er meinen tiefsten Respekt hatte.

»Und Agavendicksaft statt Zucker?«

»Selbstverständlich. Hier ist alles möglich.«

»Ja, alles außer Kokos«, gab sie zurück und zückte ihr Portemonnaie. Jetzt gab er seiner Kollegin an der Espressomaschine ein Zeichen, dass sie loslegen konnte.

»Ach ja, und noch was«, sagte er, während er ihr das Wechselgeld hinlegte. »Es heißt Chai Latte.«

»Hab ich doch gesagt!«, erwiderte sie irritiert.

»Nein, du hast eine Chai-Tee-Latte bestellt. Chai heißt Tee. Also, streng genommen hast du einen Tee-Tee-Latte bestellt, was nur Sinn macht, wenn du zwei möchtest.« Er grinste. »Möchtest du?«

»Nein danke, einer reicht.«

Sie fand ihn nicht lustig. Wir aber schon. Heimlich kicherten wir ein bisschen und zwinkerten dem Kellner zu, damit er auch wusste, dass er in uns Verbündete gefunden hatte, die seine Witze verstanden und gleich sehr unkompliziert bestellen würden. Gleich nach dem Umhängetaschentyp. Ich tippte auf eine Limo in der Flasche und einen Burger to go. Irgendetwas, das man in einer schicken Papiertüte mit großem Logo tragen konnte, die bewies, dass man im angesagtesten Café der Stadt seinen Lunch eingekauft hatte und somit selbst auch ganz schön angesagt war.

Aufatmend legte er los: »Machst du mir einen Happy Burger und 'ne Ingwerlimo zum Mitnehmen?«, fragte er prompt. Bingo! Er war wirklich fix. Beinahe hätte ich Nicky abgeklatscht. *Karottenmuffin, ich komme!*

»Gern!«, antwortete der Kellner.

In zehn, neun, acht ...

»Was habt ihr denn für Patties da?«

Oh weh.

»Was hättest du denn gern?« Freundliches Kellnergesicht.

»Hmm ... also ...« Der Umhängetaschentyp begann, die Karte an der Wand zu studieren, als hätte er nicht gerade eine halbe Stunde dafür Zeit gehabt, die er aber lieber damit verbracht hatte, sich über die komplizierte Bestellung der Kinderwagenfrau aufzuregen.

»Erbsen- oder Linsenprotein fänd' ich gut, kenn ich aber. Soja soll ich nicht, wegen der Hormone. Und Kidney, ich weiß auch nicht. Schmeckt das denn?«

»Also, ich mag es, sonst würden wir es nicht verkaufen. Aber Geschmäcker sind ja verschieden. Wenn du was Neues probieren willst, dann nimm doch Grünkern?«

»Oh, nee du, Grünkern ist mir too much«, sagte er. »Dann Kidney. Auf einem glutenfreien Bun, mit Shiso-Kresse und Aquafaba, veganem Käse und Speck, Tomaten, Weißkraut und Gurke.«

Wow. Ich glaube, ergänzend zu der Speisekarte wäre ein Wörterbuch für uns Normalsterbliche nicht schlecht. Ich hatte keine Ahnung, was er da bestellt hatte. Der Kellner aber glücklicherweise schon.

»Gern! Du weißt aber schon, dass die glutenfreien Buns Eiweiß enthalten? Ich sag's nur. Ist aber pflanzlich. Und sie können Soja und Spuren von Nüssen enthalten. Falls du Allergiker bist.«

»Oh nein!«, rief der Umhängetaschentyp panisch aus. »Wie gut, dass du das sagst! Weißt du, welche Nüsse? Mandeln würden ja noch gehen und Cashews auch, aber gegen Erdnüsse bin ich total allergisch. Da krieg ich sofort einen anaphylaktischen Schock!« Wir sahen sogar von hinten, wie er blass wurde.

Nicky schaute mich an. Ich schaute Nicky an. Die Schlange hinter uns ging mittlerweile bis auf die Straße. Ich wäre ja unter normalen Umständen gegangen, weil ich solche Menschen nur schwer aushalten kann, aber das hier war besser als jede Stand-up-Comedy, ich wollte unbedingt wissen, wie das lebensbedrohliche Burger-Bun-Drama ausging, außerdem hatte ich mich in den Karottenmuffin verliebt und konnte ohne ihn dieses Café nicht verlassen.

Der Kellner war so ruhig, als hätte er gerade zwei Stunden meditiert. Im Gegensatz zu mir. Ich fing langsam an zu schwitzen.

»Vorschlag: Ich mache dir den Bratling und einen gemischten Salat ohne Dressing. Dahinten stehen Essig und Öl, oder auch Zitrone, falls du das lieber magst. Das kannst du dann gern selbst anrühren. Wenn du willst, ein paar Maiscracker dazu? Da ist garantiert nichts außer Mais drin.«

»Maiscracker wären toll, aber ...« Er zog die Schultern hoch und legte den Kopf schräg.

WAS? DU BIST AUCH GEGEN MAISCRACKER ALLERGISCH? GEGEN ZITRONE? SALAT?

Ich spürte, wie meine Halsschlagader zu pulsieren begann und meine Reizschwelle langsam erreicht war. Ich neigte mich zu Nicky hinüber, um sie zu bitten, mich gegebenenfalls festzuhalten, falls sie das Gefühl hatte, ich würde den Umhängemensch gleich in einen amtlichen Faustkampf verwickeln. Es sei denn natürlich, er war auch dagegen allergisch.

Da fuhr er fort: »Ich bin mit dem Roller da. Da ist Salat echt schwierig.«

Halt mich, Nicky! Schnell!

»Ich pack ihn dir ein.«

»Ja, aber ... und das Plastik?«

»Unsere Verpackungen sind aus Biokunststoff und kompostierbar.«

»Ach nee du, lass mal. Dann nehme ich einfach nur einen grünen Smoothie aus Gurke, Spinat, Apfel, Kurkumapulver, Weizengraskeimen, Flohsamen und Grünkohl. Auf jeden Fall auch mit Löwenzahn und ein bisschen Agavendicksaft.« Erleichtert schaute er sich um und grinste entschuldigend. »Das bekommt mir besser als Kokosblütensirup. Und Chicorée hatte ich gestern, das war mir zu bitter.«

Nee, schon klar.

Der Kellner nickte ihm freundlich zu, als hätte der Typ nicht gerade zweitausend Jahre gebraucht, um etwas zu bestellen, was sich in meinen Ohren schlicht anhörte wie der pürierte Salat, den er ja dann doch nicht wollte und sich sicher ebenfalls in einem Becher aus irgendeiner Plastikvariante befand. Ich schluckte trocken. Als er zahlte, glücklich seinen Smoothie entgegennahm, fröhlich lächelnd und völlig bar jeglichen schlechten Gewissens davonging, weil ich mittlerweile ein Magengeschwür gezüchtet hatte, hätte ich ihm gern einen allergisch-veganen Fuß gestellt. Seine eigenen Füße steckten übrigens, bei genauem Hinsehen, in teuren Sneakers – aus Leder.

Nicky und ich orderten unseren Kuchen, jeweils einen Espresso und eine ganze Flasche Prosecco. Wir fanden, die hatten wir uns verdient und sehr nötig. Beim Prosecco allerdings musste der Kellner passen, denn Alkohol fügte sich nicht ins Gesamtkonzept. Sehr schade. Eigentlich hätte ich dann gern alternativ etwas anderes bestellt, denn das, was der Kellner garantiert vor seiner Schicht genommen hatte, passte meiner Meinung nach super ins Gesamtkonzept, stand aber vermutlich aus bestimmten Gründen auch nicht auf der Karte.

Also: Klar sollte man gesund essen, auf die Herkunft und Verträglichkeit achten. Individuell abgestimmt zu kochen macht Sinn, immer am neuesten Trend entlang manchmal auch. Aber so sehr auf die Gesundheit zu achten, dass das Wesentliche abhandenkommt, ist doch ein großer Verlust – und sicher auch nicht gesund! Essen ist ja nicht nur Nahrungsaufnahme zwecks Energieversorgung. Essen ist Genuss, sinnliches Vergnügen, Geselligkeit und pure Freude. Es nährt unseren Körper, aber auch unsere Seele, wenn man so will. Alles in Maßen natürlich, denn das ist es, worauf es ankommt. Nicht umsonst sagen manche, dass Essen die Erotik des Alters ist. Kein Grund zu lachen! Durch die Ritzen des Witzes pfeift der Wind der Wahrheit, sagt mein Mann – und er muss es wissen. Immerhin ist er schon 54!

Was nützt es also, sich zu kasteien und ein schlechtes Gewissen zu haben, wenn wir ein Glas Wein trinken, Schokolade essen, im Restaurant nicht nach der Herkunft von jedem Salatblatt fragen? Warum sollten wir jedem Trend folgen oder in Ernährungsapps schauen, um vermeintlich sicher sein zu können, was gut für uns ist? Wann ist uns eigentlich das Gespür und das Verantwortungsbewusstsein für unsere Ernährung verloren gegangen? Nicht umsonst sprechen wir von Bauchgefühl – und zwar nicht nur, wenn es ums Essen geht.

Und noch etwas: Ich liebe Kurkumatee, Alfalfa-Sprossen, Chiasamen und noch einige Zutaten mehr, die sich auf jeder Superfoodliste finden. Aber auch bei den vermeintlich guten Dingen gilt nicht nur das Maß, sondern auch die Herkunft. Leinsamen, Heidel- oder auch schwarze Johannisbeeren, Hirse und Walnüsse haben ebenso positive Eigenschaften wie Moringa, Açai- oder Gojibeeren, die im Übrigen auch Schwermetalle oder Pestizide enthalten können. Unser heimisches Superfood klingt vielleicht nicht ganz so superspannend, aber es reist auch nicht um die halbe Welt, bis es bei uns landet. Sogar Avocados gibt es in Europa. Großartig, oder? Bei denen kann man sich sogar mit anderen zusammentun und einen europäischen Avocado-Farmer finanziell unterstützen – der dann im Gegenzug ab und zu ein Kistchen schickt. Nach dem Motto: Adopt an Avocado-Tree. Weitere Infos dazu beispielsweise hier: www.crowdfarming.com/de

Ich persönlich möchte so etwas Wunderbares wie Kochen oder Essen niemals zu etwas machen, das vor allem kompliziert ist, und ich habe einen ausgeprägten Hang zum ausufernden Kochbuch-Shopping. Besonders gern mag ich dabei die mit den simplen Rezepten. Ich schwelge in den tollen Bildern und Zutatenlisten und schaue sie mir gern abends im Bett an. Es gibt für mich fast nichts Beruhigenderes als ein perfekt in Szene gesetztes Gemüse-Rezept von Ottolenghi. Und ich achte darauf, was und wie ich esse. Dabei haben sich für mich zwei Methoden besonders bewährt. Sie sind einfach, nachvollziehbar und das beste: Sie würden mich niemals daran hindern, mit Nicky ins Café zu gehen. Vielleicht allerdings nächstes Mal in ein anderes.

Lucindes Ernährungstipps

Tipp 1: Intervallfasten oder auch 16/8, 5/2 oder intermittierendes Fasten genannt

Bei 16/8 isst man während 8 Stunden und macht 16 Stunden Pause. Bei 5/2 isst man an fünf Tagen und fastet dann zwei Tage lang. Letzteres ist nichts für mich. Sobald ich damit anfange, denke ich nur noch ans Essen. Aber um 18 Uhr die letzte Mahlzeit und dann Frühstück um 10 Uhr? Geht doch eigentlich, oder?

Und wie funktioniert das jetzt genau? Also: Beim intermittierenden Fasten darf ganz normal gegessen werden. Entscheidend ist, dass zwischen der letzten Mahlzeit am Abend und der ersten am Morgen ausreichend Zeit vergeht, damit die Zellreinigung stattfinden kann. Denn wenn die Zellen »sauber« sind, wird das Immunsystem gestärkt, es kann sich darauf konzentrieren, Entzündungen zu hemmen und sogar Depressionen vorbeugen – und dafür sorgen, dass der Körper allgemein langsamer altert. Das heißt aber natürlich nicht, dass man in den Stunden, in denen man isst, jeden Mist essen darf. Drei Mahlzeiten, viel trinken. Und darauf achten, was man da isst. Da kommt mein zweiter Favorit ins Spiel:

Tipp 2: Das sogenannte Clean Eating
Nein, »Clean Eating« bedeutet nicht, dass man sein Essen besonders gründlich waschen sollte. Sondern es geht darum, darauf zu achten, dass so wenig Zusatzstoffe wie möglich in den Nahrungsmitteln enthalten sind – also beispielsweise diese ganzen Inhaltsstoffe mit dem großen E. Das E steht übrigens für Europa. Und die Nummern dahinter für allerlei Antioxidantien, Farbstoffe, Emulgatoren, Geschmacksverstärker, Verdickungsmittel, Konservierungs- und Zuckeraustauschstoffe. Allesamt stehen unter Verdacht, Allergien, aber auch Krebs und Alzheimer begünstigen zu können. Wollen wir alles nicht.

Aber selbst, wenn Sie immer weniger »E«s auf der Verpackung finden, so heißt das nicht, dass keine drin sind. Das, was bis vor einer Weile nämlich noch E330 hieß, heißt jetzt wieder Zitronensäure. Klingt harmloser.

Natürlich macht es Sinn, darauf zu achten, dass die Nahrungsmittel, die wir einkaufen, so naturbelassen wie möglich sind. Aber alles ganz entspannt. Sich schon beim Einkaufen unter Druck zu setzen, ist ganz sicher auch nicht gesund.

Es gibt sehr viele Internetseiten und schöne Bücher über Clean Eating. Ich habe mir schon vor Jahren eines gekauft, das ich großartig finde. Es heißt *Eat. Nourish. Glow.*, ist von Amelia Freer und bei Thorsons erschienen. Leider gibt's das nur auf Englisch.

Wer schläft, sündigt nicht!

Neulich bescherte mir das öffentlich-rechtliche Werbefernsehen einen gepflegten Lachanfall. Angepriesen wurde ein Einschlafspray! Ja, tatsächlich, ein Spray, das man sich in den Mund sprüht, um dann besser schlafen zu können. Wer denkt sich denn so was aus? Dass in der Werbung körperliche Gebrechen thematisiert werden, ist ja ein alter Hut – von wegen »Oma hat früher immer so gepupst«. Und tüchtige Hausfrauen, die echtes oder angebliches Superfood (»So wertvoll wie ein kleines Steak«) rühmen, gab es schon in meiner Kindheit, als ich mit meinen Brüdern Werberaten spielte. Wer zuerst wusste, von wem der jeweilige Spot war (»Fruchtzwerge!«), hatte gewonnen. Aber Einschlafspray? Ernsthaft?

Gleich anschließend kam der penetranteste aller TV-Spots (»IchhabmirneneueMatratzegekauft« – »neeeneee-neee«), und mir wurde bewusst, dass Schlafen wohl mehr ist als ein normales Grundbedürfnis – es ist ein Riesenmarkt!

Früher hat man, wenn man nicht einschlafen konnte, einfach Schäfchen gezählt oder ein Bier getrunken, was beides irgendwie funktioniert: Während man beim Schafezählen wohl vor Langeweile eindöst, löst der im Bier enthaltene Hopfen den Stress, der die natürliche Müdigkeit überdeckt hat, sodass der matte Körper zu seinem Recht kommt. (Weshalb das Ganze übrigens auch mit alkoholfreiem Bier und Hopfentee funktioniert.)

Heutzutage gibt man sich mit derart simplen Tricks nicht mehr zufrieden – stattdessen steht ein breites Angebot an Schlafprodukten zur Auswahl. Von Lavendel-Duftkissen, Kräutertees und Nahrungsergänzungspillen über Ohrstöpsel und Schlafbrillen (gegen störende Sinneswahrnehmungen) bis hin zu Seitenschläferkissen, Therapiedecken oder Magnet-Matratzenauflagen. Nicht zu vergessen die Apps mit einschläfernden Geräuschen wie Meeresrauschen, Landregen oder Vogelgezwitscher im Wald. Und wussten Sie, dass es sogar einen Streamingdienst namens Napflix gibt? Dort laufen ausschließlich Filme, die so langweilig sind, dass einem automatisch die Augen zufallen.

Wenn also dermaßen viele Firmen an der Schlaflosigkeit der Menschen verdienen, scheint dieses Problem weiter verbreitet zu sein, als ich dachte. Ich selbst kann da nicht mitreden, denn ich schlafe gut ein und habe auch schon so manches Gewitter verpennt. Von wegen, Frauen haben einen leichteren Schlaf als Männer – für mich gilt das definitiv nicht.

Doch ich scheine da wohl nicht repräsentativ für die Bevölkerung zu sein, jedenfalls nicht, wenn man sich den DAK-Gesundheitsreport 2017 anschaut. Darin heißt es, dass 80 Prozent der Erwerbstätigen schlecht ein- oder durchschlafen, also rund 34 Millionen Menschen. Zehn Prozent leiden unter besonders schweren Schlafstörungen. Insgesamt hat sich das Phänomen seit 2010 etwa verdoppelt, genauso wie der Schlafmittelkonsum.

Schlafen – überflüssig oder überlebenswichtig?

Bevor wir uns weiter um die Ursachen für die allgemeine Schlaflosigkeit kümmern, möchte ich erst einmal eine Grundsatzfrage klären: Warum schläft der Mensch überhaupt? Ich meine, wir verpassen ein Drittel unseres Lebens, ist das nicht pure Zeitvergeudung?

Okay, wir gehen nachts in einen Energiesparmodus, um tagsüber aktiv sein zu können. Aber könnte man nicht einfach mehr essen und immer wach bleiben?

Nein, könnte man nicht. Schlaf ist tatsächlich lebenswichtig, denn in dieser Zeit speichert, verarbeitet und sortiert das Gehirn den Input des Tages. Unser Oberstübchen wird sozusagen aufgeräumt und die Stoffwechselabfälle werden entsorgt. Und das muss sein, denn sonst würde dort oben pures Chaos herrschen!

Kein Wunder, dass wir uns nach einer schlaflosen Nacht mies fühlen und auch so aussehen. Wir frieren, bekommen Heißhunger, sind schlecht gelaunt und reizbar, unkonzentriert und grau im Gesicht. (Wer zwei Tage am Stück wach bleibt, ist anschließend ungefähr so verkehrstüchtig, als hätte er zwei Flaschen Rotwein getrunken.) Wenn der Schlafmangel häufiger vorkommt oder gar chronisch wird, treten weite-

> re Nebenwirkungen auf, so wie Übergewicht, Herz-Kreislauf-Probleme oder höhere Infektanfälligkeit, weil Immunabwehr und Wundheilung leiden. Und nicht zuletzt steigt auch das Risiko für Depressionen und Angststörungen.

Mit anderen Worten: Wenn immer mehr Menschen nicht gut schlafen können, dann leiden auch immer mehr Menschen unter solchen Folgeproblemen.

Schuld an dieser Negativentwicklung sind übrigens nicht selten die Arbeitsbedingungen, besonders Leistungsdruck, Überstunden, Nachtschichten und die ständige Erreichbarkeit nach Feierabend.

Kein Wunder, dass ich nicht betroffen bin – als Soloselbstständige bestimme ich meine Arbeitsbedingungen ja selbst, und wenn ich mal Nachtschichten einlege, erlaube ich mir morgens ein paar Stündchen länger zu schlafen.

Doch natürlich kenne auch ich die beschriebenen Schlafmangel-Symptome, und das nicht nur von durchfeierten Nächten.

Einmal hatte ich einen geschäftlichen Termin in Hamburg, und statt eine Übernachtung einzuplanen, beschloss ich, mit dem Nachtzug hin- und zurückzufahren. Auf diese Weise, so glaubte ich, sparte ich das Geld für das Hotel, hatte aber nach meinem Termin dennoch einen ganzen Tag zur freien Verfügung, um die Stadt zu besichtigen.

Was war ich doch naiv! Der ICE war rappelvoll, laut, überheizt, an Schlaf war auf der Hinfahrt nicht zu denken. Ich kam also völlig übernächtigt in Hamburg an, doch die Aufregung vor dem wichtigen Gespräch hielt mich fit. Kaum hatte ich das allerdings hinter mich gebracht, schlug die Müdigkeit erbarmungslos zu.

Ich genehmigte mir gleich mal zwei doppelte Espresso, dann schleppte ich mich zu den Landungsbrücken, über den Fischmarkt und – wenn mich mein vernebeltes Gedächtnis nicht täuscht – über eine Treppe hinauf zur Reeperbahn. Zu dem Zeitpunkt wünschte ich mir nichts sehnlicher als ein Bett! Umso verblüffter war ich, als ich in die berühmt-berüchtigte Rotlichtmeile einbog und am Straßenrand fast über ein ausrangiertes Messingbett mit der wohl schmuddeligsten Matratze der Welt stolperte. Ja, ich war hundemüde, aber sooo müde dann doch nicht ...

Alles in allem fand ich die Reeperbahn ganz schön enttäuschend. Bei Tageslicht war sie trostlos und schäbig. Ich ließ sie rasch hinter mir und steuerte ein Café an. Einen doppelten Espresso später war ich noch schläfriger als zuvor, und als ich an einem kleinen Park vorbeikam, sehnte ich mich danach, mich einfach ins Gras zu legen und wegzudösen. Ein restlicher Funke Verstand in meinem Hinterkopf war allerdings noch wach genug, mich davon abzuhalten. Am Ende wäre ich womöglich noch ausgeraubt worden!

Aber inzwischen war klar: Ich brauchte einen Schlafplatz. Und sei es nur für zwei Stunden! Dafür ein Hotelzimmer buchen? Dazu war ich nun doch zu geizig.

Die rettende Lösung war: ein Kino! Ich ging an die Kasse, fragt nach dem Film, der als Nächstes startete und möglichst lang dauerte, kaufte ein Ticket, setzte mich ganz nach hinten, zog die Kapuze meines Sweaters über den Kopf –

und schlief noch bei der Werbung ein. Als ich wach wurde, kaufte Ulrich Mühe gerade ein Buch und antwortete auf die Frage »Geschenkverpackung?« mit »Nein, das ist für mich«. Ja, ich hatte *Das Leben der anderen* komplett verpennt, und das war gut so. (Natürlich habe ich mir den Film später noch mal komplett angesehen und verstand dann auch den Schlusssatz. Brillant!)

Falls Sie also irgendwann mal dringend eine Mütze Schlaf brauchen, aber kein Bett haben, kann ich Kino nur empfehlen. Für Sie getestet!

Vielleicht finden Sie aber auch ein sogenanntes Powernap-Studio, in dem man eine Schlafkabine mieten kann. Damals in Hamburg wäre das wirklich praktisch gewesen. Doch grundsätzlich ist mir persönlich das Konzept Powernapping nicht sonderlich sympathisch.

Ich bin einfach kein Typ für Zwischendurch-Nickerchen, und wenn ich doch mal sonntagnachmittags auf der Couch eindöse, habe ich hinterher eine Matschbirne, als wäre ein böser kleiner Schlafkobold in meinem Gehirn Achterbahn gefahren.

Okay, zugegeben, ich wache auch frühestens nach zwei Stunden wieder auf. Bei echtem Powernapping soll man ja höchstens zwanzig Minuten schlafen. Angeblich ist man dann hellwach und voller Energie.

Hey, geht's noch ungemütlicher, als gerade gemütlich eingedöst zu sein und dann schon wieder aus den schönsten Träumen gerissen zu werden?

Vielleicht liegt meine Abneigung auch daran, dass Powernapping im Grunde nichts weiter als eine besonders fiese Selbstoptimierungsstrategie ist. Kein Wunder, dass die einschlägigen Silicon-Valley-Unternehmen ihren Mitarbeitern solche Powernap-Boxen anbieten. Sicher nicht aus Menschenfreundlichkeit, sondern um möglichst viel Leistung aus ihnen rauszupressen. Wer müde ist, geht nach Hause und ruht sich aus. Wer sich dagegen erholt fühlt, bleibt und schuftet noch ein paar Stunden weiter.

Ich vermute, von einem Mitarbeiter wie Leonardo da Vinci wäre man bei Google und Co. hellauf begeistert! Nicht nur weil er ein Genie war, sondern auch, weil er angeblich nur anderthalb Stunden pro Tag geschlafen haben soll, und das verteilt auf eine Viertelstunde Schlaf alle vier Stunden. Dieses sogenannte polyphasische Schlafmuster bescherte ihm umgerechnet rund zwanzig zusätzliche Jahre an produktiver Zeit, die er ansonsten verpennt hätte. Ob es die Mona Lisa wohl gäbe, hätte er geschlummert wie jeder normale Mensch?

Vergessen wir mal da Vinci – so richtig gesund hört sich das nicht an. Man braucht nun mal mehr als eine Spielfilmlänge Schlaf pro Tag. Der natürliche Schlafbedarf liegt deutlich höher: Bei Säuglingen sind das übrigens bis zu sechzehn Stunden am Tag, bei Erwachsenen durchschnittlich sieben bis acht Stunden, Senioren brauchen sogar noch weniger.

Zum Vergleich: Koalas können bis zu zweiundzwanzig Stunden am Tag pennen, Giraffen dagegen genügen gerade mal zwei. Wir liegen also im gesunden Mittelfeld.

Apropos Koalas und Giraffen: Ich frage mich, ob im Tierreich auch Schlafstörungen bekannt sind. Vermutlich nicht.

Bei Menschenkindern kennt man das Problem auch

kaum. Die Allerkleinsten können meist überall schlafen – auch unterwegs, bei Lärm und Licht. Beneidenswert!

Klar, es gibt Kinder, die sich ungern ins Bett schicken lassen – da liegt es vermutlich vor allem an der Angst, etwas zu verpassen. Oder an ihrem Biorhythmus – für geborene Nachteulen ist der Schulbeginn um acht Uhr morgens einfach die Hölle! Im Nachhinein frage ich mich, wie ich das all die Jahre überlebt habe.

Kennen Sie übrigens auch den Spruch »Wer abends lange wach bleiben kann, der kann auch morgens früh aufstehen?« Bekam ich früher des Öfteren zu hören. Ich war wohl schon immer eine Nachteule, gefangen in einer Lerchenwelt. Logisch, als Schülerin musste ich früh raus, als Studentin ebenso, als junge Mutter sowieso ... Erst seit einigen Jahren lebe ich mein Eulenleben nach Herzenslust aus und bin ganz glücklich damit.

Schließlich kommt es ja nicht darauf an, wann man schläft, sondern dass man genug Schlaf bekommt, oder? Wäre da nicht die Gesellschaft mit ihren Normen. Von wegen Langschläfer sind faul und antriebsschwach. Pah! Dass ich bis in die frühen Morgenstunden wach und aktiv war, interessiert wohl niemanden? (Und am allerwenigsten den Postboten, der mich aus den Federn klingelt und dem ich einen Niesanfall vorspiele, damit er mich für krank hält und nicht für disziplinlos.)

Ja, das schlechte Gewissen nagt selbst an mir. Dabei lebe ich vielleicht bloß in der falschen Kultur?

Tatsächlich müsste man bloß in Japan geboren sein, und schon würde vormittägliches Einnicken völlig anders gedeutet. Selbst Schüler, die dort während des Unterrichts einschlafen, werden nicht gerügt, sondern man rechnet es ihnen hoch an, dass sie offenbar die halbe Nacht über gelernt haben.

Dazu muss man wissen, dass in Japan ohnehin der Polyphasenschlaf üblich ist. Nachts schlummert man dort nur etwa vier Stunden, den Rest deckt man tagsüber mit Nickerchen ab – sei es in der Bahn auf dem Weg zur Arbeit oder in Meetings oder wo auch immer. Dafür wird man in Japan weder ausgelacht noch schief angeschaut.

In unserer Monophasenkultur ist das undenkbar. Nachts wird geschlafen, wenn möglich am Stück. Vor Mitternacht ins Bett gehen und mit den Hühnern aufstehen, so gehört sich das!

Schon die Siesta, wie in südlichen Ländern üblich, gilt bei uns (noch) als verpönt, daran hat auch der Powernap-Trend wenig geändert. Tagsüber schlafen wird als Zeichen des Müßiggangs gedeutet – statt als kluge Strategie, dem Körper in den heißesten Stunden des Tages Ruhe zu gönnen.

Ist es nicht bescheuert, die Schlafgewohnheiten anderer zu bewerten? Lassen Sie uns damit aufhören, okay?! Es spielt doch überhaupt keine Rolle, wann und wie lange jemand schläft, ob am Stück oder in mehreren Etappen – Hauptsache, man fühlt sich danach fit und ausgeruht.

Schlafen ist nicht nur ein menschliches Grundbedürfnis, sondern hat auch viel mit Gemütlichkeit und Wohlbefinden zu tun. Es tut gut und macht schön. Und vor allem ist es kein Test, den man bestehen muss. Es gibt kein Richtig und Falsch. Finden Sie einfach raus, welcher Rhythmus für Sie passt. Und lassen Sie sich kein schlechtes Gewissen machen, denn: Wer schläft, sündigt nicht!

Und wenn man nachts doch wach liegt?

Sollten auch Sie hin und wieder (oder immer öfter) nicht schlafen können, gibt es ein paar Tipps, die Abhilfe schaffen können:

1. Erst schlafen gehen, wenn Sie müde sind. Klingt selbstverständlich, ist es aber nicht. Wer sich hinlegt, nur weil um sieben Uhr der Wecker klingelt, liegt am Ende nur hellwach da und rechnet von Stunde zu Stunde verzweifelter nach, wie viel Zeit bis dahin noch bleibt.

2. Schlafzimmer und den Kopf durchlüften, am besten mit einem Spaziergang am Abend (und überhaupt ausreichend Bewegung tagsüber). Der Sauerstoff tut gut!

3. Logo – keinen Kaffee nach 15 Uhr. Danach genießen Sie Wasser, Kräutertee (mit Hopfen!!!), heiße Milch mit Honig oder Kakao. Alles lecker, alles koffeinfrei. Alkohol wirkt sich übrigens nicht besonders gut auf Ihren Schlaf aus. Ja, sorry. Ist so.

4. Bloß nicht grübeln! Wenn Sie erst mal in die Sorgen-Spirale hineingeraten, ist an Schlaf nicht mehr zu denken. Lassen Sie negative Gedanken draußen vor der Schlafzimmertür. Dann doch lieber Schäfchen zählen ...

5. Nicht schwitzen, aber auch nicht frieren! Die angenehmste Schlafzimmertemperatur liegt bei rund 17 Grad. Auch im Winter sollte es nicht wärmer sein. Achten Sie aber auf jeden Fall darauf, dass Sie keine kalten Füße haben, sonst können Sie unmöglich einschlafen.

6. Dunkelheit tut gut – schließen Sie möglichst die Läden dicht und lassen Sie Unterhaltungselektronik ausgeschaltet.

7. Lesen! Steht bei mir übrigens an erster Stelle. Die Tage meines Lebens, an denen ich ohne ein Buch eingeschlafen bin, lassen sich an zwei Händen abzählen.

8. Ein warmes Bad vor dem Schlafengehen hilft Ihnen, in den Entspannungsmodus zu kommen. Eine warme Dusche funktioniert übrigens genauso gut.

9. Sie sind immer noch wach? Na gut, dann ist es eben so. Stehen Sie auf und machen Sie, worauf Sie Lust haben. Zum Beispiel Socken stricken (gegen kalte Füße, siehe oben). Den Schlaf holen Sie dann eben am Nachmittag nach.

10. Nichts hilft, und das Nacht für Nacht? Dann sollten Sie Ihren Arzt oder Ihre Ärztin aufsuchen. Hinter Ihrer Schlaflosigkeit könnte ein körperliches oder seelisches Problem stecken. Und, ähm, nein: Selbstmedikation mit Schlaftabletten ist keine gute Idee.

Ein bisschen dick ist nicht so slim – Sport für Normale

Glücklicherweise kann ich auch sehr gut schlafen. Um genau zu sein, bin ich ein Wrack, wenn ich nicht mindestens sieben Stunden ruhen kann. Am besten geht es mir, wenn ich vor elf Uhr ins Bett gehe, bis mindestens sieben Uhr schlafen darf und danach nicht sofort etwas müssen muss. Meine Kinder betreuen beispielsweise. Sprechen. Gute Laune haben. So etwas in der Art.

Meine Freundin Isi ist da ganz anders. Sie hat zwar auch Kinder und einen Job, bei dem sie pünktlich anfangen muss, aber sie steht immer schon mindestens zwei Stunden früher auf, bevor sie um halb acht das Haus verlässt. Das ist in ihrem Fall um halb sechs. In diesen zwei Stunden macht sie Yoga und meditiert mindestens zwanzig Minuten lang. Ohne das kann sie nicht in den Tag starten, sagt Isi, und ich spüre den Hauch eines schlechten Gewissens, weil ich mich weder zum einen noch zum anderen um diese Uhrzeit motivieren könnte und im Vergleich zu ihr so offensichtlich disziplinlos bin.

Um dem entgegenzuwirken, habe ich gleich heute Morgen fünfzehn Minuten Stretching gemacht. Gut, nicht, bevor die Kinder aufgestanden sind, sondern nachdem sie in ihren jeweiligen Schulen, Unis und Ausbildungsstätten verschwunden waren, und danach musste ich mich auch erst einmal wieder hinlegen. Aber ich weiß jetzt Folgendes:

Da, wo Isi ihren Oberkörper ablegt, kann ich aus meiner Entfernung noch nicht mal Staubflusen entdecken – und das liegt an der Kopf-Boden-Distanz, nicht daran, dass es bei mir keine gibt.

In der Mittagspause geht sie oft »ein Rundchen« joggen. Ein Rundchen entspricht bei ihr mindestens zehn Kilometern. Wenn sie Zeit hat, schwimmt sie im Anschluss auch noch zwei bis drei Kilometer im städtischen Schwimmbad.

Nur fürs Protokoll: Ich mag öffentliche Schwimmbäder nicht, wenn, dann schwimme ich im Meer oder in einem See und einfach so in der Gegend herum – anstelle von zwanzig Bahnen in einer halben Stunde. Wo bitte, bleibt da denn das Vergnügen? Bahnenschwimmen ist doch absurd! Ich mag keine Haare zwischen meinen Fingern und finde dieses Kachelnzählen, wie der Schwimmer so sagt, langweilig. Außerdem verzähle ich mich dabei immer.

Isi hingegen findet es spitze. Klar, ich bewundere ihre straffen Oberarme, bei denen nichts wackelt, selbst wenn sie mir im ärmellosen Top zuwinkt – und das tut sie natürlich, weil ... sie es eben kann. Ich winke nur in Ärmelshirts und auch mehr so wie die Queen: Wenn möglich eher steif und ohne Oberarmbeteiligung.

Isi macht selbstverständlich auch Krafttraining, weil das für den Rücken und den Bauch wichtig ist, und zwar entweder im Fitnessstudio oder zu Hause. Da heißt es dann Bodyweight, und man braucht dazu nicht mehr als eine Matte und das eigene Körpergewicht. Okay, an der Matte scheitert es bei mir nicht – und schon gleich zehnmal nicht am eigenen Körpergewicht, vor allem Letzteres ist ausreichend vorhanden –, nein, es scheitert daran, dass ich für so viel Sport gar keine Zeit habe. Das sind ja mehrere Stunden am Tag!

»Musst du dir eben nehmen!«, sagt Isi und beißt in ihren Energieriegel. »Und Prioritäten setzen. Von nichts kommt nichts«, schiebt sie nach und klopft sich stolz auf ihre stahlharten Bauchmuskeln.

»Eben«, stimme ich zu und fasse an meine nicht ganz so stahlharten Hüften.

Klar, ich würde auch gern so einen Körper haben wie sie, aber dafür auf alles andere verzichten, was ich neben der Arbeit so mache?

Kochen, Essen, Einkaufen, Kaffeetrinken, Lesen, Spazierengehen, LEBEN?!

Aber Moment: »Spazierengehen ist doch auch Sport!«, sage ich, glücklich darüber, etwas gefunden zu haben, das ich in die Waagschale werfen kann.

»Ja klar, und ein E-Bike ist auch ein Fahrrad«, gibt sie grinsend zurück.

Äh, ja?! Nur weil sie gern downhill und ich eben gemütlich fahre, heißt das doch noch lange nicht, dass ihres Sport ist und meines nicht, oder?

»Kommt drauf an, was du erreichen willst«, sagt sie und schaut mich abwartend an.

Hm. Was ich erreichen will? Das ist es vermutlich: Ich will überhaupt nichts erreichen. Ich will mich nur wohlfühlen und gesund sein. Aber was ich auf keinen Fall will, ist dieser ewige Wettkampf, bei dem es darum geht, wer sportlicher, schneller, kräftiger, dehnbarer und überhaupt besser ist. Denn schließlich wissen wir beide, dass ich es nicht bin. Schon allein, weil mir der Ehrgeiz fehlt und ich viel weniger Kraft, Ausdauer und sichtbare Straffheit zur Schau stellen kann.

Manchmal macht mir das nichts aus. Manchmal aber schon. Okay, dann bin ich eben nicht sportlich. Oder zumindest nicht so sportlich wie Isi. Und dennoch liebe ich Sport. Noch viel mehr aber liebe ich das Gefühl, Sport gemacht zu haben. Die Betonung liegt auf der Vergangenheitsform. Muskelkater finde ich großartig und das Wissen, mir eine Extraportion von irgendetwas Leckerem gönnen zu können, ebenfalls.

Dabei ist es total unfair, denn ich bringe theoretisch die besten Voraussetzungen zur Supersportlerin mit. Meine Mutter ist immerhin zweimalige Olympiateilnehmerin. Praktisch ist leider allerdings alles, was ihr Genpool an Sportlichkeit hergab, spurlos an mir vorübergegangen. Vermutlich liegt es daran, dass ihre Gene so sportlich sind, dass sie gleich zwei Generationen übersprungen haben.

Meine Mutter wollte mich glücklicherweise nie in eine leistungsorientierte sportliche Karriere drängen. Es wäre für uns beide ganz sicher traumatisch und äußerst frustrierend geworden. Sie hat wohl das Unübersehbare schnell bemerkt: Ich schlage, was Körperbau und Fähigkeiten angeht, mehr nach meinem Vater. Deutlich mehr. Ich bin Linkshänderin, zu groß für mein Körpergefühl, kann gut mit Worten und nicht mit Bällen. Dafür kann ich – wie er – sehr gut über mich selbst lachen. Das ist nicht unerheblich, wenn man sich dennoch in einigen Sportarten versucht, die meine Mutter spannend fand und bei denen sie dachte, dass mir zumindest die Größe und meine Linkshändigkeit einen winzigen Vorteil verschaffen würden: Tennis, Basketball und Fechten. Leider stellten wir schnell fest, dass ich fürs Fechten zu groß und langsam war, mir beim Tennis die Ball-Schläger-Fuß-Koordination nicht wirklich gelang und dass ich beim Basketball Angst vor körperlichen Interaktionen aka Zusammenstößen mit anderen hatte.

Daraufhin habe ich das begonnen, was die meisten Mädchen gerne machen: Voltigieren. Leider konnten weder das Pferd noch ich etwas dafür, dass es nicht geklappt hat. Dabei hätte es uns klar sein müssen: Wenn ich schon auf dem Boden echt schlecht im Turnen bin, dann wird es vermutlich auf dem Rücken eines Pferdes nicht besser werden. Beim Springreiten habe ich es dann eingesehen – als das Pferd eines schönen Tages beschloss, mich allein über das Hindernis zu schicken und ich mir dabei beide Arme mehrfach brach. Seitdem nähere ich mich Pferden nur vorsichtig und wenn ich es nicht vermeiden kann. Es ist nicht so, dass ich sie nicht mag. Ich weiß nur, dass sie, wenn es darauf ankommt, einfach mehr Kraft und Schwung haben als ich. Hätte man auch vorher wissen können.

Irgendwann habe ich für mich entschieden, dass nur noch Sportarten infrage kommen, die meinen Fähigkeiten entsprechen. Die da wären: Ich bin immer noch groß und Linkshänderin. Ich habe Humor. Und tadaaa: Ich habe Taktgefühl und mag Musik! Ja, ich tanze gern.

»Ja, aber gern heißt noch lange nicht gut!«, sagt mein Mann.

Sehr witzig. Er muss es ja wissen. Als wir vor Jahren mal gemeinsam einen Salsa-Tanzkurs gemacht haben, hat er sich darüber beschwert, dass ich immer führen würde. Als die Tanztrainerin ihm daraufhin vorgeschlagen hat, seine Kommandos ein bisschen deutlicher zu machen (wobei sie an Signale mit der Hüfte, der Hand oder dem Blick gedacht hat), sagte er nun bei jeder von ihm angestrebten Drehung »und hepp!« oder auch wahlweise: »Links! Links! Nein!!! Das andere Links!!!«, und unterlegte das Ganze mit einem auffordernden Nicken in die Richtung, in die er zu drehen gedachte.

Ich muss nicht extra erwähnen, dass wir nach dem Anfängerwochenende das Projekt »gemeinsamer Tanzkurs« aufgegeben haben. Es war übrigens der einzige Tanzkurs, den ich nach dem in der neunten Klasse gemacht habe. Oh, ich hätte sehr gern weitergemacht. Den Fortgeschrittenenkurs, Lateinamerikanisch, Salsa, Bachata, Merengue und am allerliebsten Swing. Aber als ich schließlich einen Tanzpartner auf Lebenszeit gefunden hatte, der größer war als ich und sich durch das Ehegelübde auch noch nachhaltig an mich gebunden hatte, sodass er auch in schlechten Zeiten zu mir halten musste (glauben Sie mir, dieser Tanzkurs fällt eindeutig in letzte Kategorie), sagte er »und hepp!«. Und ging. Also nicht ganz. Nur nie wieder mit mir in einen Tanzkurs.

Aber ich wollte tanzen. Und entdeckte Zumba und Linedance.

Oh ja. Auf YouTube sah das großartig aus. Zu lauter Musik tanzt man bei beidem auf Anweisung in der Gruppe und doch ohne Partner. Perfekt für mich. Natürlich sind das zwei völlig unterschiedliche Sportarten, wenn man Profis fragt. Das Ergebnis ist bei mir leider dennoch jeweils dasselbe. Sagen wir so: Ich war bei Zumba und Linedance die, die ratlos in der Mitte stand, den Betrieb aufhielt und deren Scheitern man leider nicht übersehen konnte, denn auch dafür war ich zu groß. Ich war so sehr damit beschäftigt, mich bei allen zu entschuldigen, denen ich auf die Füße trat oder in sie hineinlief, dass ich nichts von der Choreografie mitbekam und alles von vorne losging. Selbst wenn die Trainer sagten, dass jeder eine Weile braucht. Selbst wenn ich betonen möchte, dass ich keine Links-Rechts-Schwäche habe und mein Mann auch nicht recht hat, wenn er sagt, es sei ja kein Wunder, dass das auch nicht geklappt hat. Dennoch war ich es irgendwann leid, meine Würde weiterhin aufs Spiel zu setzen. Ich gab also auf, obwohl ich sehr beliebt war. Das sind die immer, die sich noch blöder anstellen als die anderen.

Ja, tanzen ist großartig. Nur unter Anleitung und Beobachtung eben nichts für mich. Ich mache es aber nach wie vor gern. In meiner Küche. Mit meiner Familie. Um den Küchenblock herum. Zu lauter Musik, bei der man mitsingen kann. Die Erkenntnis von alldem ist nämlich großartig: Sowohl beim Tanzen als auch beim Singen gibt es kein Falsch. Nur ein ausgesprochen schräges Kreativ.

Fassen wir also zusammen:
Ich tanze – in meiner Küche
Ich jogge – selten mit Isi
Ich mache Yoga – zu meinen körperlichen Bedingungen
Ich gehe spazieren – regelmäßig
Ich schwimme – im See oder Meer
Ich trage – Shirts mit Ärmeln
Ich singe – falsch
Ich lache – laut

Was sagt uns das alles? Ganz einfach:

Nichts ist falsch daran, etwas für die eigene Gesundheit zu tun. Aber es darf und soll Spaß machen und uns nicht auch noch in unserer Freizeit unter Druck setzen.

Wenn wir denken, dass nur derjenige glücklich und gesund ist, der erfolgreicher Supersportler, Wahnsinnsyogini oder Extremgefahrensucher ist, der täuscht sich.

Klar steckt ein gesunder Geist in einem gesunden Körper, aber was zu viel ist, ist zu viel. Übertriebener sportlicher Ehrgeiz kann sich zu einer Sucht entwickeln und durchaus auch krank machen. Vor allem aber macht es überhaupt nicht glücklich, sondern es stresst nur noch kolossal.

Man kann unendlich viele Studien lesen und Expertenmeinungen darüber hören, wie viel Sport gesund oder ausreichend ist. Im Schnitt sind sich die meisten einig: Das Maß ist auch beim Sport das Zauberwort. Ha, reimt sich sogar! Will heißen: Täglich ungefähr eine halbe Stunde, ab und zu ins Schwitzen kommen und vor allem: Spaß dabei haben, auf den eigenen Körper hören, ihn fordern, aber nicht überfordern und das tun, was sich richtig anfühlt. Damit meine ich natürlich nicht, dass man sich auf die Couch legen und Kuchen essen soll. Aber ab und zu sollte das schon auch drin sein.

Auf Schritt und Tritt ...
Fitnessarmband, nein danke!

Frühstück in den Neunzigern:
»*Na, wie hast du geschlafen?*«
»*Och, eigentlich ganz gut. Nur viel zu kurz. Und du?*«
»*Super. Und ich hab was völlig Verrücktes geträumt. Stell dir vor, da kam ein Bär aus dem Kleiderschrank und ...*«
Ruckzuck war man in ein fabelhaftes Gespräch vertieft, bei dem es jede Menge zu lachen gab.

Frühstück in den Zwanzigern:
»*Na, wie hast du geschlafen?*«
»*Warte mal, ich muss kurz checken: Oh, ganze sechseinhalb Stunden. Allerdings nur zwei Stunden und vierzig Minuten Tiefschlaf, und ich war sieben Mal wach. Und du so?*«
»*Keine Ahnung, ich habe vergessen, meinen Fitnesstracker aufzuladen.*«
»*Ach.*«
Tja, Gespräch vorbei. Schade eigentlich, oder?

Zugegeben, auch heutzutage kann man sich über Träume unterhalten. Man kann auch spazieren gehen, ohne die Strecke aufzuzeichnen und hinterher auf Facebook zu posten, einschließlich Distanz, bewältigten Höhenmetern und durchschnittlichem Tempo. Aber schnöde Fakten scheinen in dieser Welt leider mehr zu zählen als Fantasie. Ich bin da wohl ein Dinosaurier.
Ganz anders mein Mann. Der joggt keinen Meter ohne

seine App. Wobei, halt – ist gelogen. Wenn er gemeinsam mit mir läuft, schaltet er das Ding lieber aus. Weil ich so lahm bin. Eine Rennschnecke. Ich mache seine schöne Statistik kaputt. Seine Pace ist nämlich spitzenmäßig, meine dagegen regelrecht peinlich! Das könnte er ja niemals posten.

Einmal ist er versehentlich anderthalb Stunden gejoggt, ohne die Aufzeichnung zu starten. Dabei wäre er damit seinem Jahresziel, insgesamt 1500 Kilometer zu schaffen, um ein gutes Stück näher gekommen. Und dann so was. Alles umsonst. Er war furchtbar enttäuscht!

(Nein, man muss das nicht verstehen. Aber mein Mann vertraut seinen Wetter-Apps – Achtung, Plural! – ja auch mehr als einem Blick aus dem Fenster.)

Aber zurück zu den Fitnessarmbändern. Wie gesagt: Ich besitze keines, und das soll auch so bleiben. Aber kein Hype ohne Grund, also frage ich mich: Was können die Dinger eigentlich? Was genau zeichnen all die Sensoren und Mikroprozessoren, die darin eingebaut sind, überhaupt auf? Und warum?

Nun, natürlich verfügen sie über einen Schrittzähler. Auch diese Funktion beeinflusst die zwischenmenschliche Kommunikation nachhaltig. Sie wissen schon:

»Hey, kommst du mit auf einen Kaffee?«
»Nein, ich muss noch zweitausend Schritte gehen.«
»Schade. Ich hab schon zwölftausend für heute.«
»Du Glückliche. Dann kannst du dir ja einen Latte macchiato gönnen.«

Also ehrlich – warum sollte man nicht spontan mit einer Freundin Kaffee trinken gehen, ganz unabhängig von der

Anzahl der Schritte? Die Gelegenheit passt, man hat Lust auf Kaffee und einen Plausch, da sollte die Entscheidung doch nicht schwerfallen. Aber nein, das Fitnessarmband erlaubt es nicht. Hey, warum geben wir einem so kleinen Gegenstand so eine Riesenmacht über unser Leben?

Doch der Tracker zeichnet ja nicht nur die Schritte auf, er rechnet sie auch gleich in verbrauchte Kalorien um und weckt damit den Eindruck, wir müssten uns jeglichen Genuss erst verdienen, indem wir uns abstrampeln.

Hallo? Unser Körper braucht schließlich auch im Ruhezustand Energie! Selbst wenn wir den ganzen Tag im Bett lägen, wäre das so. Natürlich verbraucht man mehr, wenn man sich mehr bewegt. Aber die Denkweise, jede Form von Nahrungsaufnahme sei im Grunde genommen eine Sünde, die vorab gebüßt werden muss, finde ich ganz schön verkorkst. Zumal ein schlechtes Gewissen selbst das leckerste Häppchen verdirbt!

Kennen Sie diesen Gedanken? »Ich habe Lust auf ein Stück Schwarzwälder Kirschtorte, aber die kostet mich dreihundertvierzig Kalorien, dafür müsste ich eine halbe Stunde schwimmen oder rudern ...« – Na, fühlen Sie sich ertappt? Dann sind Sie bereits infiziert. Warum essen Sie nicht Torte, wenn Sie Lust darauf haben, und gehen schwimmen oder rudern, wenn Sie Bock auf Bewegung haben? Nur mal so als Serviervorschlag.

Übrigens behaupten Fitnessarmbänder auch zu erkennen, wenn Sie Treppen steigen. Doch das funktioniert nicht immer einwandfrei, wie ich während einer Überlandfahrt mit einer Freundin gelernt habe. Bei jedem Schlagloch behauptete ihr Wearable (klingt das nicht schick?), sie hätte ein ganzes Stockwerk erklommen. Nach einer Stunde Spazierfahrt hätte sie rein rechnerisch einen kompletten Kuchen vertilgen müssen, um die verbrauchten Kalorien wieder nachzutanken. (Von wegen ganzes Stockwerk: Die Strecke war platt wie ein Brett. Immer schön an den Dünen entlang. In den Niederlanden. Null Höhenunterschied!)

Abgesehen von solchen Fehlinterpretationen erkennen Fitnesstracker tatsächlich, ob man wandert, joggt oder mit dem Rad fährt. Dank GPS weiß es sogar, wo man sich befindet (und wo man Sie, sollten Sie in eine Gletscherspalte fallen oder sich hoffnungslos verfranzen, im Notfall bergen könnte).

Die Bewegungen werden nicht nur linear aufgezeichnet, dazu werden auch Rotationsbewegungen erfasst, und einen Beschleunigungssensor gibt es ebenfalls. Mithilfe aufwendiger Algorithmen (Hilfe, schon wieder Mathe!) werden die Daten in Statistiken, Diagramme und was auch immer übertragen.

Mit anderen Worten: So ein Fitnessarmband protokolliert, ob und wie viel man sich bewegt. Aber das ist noch nicht alles! Sein Herzfrequenzsensor misst permanent Ihren Puls und erkennt, ob Sie sich gerade überanstrengen (oder furchtbar erschrecken, weil zum Beispiel gerade ein Säbelzahntiger auftaucht – aber um den geht's in einem anderen Kapitel). Nicht zu vergessen die bereits erwähnte Schlafüberwachung ...

Alles natürlich zu unserem Besten. Um daraus Trainingspläne zu erstellen. Uns zu mehr Bewegung zu motivieren. Spaß am Sport dank Gamification – machen wir ein lustiges Spiel draus, und schon wird die totale Überwachung zum Freudenfest!

Ich übertreibe? Aber nur ein bisschen! Und Sie würden auch so ticken, wenn Sie gerade *Years and Years* gesehen hätten, die britische Mini-Serie, in der die Zukunft zum regelrechten Albtraum wird.

Eine Szene daraus hat mich besonders erschreckt. Eigentlich war sie ganz nebensächlich, aber durchaus typisch. Es geht um eine Blutuntersuchung im Krankenhaus. Und die Ärztin fragt: »Wo wir schon dabei sind – wollen Sie Ihre Lebenserwartung wissen?«

Grundgütiger, was für eine Vorstellung! Ich wollte schon damals, als ich schwanger war, nicht mal das Geschlecht meines ungeborenen Kindes wissen. Viel weniger würde ich mir sagen lassen, wie lange meine Restlaufzeit noch dauert!

Dem Serienhelden ging es übrigens ganz ähnlich, er lehnte die Information ebenfalls ab. Aber allein schon der Gedanke, dass so etwas eines Tages möglich sein könnte, finde ich erschreckend.

Man stelle sich derartige Daten in den falschen Händen vor. Zum Beispiel in denen Ihres Kreditinstituts. Oder Ihrer Lebensversicherung. Tja. Wäre nicht so gut, oder?

Folgen wir doch einfach mal der Autorin Juli Zeh, die diesen Gedanken noch weitergesponnen hat. Kennen Sie ihr Theaterstück *Corpus Delicti*? Oder den gleichnamigen Roman? Darin ist gesundheitliche Prävention kein freiwilliger Spaß mehr, sondern vom Staat verordnete Pflicht. Wer sein Ergometertraining vernachlässigt, wird abgemahnt, und selbst das Rauchen einer einzigen Zigarette wird streng geahndet.

Gesundheits- beziehungsweise Selbstoptimierungswahn und Überwachungsstaat, eine teuflische Kombination ...

Ob es im Jahr 2057 wirklich so weit kommt, steht natürlich in den Sternen. Ich hoffe, die Menschheit ist vernünftig genug, das Schlimmste zu verhindern. Aber die freiwillige Selbstüberwachung könnte ein gefährlicher Anfang sein. (Hier bitte Gruselmusik vorstellen, dramatisch anschwellend, dann verklingend und eine Gänsehaut hinterlassend.)

Natürlich spricht *überhaupt* nichts dagegen, sich fit zu halten. Sport tut gut und ist gerade beim Älterwerden enorm wichtig. Und es kann auch nichts schaden, sich regelmäßig ärztlich durchchecken zu lassen. Aber sich wegen eines kleinen Messgeräts verrückt zu machen, deswegen regelrecht den Alltag auf den Kopf stellen und die Freizeit ruinieren zu lassen, das führt doch ein bisschen zu weit.

Zum Leben gehört doch auch immer ein gewisses Maß Unvernunft dazu. Das macht es doch gerade so schön. Nur Fakten, Fakten, Fakten, wo bleibt denn da der ganze Spaß?

Ich muss gerade an meine Großeltern denken, die jahrzehntelang an hohem Blutdruck litten. Mein Opa hätte sich vermutlich ein Fitnessarmband zugelegt, wenn er nur ein paar Jahrzehnte später geboren wäre. Er war ein Tüftler, liebte Technik und machte selbst so einige Erfindungen. Ganz gleich, was neu auf den Markt kam, er musste es haben – sei es ein Gefrierschrank oder ein Wäschetrockner.

Da er die Sache mit den Fitnesstrackern nicht mehr erlebt hat, musste er sich mit dem guten, alten Blutdruckmessgerät zufriedengeben. Tagtäglich wurde gepumpt, gemessen und Statistik geführt.

Doch während mein Opa brav jeden seiner Werte notierte, schrieb meine Oma nur auf, was ihr gefiel. An Tagen mit besonders hohem Blutdruck ließ sie ihr Messergebnis einfach unter den Tisch fallen. »Ach, das ist bloß, weil ich mich vorhin so über den Eiermann aufgeregt habe«, sagte sie dann und weigerte sich, den Wert zu notieren.

Wir haben uns damals darüber amüsiert, dass Oma sich quasi selbst betrog. Heute weiß ich, dass sie ganz schön clever war. Sie hatte bloß keine Lust, sich von ein paar Zahlen, die ein kleines Gerät ausspuckte, die Laune verderben zu lassen. (Ganz ähnlich geht es mir beim Stichwort Personenwaage.)

Und wenn ich mir so vorstelle, wie mein Opa mit seinem Fitnesstracker umgegangen wäre, muss ich breit grinsen. Ich höre ihn noch sagen: »Das Schönste an dem Gerät ist, dass man es ausschalten kann.« Damit meinte er damals zwar sein Hörgerät, das er mitten im größten Trubel einfach ausmachte, um die herrliche Ruhe zu genießen, aber das Zitat ist ja vielseitig anwendbar.

Falls Sie also doch ein Fitnessarmband besitzen, probieren Sie es doch einfach mal mit Opas Trick: ausschalten. Und einfach nur tun, was Sie wollen! Herrlich, oder?

Schon gewusst?

Ein Fitnessarmband zu kaufen und zu tragen gilt noch nicht als Sport. Leider macht das nicht fitter, als Radler zu trinken und Ritter-Sport-Schokolade zu essen.

Nobody is perfect – das Quiz

Jeder kennt dieses Sprichwort – falls es ein Zitat ist, dann lässt sich der Urheber oder die Urheberin jedenfalls nicht ausmachen. Vermutlich ist diese Weisheit vielmehr ein Teil des allgemeinen Weltwissens. Dass niemand perfekt ist, weiß schließlich jeder (also auch all diejenigen, die verzweifelt versuchen, wider jede Vernunft selbst Perfektion zu erlangen). Doch ein paar Dinge zum Thema sind vielleicht nicht so bekannt. Frohes Rätseln!

1. Welcher Filmklassiker endet im Original mit diesem Dialog: »I am a man« – »Well, nobody's perfect«?
   A: *Der Clou*, die Ganovenkomödie von George Roy Hill mit Paul Newman und Robert Redford
   B: *Vom Winde verweht*, das Südstaatenepos von Victor Fleming mit Vivien Leigh und Clark Gable
   C: *Manche mögen's heiß*, die Verwechslungskomödie von Billy Wilder mit Marilyn Monroe, Jack Lemmon und Tony Curtis
   D: *Spiel mir das Lied vom Tod*, der Italowestern von Sergio Leone mit Charles Bronson und Henry Fonda

2. Welches Zitat wurde falsch zugeordnet? Teil 1, große Männer
   A: »Es ist besser, unvollkommen anzupacken, als perfekt zu zögern.« Thomas Alva Edison

B: »Wenn man die Forschung nur den Ingenieuren überlässt, hätte man perfekt funktionierende Petroleumlampen, aber keinen elektrischen Strom.« Albert Einstein
C: »Durch Übung erreicht man Perfektion, aber niemand ist perfekt, warum also üben?« Kurt Cobain
D: »Perfektion ist Lähmung.« Johann Wolfgang von Goethe

3. Wer veröffentlichte einen Song mit dem Titel *Nobody's perfect*?
A: Jessie J
B: Madonna
C: Mike + The Mechanics
D: Chris Brown

4. Welches Zitat wurde falsch zugeordnet? Teil 2, große Frauen
A: »Ich bin die perfekte Hausfrau. Ich kann mit geschlossenen Augen einen Sonntagsbraten zubereiten.« Uschi Glas
B: »Ein Mann erwartet von einer Frau, dass sie perfekt ist. Und dass sie es liebenswert findet, wenn er es nicht ist.« Catherine Zeta-Jones
C: »Charme und Perfektion vertragen sich schlecht miteinander. Charme setzt kleine Fehler voraus, die man verdecken möchte.« Catherine Deneuve
D: »Ein Kleid ist perfekt, wenn man nichts mehr weglassen kann – eine Rede auch!« Jil Sander

5. Welche Beschreibung des Spiels *Nobody is perfect* stimmt?
   A: Es ist ein Kartenspiel, bei dem es darum geht, möglichst schnell sämtliche Trumpfkarten und Joker loszuwerden.
   B: Es ist ein Würfelspiel, bei dem ein Pasch Minuspunkte bringt und man mit der niedrigsten Augenzahl gewinnt.
   C: Es ist ein Brettspiel, bei dem man mit möglichst verrückten Fremdwort-Erklärungen die Mitspieler aufs Glatteis führt.
   D: Es ist ein Actionspiel, bei dem man Begriffe in einer erfundenen Quatschsprache erklären muss.

6. Worum ging es in der SAT.1-Show *No Body is perfect*?
   A: Um Striptease, Burlesque-Tanz und Poledance
   B: Um ein positives Selbstbild und Liebe zum eigenen Körper
   C: Um Piercings, Tattoos, Branding und Scarification
   D: Um seltene Hautkrankheiten und ungewöhnliche Narbenbildung

7. Wovon handelt der Film *Nobody is perfect* aus dem Jahr 1978, bei dem unter anderem Burt Reynolds und Sally Field mitspielen?
   A: Von einem erfolglosen Selbstmörder, der in der Nervenklinik landet – eine makabre Klamauk-Komödie
   B: Von einem egoistischen Eigenbrötler, der unerwartet Vater wird – eine Slapstick-Komödie
   C: Von einem ehrgeizigen Börsenmakler, den plötzlich das Glück verlässt – eine Liebeskomödie

D: Von einem egozentrischen Großgrundbesitzer, der sich mit einem Cowgirl anlegt – eine Westernkomödie

8. Welches Zitat wurde falsch zugeordnet? Teil 3, Sport
   A: »Je älter ich werde, umso besser werde ich – wie Rotwein. Mögen Sie Rotwein? Ich bin ein perfektes Beispiel dafür.« Zlatan Ibrahimović
   B: »Es ist nicht einfach, perfekt zu sein, aber irgendeiner muss es sein.« Niki Lauda
   C: »Wenn du auf Perfektion abzielst, wirst du feststellen, dass sie ein bewegtes Ziel ist.« Fernando Alonso
   D: »Ich wollte immer möglichst perfekt funktionieren. Das war der größte Irrglaube.« Boris Becker

Auflösung!

Richtig sind die Antworten 1C, 2D (denn dieses Zitat stammt nicht von Goethe, sondern von Winston Spencer Churchill), 3ABCD (ja, alle vier sind richtig, und es gäbe sogar noch eine Reihe weiterer Beispiele), 4A (denn dieses Zitat stammt nicht von Uschi Glas, sondern tatsächlich von Kate Moss), 5C, 6B, 7A und 8D (denn dieses Zitat stammt nicht von Boris Becker, sondern von Oliver Kahn).

Teil 2:

DU LIEBST MENSCHEN – KEINE PROJEKTE

»*Mach es zu deinem Projekt*«, *brüllt uns die Werbung entgegen. Wohlgemerkt: die Baumarkt-Werbung! Gemeint ist ein neues Regal, der selbst verlegte Laminatboden oder das praktische Gartenhäuschen mit ganz viel Stauraum für Rasenmäher & Co.*

Sie sind aber kein Regal! (Und übrigens: Ihre Mitmenschen sind es auch nicht.)

Es kann doch nicht gut fürs Gemüt sein, das eigene Ich als permanent verbesserungswürdiges Projekt zu betrachten! Und erst recht nicht, den Blick auf die Defizite zu richten, die man so hat – mit dem Ergebnis, dass man sich in erster Linie als wandelnde Problemzone wahrnimmt. Und das soll glücklich machen? Wohl eher nicht.

Schluss mit der Unzufriedenheit – freuen Sie sich lieber darüber, was gut ist in Ihrem Leben. Und dazu gehören ganz sicher auch die Menschen, die Ihnen wichtig sind. Mit all ihren Fehlern und Lastern. Ja, auch wenn sie manchmal unverbesserlich sind, nicht zuhören und nicht einsehen wollen, dass Sie recht haben. So was von recht!

Heike

Mein Kind, der künftige Nobelpreisträger

Eine meiner Lieblingskarikaturen von Gary Larson zeigt Vater und Sohn vor einem geöffneten, wohlgefüllten Kühlschrank. Darunter steht: »Und eines Tages, mein Sohn, wird das alles dir gehören.« Eine herrliche Parodie auf die allbekannte Westernszene, bei der beide auf schmucken Rössern sitzen und von einem erhöhten Standpunkt aus auf die unendliche Weite blicken, die sich vor ihnen erstreckt.

Nun, bei den meisten von uns wird es weniger der großzügige Landbesitz als vielmehr der bescheidene Hausstand sein, den wir hinterlassen. Und dennoch: Der Gedanke, dass alles, was wir in diesem Leben erarbeiten, in irgendeiner Form einmal unseren Nachkommen zugutekommen soll, steckt doch in uns allen, oder?

Sie kennen doch sicher auch den Satz »Mein Kind soll es mal besser haben«. Eine Aussage, an der auf den ersten Blick nichts zu beanstanden ist.

Aber auf den zweiten ...

Mich erschreckt dieses Du-sollst-es-mal-besser-Haben sehr. Denn einerseits verrät es doch einiges über diejenigen, die so denken, und andererseits lädt es eine Riesenlast auf diejenigen, die das zu hören kriegen.

Wer seinem Kind ein besseres Leben wünscht, als er oder sie es selbst führt, kann ja wohl mit der eigenen Existenz nicht sonderlich zufrieden sein. Ist das nicht furchtbar traurig?

Ich jedenfalls bin ziemlich froh, dass meine Eltern mir nie den Eindruck vermittelt haben, sie hielten ihr Leben für gescheitert. Und schlimmer noch: Als sei es meine Aufgabe, ihre nicht erfüllten Wünsche und Träume an ihrer Stelle Wirklichkeit werden zu lassen.

Denn genau das steckt doch hinter »Du sollst es mal besser haben«. Wer in Armut aufgewachsen ist, möchte dem eigenen Nachwuchs mehr Wohlstand bieten. Wer selbst auf eine tolle Karriere als Chirurg:in, Eiskunstläufer:in, Rechtsgelehrte:r oder Tennisstar verzichten musste, wünscht sie sich für seine Kinder – und die sollen gefälligst froh und dankbar sein für die tollen Möglichkeiten, die ihnen geboten werden.

Und da sind wir wieder beim Thema: der Selbstoptimierung. In diesem Fall ist es sogar eher eine Fremdoptimierung, denn sie betrifft einen nicht selbst, sondern den Nachwuchs. Das Kind als Projekt, das möglichst perfekt gelingen soll!

Ich erinnere mich an ein Gespräch im Rückbildungskurs. Da trafen sich so ziemlich dieselben Frauen, die zuvor gemeinsam in der Geburtsvorbereitung gewesen waren, nur diesmal nicht mit dickem Babybauch, sondern mit Schlabberbauch und Säugling im Autositz. Eine junge Mutter erzählte ganz begeistert von einer Kinderlieder-CD, die sie ihrem Knaben regelmäßig vorspielte und zu der man lustige Fingerspiele machen konnte.

»Das regt die Hirnentwicklung an und ist total wichtig«, schwärmte sie.

Als ich zugab, weder die CD zu kennen noch mit meinem drei Wochen alten Sohn irgendwelche Fingerspiele zu machen, war sie regelrecht bestürzt. Ich kam mir vor wie eine Rabenmutter, die sich auf einen Kontrollbesuch vom Jugendamt gefasst machen sollte.

Unsicher, wie ich war, grübelte ich darüber nach, ob ich vielleicht wirklich etwas versäumte. Vernachlässigte ich die kognitive Entwicklung meines Kindes? Entstanden da jetzt schon, nach noch nicht mal einem Monat auf diesem Planeten, irgendwelche Defizite?

Nein, beschloss ich, das war vollkommener Unsinn! Denn wenn das so wäre, hätte das Jugendamt viel zu tun. Vermutlich hat nicht mal die Mutter von Albert Einstein ihren Filius mit Fingerspielen gefördert, als er ein Säugling war. In dem Alter machen Kinder wahnsinnig große Entwicklungsschritte in relativ kurzer Zeit, und das von ganz alleine. Ohne zusätzliche Fördermaßnahmen. Es genügt, für sie da zu sein, sanft mit ihnen zu reden, sie im Arm zu halten, ihnen hin und wieder was vorzusingen und sie lieb zu haben.

Schätzungsweise hatte die junge Mutter, die mir da ungewollt ein schlechtes Gewissen gemacht hatte, einfach nur massenhaft Selbstzweifel, ob sie der anspruchsvollen Aufgabe, so einen Winzling zu einem lebenstüchtigen Menschen zu erziehen, auch wirklich gewachsen war.

Ein bisschen ging es mir ja auch so. Wenn man ein plärrendes kleines Menschlein im Arm hält, dessen Wohlergehen komplett von zwei unerfahrenen Eltern abhängt, dann wird einem durchaus Angst und Bange. Doch dann dachte ich einfach an die weisen Worte einer Freundin, die mich mit einem unschlagbaren Argument beruhigt hatte. »Was eine Fünfzehnjährige im Urwald kann, das schaffst du auch.«

Ich kann mir vorstellen, wie Supereltern angesichts dieser Worte die Hände über dem Kopf zusammenschlagen. Schließlich leben wir nicht im Urwald, sondern in einer hochkomplexen Welt, in der einem nichts geschenkt wird. Man muss kämpfen, um es zu etwas zu bringen. Und je besser man seine Kinder fördert, desto eher wird ihnen das gelingen.

Das »Projekt Kind« ahnt von alldem nichts, wenn es selbstvergessen im Sandkasten sitzt und Burgen baut. Während die Helikoptermutter sein hervorragendes räumliches Sehvermögen bestaunt, seine Kreativität und seine Konzentration. »Aus ihm wird bestimmt mal ein Architekt«, seufzt sie zufrieden. Aber nicht irgendein Architekt, nein, ein weltberühmter! Einer mit Wikipedia-Eintrag mal mindestens.

Ein paar Jahre später hüpft das Kindlein fröhlich über die Wiese und tritt gegen jeden Ball, der ihm in die Quere kommt. »Profifußballer!«, lautet das Urteil. Natürlich erste Liga. Oder Premier League, noch besser – dort werden schließlich astronomische Gehälter gezahlt.

Oder es trällert munter vor sich hin? Also wären wohl ein paar Gesangsstunden angesagt und dann nichts wie ab zu *The Voice Kids*. Hat nicht auch die Karriere von Zoe Wees dort angefangen, bevor sie mit dem Superhit *Control* durchgestartet ist?

Das Einmaleins hat er oder sie im Nullkommanix drauf? Ein Mathegenie! Der Nobelpreis ist so gut wie sicher.

Ha! Hat es da eben tatsächlich »Der Hase hat eine Nase«

gesagt? Was für ein genialer Reim! In dem Kleinen steckt wahrhaftig ein begnadeter Dichter.

Und dann der Durchmarsch beim Familien-Minigolf. Ist doch klar – da schlummert ein Riesentalent! Wie viel verdient man noch gleich als Golfprofi? Vergleichsweise sind die Kosten für einen Privattrainer geradezu ein Klacks ...

Damit will ich keineswegs sagen, dass ich meinem Sohn keine Gelegenheit gegeben hätte, sich auszuprobieren. Im Gegenteil – er bekam Klavier- und Schlagzeugunterricht, solange er Lust darauf hatte, besuchte hin und wieder spannende Vorträge im Rahmen der »Kinder-Uni« und Kreativkurse in der »Fingerwerkstatt«, war im Fußball-Feriencamp und ein paar Monate in Kanada.

Aber das waren alles einfach nur Angebote. Ich erwartete weder von ihm, ein Profimusiker zu werden noch ein Top-Wissenschaftler, ein Kunsthandwerker oder ein Dolmetscher. Stattdessen wollte ich ihm einfach nur die Chance bieten, Neues kennenzulernen und festzustellen, was ihn interessiert, ihm liegt und Spaß macht.

Ohne Hintergedanken. Und vor allem ohne Druck!

Die Vorstellung, dass ein Kind sich verbiegt und Dinge tut, die es eigentlich überhaupt nicht mag, bloß weil es denkt, das seinen Eltern schuldig zu sein, finde ich sehr traurig. Kinder sind schließlich keine Investition, die sich lohnen muss!

Und ehrlich gesagt: Wenn Eltern ihrem Kind zuliebe auf alles Mögliche verzichten, dann sind sie selber schuld. Schließlich sind sie die Erwachsenen und treffen ihre Entscheidungen eigenverantwortlich. Die Konsequenzen ihrem Nachwuchs aufzubürden, ist mehr als unfair.

Unsere Kinder sind uns keine Superkarriere schuldig. Und schon gar nicht die Karriere, die uns selbst nicht gelungen ist. Sie sind eigenständige Menschen, keine Version 2.0 von uns selbst, keine zweite Chance für das, was wir selbst verkorkst haben. Genauso wenig sind sie dazu verpflichtet, in unsere Fußstapfen zu treten, unseren Werdegang zu imitieren, einen eventuell vorhandenen Betrieb zu übernehmen (ganz gleich, wie gut der läuft) oder überhaupt dieselben Werte, Wünsche und Ziele zu haben wie wir.

Wie wäre es, wenn wir Kinder einfach Kinder sein lassen? Hauptsache, sie werden glücklich. Und uns selbst lassen wir unperfekte Mütter sein.

Übrigens kennt die Wissenschaft dafür sogar einen eigenen Fachbegriff: Die *Good Enough Mother*. Geprägt wurde dieser Begriff von dem englischen Kinderarzt und Psychoanalytiker Donald Woods Winnicott, der die Vorstellung einer idealisierten Mutter sogar als schädigend betrachtete, während die »ausreichend gute Mutter« einfach ihren Instinkten vertraut und so auf die Bedürfnisse ihres Kindes reagiert, dass dieses sich nicht verlassen fühlt. Anfangs bilden Mutter und Baby nach Winnicotts Vorstellung eine Einheit, doch mit der Zeit beginnt der Loslösungsprozess – die zunächst enge Bindung wird lockerer, die Mutter stellt ihre eigenen Bedürfnisse nicht mehr komplett hintan.

Mit anderen Worten: Das Kind kann sich erst dann so richtig entwickeln, wenn es sich nicht mehr als Teil der Mutter-Kind-Einheit empfindet. Die beste Art, seinen Nachwuchs zu fördern, besteht also darin, es zum richtigen Zeitpunkt loszulassen – immer ein Stückchen mehr.

Sie werden staunen, wie entspannt das Leben als *Good Enough Mother* auf einmal wird. Denn auch wenn wir hin und wieder einen Fehler machen oder etwas versäumen, wird das keine größeren Schäden anrichten, da bin ich sicher!

Ein bisschen Gelassenheit hätte auch damals, als mein Sohn in der ersten Klasse war, nicht geschadet. Es war nach den Herbstferien, die Kinder hatten gerade mal acht Wochen Unterricht hinter sich, als die Klassenlehrerin erkrankte. Für ganze drei Wochen!

Oh, wie sich da die Gemüter erhitzten ... Drei Wochen? Was sie da alles an Stoff versäumten. Das würden die Kinder doch niemals aufholen! Die Elternschaft war empört, entsetzt, erzürnt. Aber das änderte natürlich nichts an der Situation – die Lehrerin war und blieb krank. Natürlich gab es Vertretungsunterricht, und der hat den Kindern nicht geschadet.

Soweit mir bekannt ist, haben alle Mitschülerinnen und Mitschüler von damals einen ordentlichen Schulabschluss hingelegt, einige machten eine handwerkliche oder kaufmännische Ausbildung, andere studierten. Ob irgendwann ein Nobelpreis dabei herausspringt, ist noch offen. Aber wenn nicht, sind garantiert nicht jene drei Wochen im Herbst 2003 daran schuld.

Wenn das Projekt Wunderkind schiefgeht

Für ehrgeizige Eltern kommt dieses Kapitel leider zu spät. Sie waren so versessen darauf, aus ihrem Töchterlein und ihrem Söhnchen ein Wunderkind zu machen, dass ihnen dabei völlig entgangen ist, dass sie damit mehr Schaden als Nutzen angerichtet haben.

Sie kennen alle die berühmten Namen – stellvertretend seien Michael Jackson und Britney Spears genannt. Von ruhmsüchtigen Eltern regelrecht dressiert, kamen sie ganz an die Spitze – um dann umso tiefer zu fallen. Jackson starb – nach unzähligen »Schönheits«-OPs und Missbrauchsvorwürfen – mit gerade mal fünfzig Jahren an einer Propofol-Vergiftung, denn ohne dieses Narkosemittel konnte er nicht schlafen. Spears hat Zusammenbrüche und diverse Tiefpunkte – einschließlich peinlicher Glatzenfotos – zwar überlebt, doch seit 2008 steht sie unter der Vormundschaft ihres eigenen Vaters. (Die Daumen sind gedrückt, dass dieser unsägliche Zustand bald endet. Man muss kein Fan sein, um das empörend zu finden!)

Doch es gibt natürlich auch positive Wunderkind- bzw. Kinderstar-Beispiele, von Wolfgang Amadeus Mozart und Franziska van Almsick bis Emma Watson und Jodie Foster. Keine Sorge also, falls Ihr Nachwuchs schon in jungen Jahren durchstartet – solange es ohne Zwang und aus eigenem Antrieb geschieht.

Mein Mann, der Prinz
in schimmernder Rüstung

Im Alter von ungefähr fünf Jahren war mir absolut klar, wie der Mann meiner Träume einmal sein sollte: Nämlich exakt so wie mein Vater. Ein bisschen jünger vielleicht. Ein bisschen schöner auch und ein Königreich samt Schloss und Pferd wäre auch nicht schlecht gewesen. Um genau zu sein: ganz anders als er. Es scheint, als hätte ich damals schon nicht so genau gewusst, was ich eigentlich wollte. In der Tat fallen mir Entscheidungen schwer, vor allem, weil es so viele Möglichkeiten gibt. Bei allem. Und bei der Wahl des Mister Right sowieso.

Es sollte also eine Weile dauern, bis ich mich tatsächlich entschloss. Die gute Nachricht vorab: Der Auserwählte war ebenfalls einverstanden.

Mit dreizehn wandelte sich meine Idealvorstellung von meinem Zukünftigen pubertätsbedingt vom edlen Ritter zu Lex Barker alias Old Shatterhand, meinem Role Model, was körperliche Fitness, Frisur und verschmitztes Lächeln anging. Ich wäre sehr gern seine Nscho-tschi gewesen, mit ebenholzschwarzem Haar und Kulleraugen, voller Anmut und Grazie und völlig zurecht angehimmelt von einem wahren Helden. Natürlich ohne so tragisch und grundlos wie sie zu sterben.

Nachdem ich ein Leben als glückliche Nscho-tschi geplant hatte, war das der Zeitpunkt, als ich zu voltigieren begann. Eine Squaw, die noch nie auf einem Pferd gesessen hat, so dachte ich, wird wohl kaum einen Cowboy dazu bewegen können, sein Herz zu verlieren. Nun, nach dem schon erwähnten Sturz war mein Verhältnis zu Pferden nie wieder das gleiche. Während ich mit mehr oder weniger komplett eingegipstem Oberkörper bewegungslos verharrte und die Tage zählte, bis ich mich wieder frei bewegen konnte, erreichte mich außerdem die Erkenntnis, dass ich wohl nie Nscho-tschi sein würde und mir dementsprechend besser auch einen anderen, vielleicht realistischeren Traumprinzen suchen sollte. Wenn man meiner Mutter Glauben schenkt, irrte ich dennoch bis in meine frühen Zwanziger geschmacklich herum und begeisterte mich vor allem für Jungs, die sich nicht die Bohne für mich interessierten und fand alle langweilig, die es taten.

Meiner besten Freundin Lissi ging es ähnlich. Das Schöne dabei war, dass wir gemeinsam einsam waren. Irgendwann allerdings wurde die Sehnsucht nach einer Beziehung so stark, dass wir beschlossen, etwas zu verändern. Anstatt darauf zu warten, eines Tages vom Richtigen gefunden zu werden, entschieden wir, selbst aktiv zu suchen. Um etwas zu haben, woran wir uns bei der Auswahl eines Partners orientieren konnten, der garantiert zu uns passen würde, entwickelten wir einen »Mega-Männertest«. Ja, schon der Name klingt bescheuert, aber gut – wir waren jung und ahnungslos. Der Test sollte uns helfen, die Spreu vom Weizen zu trennen. Was waren wir erwachsen. Dachten wir. Selbstverständlich waren wir außerdem davon überzeugt, dass wir die wesentlichen Fragen damit beantwortet und ein potenzieller und perfekt passender Partner somit zum Greifen nah wäre.

Punkt 1: Ist er größer als ich?
Diese Frage war für die knapp 1,60 m große Lissi nicht ganz so essenziell wie für mich (1,83 m), und natürlich war es auch sehr oberflächlich, jemanden anhand seiner Größe zu beurteilen. Aber erstens ging es mir ja andersherum genauso und zweitens: na und? Wenn man schon die Wahl hat, warum dann nicht wählen?

Punkt 2: Was hat er für eine Haar- und Augenfarbe?
Wie gesagt: Ich habe nie behauptet, dass unser Test tiefgründig ist, aber es wird besser. Versprochen. Das mit der Haar- und Augenfarbe war in meinem Fall ganz klar: Dunkle Haare und dunkle Augen waren quasi Pflicht, nachdem ich Old Shatterhand und seine blonde Tolle emotional hinter mir gelassen hatte. Lissi wollte lieber blond und blauäugig.

Punkt 3: Weitere wesentliche optische Merkmale
Wenn Größe, Haar und Augenfarbe stimmten, achteten wir als Nächstes auf schöne Hände und Zähne, auf volle Lippen, nicht angewachsene Ohrläppchen und nicht allzu weit aufgeblähte Nasenlöcher, denn meine Großmutter hatte uns gewarnt: Ein Mann mit angewachsenen Ohrläppchen sei eifersüchtig, einer mit schmalen Lippen geizig und einer mit geblähten Nüstern auf gar keinen Fall treu. Volle Lippen sprachen hingegen für einen sinnlichen Küsser, starke Hände für einen starken Charakter, schlanke Finger und ein langes Nagelbett für einen sensiblen Liebhaber, zu schmale Finger hingegen für eine schwache Gesundheit. Noch Fragen?

Punkt 4: Sein Stil
Sportsocken, braune Schuhe, Popperschnitt, Pornobalken? No, no, no und nochmals no. Wir gaben uns schließlich auch Mühe mit unserem Outfit, legten unsere Haare in Wellen, trugen Schulterpolster und minimal übertriebenen Lidschatten. Was auch nicht ging, war das falsche Auto. Oh, kein Problem, wenn er gar keins hatte. Aber wenn doch, sollte es bitte auf keinen Fall ein getunter Manta sein. Unter gar keinen Umständen. Oder irgendein anderes Auto, das einen Fuchsschwanz am Rückspiegel baumeln hatte.

Punkt 5: Was hat er da gesagt?
Wenn also sämtliche optischen Merkmale überprüft waren, was bestenfalls innerhalb der ersten Sekunden geschah, kam es ganz darauf an, wie sich ein potenzieller Bewerber um Lissis oder meine Gunst in einem Gespräch schlug. Dabei konnte sich ein Mann ganz schön schnell ins Aus katapultieren, denn als Nächstes achteten wir auf seine kommunikativen Fähigkeiten:

1. Er hat dauerhaft auf Senden gestellt und ist nicht in der Lage, auch mal zu empfangen? Hinfort mit ihm!
2. Er hat keinen Humor (will heißen, er versteht unsere Witze nicht)? Und tschüss!
3. Er sagt Dinge wie »zum Bleistift«, »Das kann doch nicht Warstein!« oder »Herzlichen Glühstrumpf«? Schnell weg!
4. Er hat Mundgeruch. Ohne Worte. Am besten auch ohne überhaupt den Mund aufzumachen.

Punkt 6: Was hat er sonst so drauf?
Natürlich konnte sich ein Mann durch besondere Talente und Tricks Extrapunkte verdienen.

Ein guter Küsser, ein begeisterter Tänzer oder jemand, der ein publikumswirksames Instrument wie Gitarre oder Klavier auf einer Party spielen konnte, hatte sehr gute Karten bei uns. Auch Sänger fanden wir gut. Und am allerbesten gefielen uns die Jungs, die uns nicht allzu offensichtlich peinlich fanden, selbst wenn wir es waren. Und das waren wir – spätestens dann, wenn wir vor dem allerersten Gespräch die Nasenlöcher, Ohrläppchen und Finger der Männer genau unter die Lupe nahmen.

Sagen wir so: Es wäre schön, wenn es geklappt hätte. Hat es aber nicht. Während wir immer weitersuchten, wurden Lissi und ich älter. Einige Jahre, um genau zu sein. Zwischen unserem »Mega-Männertest« und heute liegen nicht nur knapp dreißig Jahre, sondern erstaunlicherweise auch völlig neue Erkenntnisse, die uns zu jeweils einem Ehemann und insgesamt sieben Kindern geführt haben.

Fazit: Ich hatte nie einen Freund oder Partner mit braunen Augen und braunen Haaren. Mein Mann Holger war blauäugig und blond, als wir uns kennengelernt haben (jetzt ist er grau). Lissis Mann hat dafür gar keine Haare mehr (eine Variante, die uns nie in den Sinn gekommen wäre).

Ich weiß auch, dass viele der Antworten, die einen Kandidaten damals sofort ins Aus katapultiert hätten (Bart, Socken, Manta), meine Töchter heute als total attraktiv empfinden, aber das ist vermutlich auch normal. Die Ansprüche ändern sich nun mal und Geschmäcker sowieso.

Als ich Holger damals mit Mitte zwanzig kennenlernte,

habe ich nicht auf seine Socken geschaut. Vielleicht wäre er beim Test sogar durchgefallen. Aber so weit kam es nie. Denn wir sind uns auf meiner Diplomparty begegnet. Es war sehr voll (und nun kommt seine Größe ins Spiel), unsere Blicke trafen sich quasi über der Besuchermenge, die sich durch die Flure schob. Wir lächelten uns an, und ich spürte die Magie, die zwischen uns entstand. Im Nachhinein hat mein Mann gesagt, dass das, was *er* spürte, eher keine Magie, sondern ein tiefes Staunen war, weil er noch nie eine so große Frau gesehen hatte. Schwamm drüber. Wir unterhielten uns vom ersten Moment an großartig. Ich habe keine Ahnung, worüber – ich erinnere mich einfach nicht mehr. Auch dachte ich keine Sekunde an den Männertest, und das – davon bin ich überzeugt – war der ultimative Beweis dafür, dass dieser Mann der Richtige für mich war. Das hätte ich wohl damals in den ersten Monaten der rosaroten und überschwänglichen Verliebtheit sowieso behauptet, aber ich sage es auch jetzt nach all den Jahren – und zwar, *obwohl* ich ihn kenne.

Vielleicht geht es im Leben genauso wie bei der »Good enough«-Mutterschaft, die Heike im Kapitel über potenzielle Nobelpreisträger erwähnt hat, auch darum, eine »Good enough«-Ehe zu führen. Anders ausgedrückt: Ich habe ganz sicher keinen Märchenprinzen geheiratet, keinen Old Shatterhand aus dem Fernsehen oder einen Mann, der (überprüft anhand meiner Liste) perfekt ist. Ich habe mir damals vieles gewünscht und nicht alles bekommen – dafür aber Eigenschaften, die ich gar nicht gesucht, aber vielleicht dringend gebraucht habe.

Mein Mann ist nicht halb so spontan wie ich (würde das aber selbstverständlich entrüstet von sich weisen), dafür ist er viel ordentlicher und gründlicher. Er bewahrt die Ruhe, wenn ich mal ausflippe, er kann gut mit Geld umgehen (im Gegensatz zu mir) und mich davon überzeugen, dass man nicht für alles und alle zuständig ist. Und er kann nähen. Das ist wirklich toll.

Er ist nicht nur anders, als ich mir meinen Zukünftigen vorgestellt habe, sondern auch ganz anders als ich. Manchmal finde ich ihn toll und manchmal ... eben nicht.

Ich bin mir ziemlich sicher, dass auch er mich nicht für die Prinzessin seiner Träume hält. Oder überhaupt für eine Prinzessin. Das ist auch gut so. Überraschung: Ich bin nämlich keine. Ich bin sicher nicht perfekt.

Aber genau das ist es ja: Ich möchte geliebt werden, weil ich großartig bin – und obwohl ich sicher den einen oder anderen Fehler habe. (Auch wenn mir jetzt so spontan keiner einfällt ☺.) Aber ganz ehrlich: Wenn ich keine Prinzessin bin, was sollte ich dann mit einem Prinzen?

Mega-Männertest 2.0

Ein »Mega-Männertest« mag oberflächlich sein. Der, den Lissi und ich in unserer Jugend fabriziert haben, war es auf jeden Fall. Bei diesem hier verhält sich alles natürlich ganz anders. Denn wir sind viel reifer, klüger und haben selbstverständlich begriffen, worauf es im Leben ankommt. Außerdem funktioniert der Test rückwärts.

Also: Obwohl wir ja nach einer gewissen Ehedauer dazu neigen, bei unserem Partner vor allem die Dinge zu bemerken, die uns nerven, wie die Socken unter dem Bett, die offene Zahnpastatube, das nächtliche Schnarchen, das ewige

Zuspätkommen, kann ich Ihnen (und mir selbst) beweisen, dass Ihr persönlicher Prinz in schimmernder Rüstung der an Ihrer Seite ist. Ist das nicht toll?

1. Überlegen Sie, was Ihnen in einer Partnerschaft wichtig ist. Was Sie glücklich macht und zum Strahlen bringt. Da es ja keiner sieht, dürfen sogar durchaus auch Sachen dabei sein, die Sie sich schon immer gewünscht haben, wie zum Beispiel, dass Ihr Partner mit Ihnen *Shopping Queen* schaut oder Sie ein superspannendes Sexleben haben.

Und ganz ehrlich: Wer wünscht sich das nicht?

Manchmal hilft es auch, sich zu überlegen, worin Sie selbst nicht gut sind – was Ihr Partner aber genau deshalb können sollte. In meinem Fall: Steuererklärung, Autosachen, Löcher in Wände bohren, ohne eine Stromleitung oder Ähnliches zu treffen, und mich zum Lachen bringen, wenn mir überhaupt nicht danach zumute ist.

2. Schreiben Sie es auf.

3. Haken Sie ab.

4. Staunen Sie.

Ich zeige Ihnen mal, was ich meine. Also: Mein Traummann sollte ...

1. größer sein als ich (ja, es ist immer noch oberflächlich, aber ja, es ist auch immer noch wichtig! Ich hätte ihn sonst nicht getroffen!) Außerdem ist das hier *meine* Liste.

2. es nicht schlimm finden, wenn ich ab und zu auch mal oberflächlich bin;
3. gerne draußen sein, reisen, wandern;
4. nicht eifersüchtig sein und mir meine Freiheit gönnen;
5. großzügig sein und nicht an mir kleben;
6. Humor, eigene Hobbys und Ziele haben;
7. mich nicht im Stich lassen, wenn es drauf ankommt;
8. meine Werte teilen;
9. kommunikativ, hilfsbereit und immer für eine Überraschung gut sein;
10. mir beim Sprechen in die Augen sehen;
11. mit mir träumen;
12. mich unterstützen;
13. gut riechen, gepflegt und ordentlich sein;
14. eine angenehme Stimme und ein ansteckendes Lachen haben;
15. selbstbewusst und respektvoll, treu und verbindlich, offen, lebenslustig, klug, unabhängig, liebevoll, kommunikativ, wertschätzend, kreativ, interessiert und interessant sein;
16. Taktgefühl und Tischmanieren haben;
17. Entscheidungen treffen können;
18. meine Kinder lieben;
19. Katzen mögen;
20. mir meine Fehler verzeihen.

Und diese Frage geht an mich: Habe ich Lust, meine Zukunft mit ihm zu verbringen?

Die Antwort ist eindeutig ein »Ja« – und auf die meisten anderen auch. So viele Fragen hätte ich als Teenie niemals zustande gebracht. Ist es nicht lustig, dass Ohrläppchen, Autos und Socken überhaupt nicht mehr relevant sind, dafür alle anderen Fragen wirklich eine große Bedeutung haben?

Dass es welche gibt, auf die man nicht mit einem »Ja« antworten kann, ist übrigens nicht weiter schlimm – sondern vielleicht einfach ein Arbeitsauftrag an die Beziehung. Etwas, das man gemeinsam verbessern kann oder um das es sich zu kämpfen lohnt. Eine Erinnerung daran, warum wir uns damals verliebt haben.

Ich weiß nun also genau, wie mein persönlicher Mister Schimmernde Rüstung sein sollte – und auch, dass ich ihn gefunden habe. Vielleicht schaue ich mir diese Liste das nächste Mal an, wenn ich mich wieder darüber ärgere, dass … Oder ich frage ihn, ob er nicht auch mal eine Liste mit den Dingen machen möchte, die ihm wichtig sind. Vielleicht passt sie nicht exakt zu meiner, aber womöglich inspiriert sie uns zu einem Gespräch. Und wenn alle Stricke reißen, können wir immer noch *Shopping Queen* schauen – oder an unserem wahnsinnig aufregenden Sexleben arbeiten ☺.

Du kannst es nicht allen recht machen

Willkommen beim *Spiel des Lebens!*

Mir ist zu Ohren gekommen, Sie wollen es in der Variante *Ich will es allen recht machen* spielen.

Wirklich? Ich hab mich da nicht verhört?

Okay. Ihre Entscheidung. Allerdings sind in diesem Fall ein paar Warnhinweise fällig. Tut mir leid, das ist Vorschrift. So wie die Sicherheitseinweisungen vor jedem Flug. Sie wissen schon: Schwimmwesten, Sauerstoffmasken, Notausgänge und so.

Wobei – sorry, so was kann ich Ihnen leider nicht anbieten. Das *Spiel des Lebens* hat weder Netz noch doppelten Boden. Und vor allem gibt es keine Revanche und keine Wiederholung. Jeder bekommt nur eine Chance. Also verzocken Sie sich nicht, in Ordnung?

Vielleicht ist es Ihnen nicht bewusst, aber die Variante *Ich will es allen recht machen* zeichnet sich durch besonders viele Ereigniskarten und Joker aus – wobei Letztere ausschließlich an Ihre Mitspieler:innen ausgegeben werden. Sie bekommen keinen einzigen davon.

Macht Ihnen nichts aus? Wie das?

Aha, Sie fühlen sich bestens gerüstet. Weil Sie bisher richtig gut gefahren sind mit Ihrer Strategie.

Ehrlich?

Soso, als Kind ist Ihnen der Spagat hervorragend gelungen. Sie waren eine brave Tochter, fleißige Schülerin, tolle Freundin, alles zugleich. Ist doch nur eine Frage der Organisation und der Prioritäten. Sie haben Ihre Eltern stolz gemacht und Ihren Lehrern das Gefühl gegeben, ihr Job habe einen Sinn. Und für Ihre Clique waren Sie immer da!

Okay. Aber Ihnen ist schon klar, dass die ersten beiden Jahrzehnte Ihres Lebens nur die Aufwärmrunde waren? Danach wird's ernst. So richtig.

Nein, ich will Ihnen keine Angst machen. Das ist nur eine Warnung. Liebevoll gemeint. Ehrlich.

Sie sind bereit für die erste Runde? Okay. Schnallen Sie sich an. Los geht's!

Wir benutzen ein ganz normales Mensch-ärgere-dich-nicht-Spielbrett. Welche Farbe wählen Sie? Rot. Wie die Liebe. Sie brauchen ganz viel Liebe, um das hier durchzustehen.

In der grünen Ecke steht übrigens Ihre Familie, in der blauen Ihr Boss (oder Ihre Chefin) und die Kolleg:innen, in der gelben Ihre Freund:innen und Bekannten.

Warum die jeweils mehrere Spielfiguren haben, Sie aber nur eine einzige? Na, raten Sie mal. Richtig. Sie haben schließlich nur ein Leben. Hatte ich das nicht erwähnt?

Hier sind die Würfel. Sie fangen an. Drei Versuche haben Sie. Leider würfeln Sie bloß eine Zwei, eine Vier und eine Eins. *Scha-scha-scha-schade!* Da müssen Sie wohl noch eine Runde im Häuschen bleiben.

Aber Sie müssen so dringend zur Arbeit?

Na, na, na, wer wird denn da so egoistisch sein?! Was Sie wollen, spielt hier keine Rolle. War Ihre Entscheidung.

Genau, Sie müssen erst Frühstück für die Familie machen, Schulbrote schmieren, die Hausaufgaben kontrollieren, noch schnell Vokabeln für den Test abhören und Küsschen verteilen.

Wo ist eigentlich Ihr Herzallerliebster? Aaaah, da kommt er ja schon fröhlich pfeifend aus dem Bad. Frisch geduscht, nach Rasierwasser duftend. Und wie nett er Sie anlacht!

Ach nein, tut er nicht. Er lacht Sie nicht an, sondern aus. »Wie siehst du denn aus?«, fragt er amüsiert.

Hier bitte, ein Spiegel – werfen Sie mal einen Blick rein. Hektische Flecken im Gesicht, ungeschminkt natürlich. Sie sind noch im Schlafanzug, und Ihre Haare sehen aus, als hätten Sie in eine Steckdose gegriffen.

»So willst du gleich die Präsentation halten?«, grinst der beste Ehemann von allen und trinkt Ihren Kaffee aus.

»Das schaff ich locker«, erwidern Sie würdevoll, denn so sind Sie nun mal: Sie schaffen alles locker.

Jetzt aber Gas geben! Duschen, frisieren, anziehen ... und ehe Sie sich's versehen, sind Sie wieder dran mit Würfeln. Eine Sechs! Yesss! Da ist der Autoschlüssel, beeilen Sie sich!

Zwanzig Minuten später laufen Sie im Büro ein. Perfekt gestylt, bestens auf die Präsentation vorbereitet, hochkonzentriert. Das wird ein Erfolg!

Okay, jetzt ist es Zeit, Ihnen ein paar Ereigniskarten vor die Füße zu knallen.

Nummer eins: Die Kunden sind schon da. Der Termin wurde vorverlegt. Haben Sie denn heute früh noch keine E-Mails gecheckt?

Nummer zwei: Ihre Bluse hat einen Marmeladenfleck. Schnell, eine Brosche drüber. Puh!

Drittens: Mitten in der Präsentation, die natürlich hervorragend läuft, klingelt Ihr Handy. Wohlgemerkt Ihr privates, dessen Nummer nur ganz wenige Leute kennen und das nur im Notfall angerufen wird. Es muss also was passiert sein!

Ihre Kollegin (zehn Jahre jünger, zehn Kilo leichter, ehrgeizig bis zum Anschlag) spielt einen Joker aus und erklärt sich spontan bereit, für Sie zu übernehmen.

Auf unserem Spielfeld sieht das so aus: Sie werden rausgeworfen. Von einer blauen Spielfigur.

Während Ihre Kollegin mit einem kleinen Scherz (auf Ihre Kosten) fortfährt und die Zuhörer verzaubert, erfahren Sie, dass Ihr Mittlerer sich auf das Klassenarbeitsheft erbrochen hat. Er möge abgeholt werden.

Natürlich wollen Sie sofort losfahren, ich weiß. Aber Ihr Auto will einfach nicht anspringen.

Verflixt! Was ist denn jetzt schon wieder los? Immer im falschen Moment ...

Tja, ich weiß, was los ist. Und Sie eigentlich auch. Naaa? Haben Sie da nicht eine Kleinigkeit vergessen? Genau! Ihre Figur ist momentan gar nicht im Spiel, sondern sitzt wieder im roten Häuschen und wartet auf eine Sechs.

Es dauert drei Runden, bis Sie eine würfeln. In der Zeit übergibt sich Ihr Mittlerer auf die Schulleiterin, während Ihre Kollegin einen Sympathiepunkt nach dem anderen abräumt – bei Kund:innen, Kolleg:innen und Vorgesetzten. Schöner Mist.

Aaaah, endlich eine Sechs, Sie dürfen los! Dem Kind geht es nun, da es leer gekotzt ist, schon deutlich besser. Aber sicher ist sicher. Sie fahren mit ihm nach Hause, kochen Tee, stellen Zwieback bereit, erlauben Netflix am helllichten Tag (ausnahmsweise) und machen sich bereit für eine Runde Homeoffice.

Zwei Stunden lang läuft alles gut. Dann kommen schon wieder diese vermaledeiten Ereigniskarten ins Spiel!

Ihre Mutter ruft an. Der Herd funktioniert nicht. Dabei liegt das Schnitzel schon in der Pfanne. Und das Licht geht auch nicht an. Was sie tun soll.

Sie rasen schnell hin. War nur eine Sicherung. Sie drücken sie wieder rein und rasen zurück.

Ereigniskarte! Das Kind hat ins Bett gekotzt. Sie müssen alles frisch beziehen.

Als Sie endlich wieder am Laptop sitzen, stellen Sie fest, dass Sie eine Videokonferenz verpasst haben. Jedenfalls halb. Sie klinken sich schnell ein und versuchen, einigermaßen mitzukommen, doch natürlich fehlen Ihnen allerhand Infos – im Grunde alles, was in der ersten halben Stunde besprochen wurde. Sie fühlen sich wie ein Kind, das seine Hausaufgaben nicht gemacht hat. Jedenfalls vermuten Sie, dass es sich so anfühlen muss, schließlich waren Sie selbst nie so ein Kind.

Wenigstens hat man Ihre Spielfigur nicht schon wieder rausgeworfen. Sie sind noch auf dem Feld, kommen aber nur im Schneckentempo voran, weil Sie auf einmal bloß noch Einsen würfeln.

Entnervt widmen Sie sich nach dem Online-Meeting wieder Ihrer Arbeit, als es an der Haustür klingelt. Ereigniskarte! Mal wieder ...

Eine Freundin steht da. Eine, die Sie schon seit Jahren nicht mehr gesehen haben, weil sie in Neuseeland lebt. Jetzt ist sie für eine Woche im Lande und schaut bei Ihnen vorbei. Sie hat Schampus mitgebracht und Käsecracker und fällt Ihnen um den Hals.

Eigentlich haben Sie ja keine Zeit, denn das, woran Sie arbeiten, muss dringend fertig werden. Sonst guckt morgen eine ganze Abteilung in die Röhre!

Sie können Ihre Freundin aber unmöglich spüren lassen, dass sie ungelegen kommt. Also klappen Sie das Laptop zu und widmen sich ihr. Genauer gesagt hören Sie ihr zu. Sie spielt einen Joker nach dem anderen aus, erzählt von ihrem perfekten Leben, dem tollen Haus, den wohlgeratenen Kindern, der glücklichen Ehe, dem erfüllenden (und super bezahlten) Job, das Leben ist wunderbar.

Zum Glück fragt sie nicht danach, wie es bei Ihnen so läuft.

Als die Schampusflasche leer ist, bricht Ihre Freundin auf und überlässt Sie Ihrem Schicksal. Ähm. Sie sind ein bisschen angeschickert, trotzdem müssen Sie sich zusammenreißen. Sie erinnern sich? Die Arbeit ruft.

Ein Blick aufs Spielfeld: Die blauen Figuren sind Ihnen weit voraus, auch die gelbe setzt sich fröhlich ab, und von hinten nähern sich die grünen.

Wie war das noch gleich? Grün steht für die Familie. Und da kommen sie auch schon hereingestürmt – die liebe Kinderschar und der beste Ehemann von allen, ein bisschen angesäuert.

»Warum hast du sie nicht abgeholt?«
Ähm, weil ...
»Was gibt's zu essen?«
Na ja ...

»Was hast du eigentlich den ganzen Tag gemacht?«
Na hört mal ...
Ihre Eltern rufen an. Der Strom ist schon wieder weg.
»Wir hätten wohl besser einen Elektriker angerufen«, sagen sie vorwurfsvoll.
JAAAA, möchten Sie ihnen zurufen. Natürlich wäre das sinnvoller gewesen. Sie haben nie behauptet, einer zu sein. Sie wollten bloß eine gute Tochter sein. Und eine gute Mutter. Und eine gute Ehefrau. Und, und, und.

Endlich liegen alle im Bett. Sie haben inzwischen was Schnelles gekocht, die Küche aufgeräumt, die Hausaufgaben überwacht, dem Nachbarn das Päckchen übergeben, das Sie gestern für ihn angenommen haben – jetzt kommen Sie endlich dazu, Ihre Arbeit zu machen.
»Immer hockst du am Laptop«, beklagt sich der Gemahl, der bereits eine Runde Sport hinter sich hat und es sich jetzt auf dem Sofa gemütlich machen will. Mit Ihnen und einer schönen Flasche Rotwein. Schließlich ist heute Ihr Jahrestag! Den können Sie doch unmöglich vergessen haben, oder?
Sie werfen einen Blick aufs Mensch-ärgere-dich-nicht-Feld und stellen fest, dass Ihre Spielfigur weit abgeschlagen ist. Absolut chancenlos.
Was Sie bräuchten, wäre eine Glückssträhne. Und ein paar Joker. Massenhaft Joker und Sechsen!
Aber wäre das nicht ganz schön egoistisch? Ich meine, wollten Sie es denn nicht allen recht machen? Schließlich haben Sie sich für diese Spielvariante entschieden! Und da geht es eben nur um die anderen, nicht um Sie selbst. Schon vergessen?

Aber was bringt denn das ganze Spiel, wenn Sie auf der Strecke bleiben?

Gute Frage. Herzlichen Glückwunsch, freut mich sehr, dass Sie das jetzt endlich durchschauen.

Hatte ich Sie nicht gewarnt? Nach den Regeln von *Ich will es allen recht machen* können Sie nur auf die Nase fallen. Gewinnchancen sind gleich null. Daran ist leider nichts zu ändern. So sind die Regeln.

Woran Sie aber sehr wohl etwas ändern können, ist das Spiel selbst. Sie haben erkannt, dass es völlig unmöglich ist, es allen recht zu machen, ohne selbst auf der Strecke zu bleiben. Also wechseln Sie den Spielmodus!

Ob das geht? Aber klar geht das. Jederzeit! Mitten im Spiel. Es ist schließlich das *Spiel des Lebens*, und davon haben Sie nur eins. Wenn Sie nicht jetzt die Reißleine ziehen, wann dann? Eine nächste Runde gibt es nicht. Sie haben nur diesen einen Versuch.

Was also wollen Sie? Mehr Joker? Gebongt.

Weniger Ereigniskarten für die anderen und mehr für sich selbst? Sehr gerne!

Wie wäre es noch mit ein paar Mir-doch-egal-Chips und Veto-Coins? Jaaaa, das klingt doch super.

Und wissen Sie was? Auf einmal liegen nicht nur Sie gut im Rennen, sondern alle gewinnen. Ist das nicht wunderbar?

Wie gesagt: Willkommen beim *Spiel des Lebens!*

MEHR MEHR MEHR: Grenzenloses »Was kann ich noch für dich tun« – auf der Suche nach dem entspannten Nein

Wenn man meinen Eltern Glauben schenken darf, war ich durchaus ein aufmüpfiger Teenager und ging mitunter ganz schön egoistisch durchs Leben. Ich war wohl schon immer hilfsbereit, in der Lage, zuzupacken, und sah, wo Hilfe nötig war. Aber ich entschied selbst, wie weit mein Engagement für andere reichte.

Natürlich gefiel es mir auch schon damals, gelobt und gebraucht zu werden, aber das ging nicht so weit, dass ich mich davon abhängig gemacht hätte. Darin, mich abzugrenzen, war ich gut. Ich hatte keine Ahnung, was mal aus mir werden sollte, aber dafür wusste ich sehr genau, was ich nicht wollte.

»Nein«, sagte ich also, als mir meine Lehrer kurz vor dem Abitur vorschlugen, es doch einmal mit Lernen zu versuchen. »Nein«, sagte ich nach trotzdem überraschend bestandenem Abitur zu dem Vorschlag, eine Lehre zu machen oder »was Vernünftiges« zu studieren und »Nein« außerdem zu meinem damaligen Freund, als er mich fragte, ob ich ihn heiraten und eine Familie gründen wollte. Ich hatte überhaupt keine Scheu, ein »Nein« zu äußern, wenn es sich richtig anfühlte. Ich dachte noch nicht einmal darüber nach.

Irgendwann in den letzten dreißig Jahren muss allerdings wohl auch das eine oder andere »Ja« dabei gewesen sein, denn mittlerweile habe ich studiert (Kommunikationsdesign, nicht ganz eindeutig vernünftig), bin verheiratet und vierfache Mutter.

Spätestens ab dem Moment, in dem meine älteste Tochter ihren ersten Schrei tat, hatte ich das Gefühl für meine Grenzen verloren. Es war nicht nur der Schrei, es waren auch ihre riesigen dunkelbraunen Augen, als sie mich beim ersten Stillen mit ihrem Blick hypnotisierte und ihre winzige Hand auf meine Brust oder vielmehr auf mein Herz legte. Sie war so hilflos. Und gleichzeitig stark genug, mein Nein zu einem Schatten seiner selbst und mein Ja in etwas Grenzenloses zu verwandeln. Ich habe es nicht bemerkt und mich erst gar nicht gewehrt. Das Ja war ausgesprochen freiwillig und wunderschön. Absolute Hingabe und bedingungslose Liebe empfinden zu dürfen, war und ist ein Geschenk und wundervoll, finde ich nach wie vor.

Allerdings ist das jetzt fünfundzwanzig Jahre her, und das Wunder von damals hat mit seinen drei Geschwistern dafür gesorgt, dass ich selbst auf meiner Prioritätenliste ziemlich weit nach hinten gerutscht bin.

Man kann ihr keinen Vorwurf machen. Das habe ich ganz allein hingekriegt. Ich habe es noch nicht einmal bemerkt und wenn, hätte ich es vermutlich genau so gewollt.

Trotz der fulminanten »Ja«-Initialzündung bei der Geburt meiner Tochter schlich es sich nämlich im Grunde heimlich in mein Leben. Beim ersten Kind ist man ja auch noch nicht ganz so versiert und ab und zu durchaus auf Hilfe von außen angewiesen. Aber ich hatte meinen Stolz. Nicht nur wollte ich es alleine schaffen, sondern ich wollte auch noch den anderen (allen voran mir selbst) beweisen, wie gut ich das hinbekam.

Was »das alles« und wer »alle anderen« waren? Keine Ahnung. Sie existierten nur in meinem Kopf. Und sie spornten mich an. Machten mich unabhängig – was ich nach wie vor gut finde – und ein wenig übereifrig, wenn es darum geht, das auch zu beweisen. Was ich im Nachhinein nicht ganz so gut finde.

Ich begann, mich in der Krabbelgruppe zu engagieren, backte gefühlt jede Woche drei Kuchen für irgendwelche Veranstaltungen, bei denen ich zusätzlich beim Auf- und Abbau half und in Verkaufsschichten eingeteilt war. Selbstverständlich zahlte ich, wenn ich mir selbst ein Stück von meinem Kuchen nahm und rundete auf. Ich hörte allen zu, hatte immer Zeit und bemühte mich, immer freundlich lächelnd Verständnis für alle zu haben. Meine Standardsätze waren »Kein Problem!«, »Mach ich gern!« und »Kann ich noch was helfen?«. Sie kamen automatisch aus mir heraus, und zwar so selbstverständlich, dass meine Hilfsbereitschaft mehr oder weniger stets eingeplant wurde. Wenn die Lehrerin oder der Lehrer meiner Kinder beim Elternabend vorne stand und sich keiner als Elternvertreter, Kassenwart oder Ausflugsbegleiter meldete – ich war dabei. Wenn der Betrieb nicht weiterging, oder jeder nur auf seine Hände sah, um ja nicht gewählt zu werden, dann schämte ich mich und bot meine Hilfe an, weil ich so was schlecht aushalten konnte.

Ich war in meinem Kopf immer schon fünfzig Schritte voraus, dachte gleichzeitig an alles, vergaß dabei manches (sogar einmal mein Kind im Kindergarten – wofür ich mich schrecklich schämte) und war abends völlig erledigt.

Ich wollte mich nicht zu wichtig nehmen, aber dabei verpasste ich den Punkt, mich wichtig genug zu nehmen. Auf die Idee, etwas zu ändern, kam ich nie. Was denn auch? Und vor allem: Wie?

Schließlich hätte ich das Gefühl gehabt, »die anderen« im Stich zu lassen, egoistisch zu sein und nur an mich zu denken.

Außerdem war ich stolz darauf, was ich alles bewältigen konnte, wie unentbehrlich ich war, wie viel Anerkennung ich für die tausendfachen kleinen Dienste bekam, und dachte nicht wirklich darüber nach. Es war eben so.

Was für ein grandioser Irrtum.

Dass etwas schieflief und ich auf meiner eigenen Prioritätenliste ganz unten stand, hätte ich vermutlich noch nicht einmal bemerkt, wenn mich nicht irgendwann jemand gefragt hätte, wer denn die wichtigste Person in meinem Leben sei. Was für eine perfide Frage! Denn während ich noch darüber nachdachte, ob ich jetzt das jüngste und somit bedürftigste Kind, meine alleinstehende Mutter oder gar meinen Mann nennen sollte und mir überlegte, was die jeweilige Antwort über mich aussagte und für mein Karma bedeutete, grinste mein Gegenüber schon mitleidig wissend, nur um mir dann mitzuteilen, dass der wichtigste Mensch in meinem Leben ja wohl bitte schön ich selbst sein müsste.

Das war ein Schock. Sowohl, dass es so war, als auch, dass ich darauf nie gekommen wäre! Ganz ehrlich, ich hätte mich vermutlich sogar geschämt, das zu behaupten!

Ein Dilemma. Denn natürlich stimmt es. Klar ist auch, dass es weder den Kindern noch dem Rest der Familie gut gehen kann, wenn es mir nicht gut geht. Ein alter Hut für die meisten. Für mich war es ganz neu.

Es zu begreifen, heißt aber noch lange nicht, dass man sein Verhalten und seine Denkweise einfach so verändern kann. Schon gar nicht sofort. Denn die alten Muster und Strukturen stecken immer noch tief in mir. Natürlich will ich immer noch gemocht werden, unabhängig, selbstständig und für meine Familie unentbehrlich sein. Ich helfe auch nach wie vor gern und mag es, wenn Dinge unkompliziert ablaufen, weshalb ich eben manchmal einfach so zupacke, anstatt abzuwarten, ob sich nicht doch jemand anderes freiwillig meldet. Ich mag Anerkennung von außen, und es tut gut, wenn jemand »Danke« sagt.

Ich sage immer noch lieber Ja als Nein – besonders, wenn meine Kinder, meine Mutter, meine Freunde, Lehrer oder Kolleginnen fragen. Ein freundliches »Nein« ist auch gar nicht mal so leicht auszusprechen. Aber das kann man üben. Muss man sogar.

Denn auch das gehört dazu, wenn man eine *Good Enough Mother* sein möchte (siehe Heikes Kapitel »Mein Kind, der künftige Nobelpreisträger«). Und das wollen wir schließlich alle.

Es ist vielleicht nur ein sehr kurzes Wort, aber es macht uns gelassener, entspannter, fröhlicher und freier. Für all die großartigen »Jas«, die da draußen auf uns warten. Sowohl beim Ja- als auch beim Neinsagen kommt es eben auf das Maß an.

Der Sechsstufenplan für Neu-Neinsager

Wie sagt man auf freundliche und dennoch klare Art und Weise »Nein« (wenn man nicht gut darin ist)?

Ganz einfach. Oder sagen wir lieber: Nicht so schwierig wie gedacht …

1. Wollen Sie überhaupt?
Überlegen Sie erst einmal grundsätzlich, aus welchen Gründen Sie überhaupt »Ja« sagen. Gebraucht und gemocht zu werden, ist natürlich prima. Aber nur deshalb bei etwas mitzumachen, bedeutet nicht automatisch, dass man dafür bekommt, was man sich wünscht. Außerdem: Wenn Sie sich die Zuneigung von Ihren Mitmenschen erst verdienen müssen, dann stimmt etwas nicht. Und zwar mit denen. Sie sind nämlich großartig – auch wenn Sie nicht alles für alle tun würden.

2. Die »Na und?!«-Übung
Es ist noch kein Meister vom Himmel gefallen, also seien Sie nicht so streng zu sich! Auch Neinsagen will und muss geübt werden. Damit Sie Erfolgserlebnisse dabei haben, fangen wir klein an: Ein unhörbares innerliches »Nein« zu unseren vermeintlichen Pflichten und der unendlichen To-do-Liste. Hier muss man nichts laut aussprechen, schon gar

kein Nein. Das Einzige, was Sie hierbei tun sollten, ist, etwas sein zu lassen, worauf Sie keine Lust haben. Der eigene Haushalt ist ein prima Übungsfeld.

Sie haben es verdient, sich in die Sonne zu setzen, wenn sie scheint, obwohl die Spülmaschine noch nicht ausgeräumt, die Wäsche noch nicht gebügelt und das Klo nicht geputzt ist. Kultivieren Sie ein gesundes »Na und?«. Der Abwasch kann nämlich in der Tat manchmal warten – das Leben nicht.

3. Der Entscheidungs-Countdown

Vor dem klaren »Nein« steht das nicht ausgesprochene »Ja«. Zählen Sie. Rückwärts. Langsam. Wenn nötig bis hundert. Immer dann, wenn Freiwillige gesucht werden. Natürlich nur, wenn Sie nicht doch Lust auf den Job als Kassenwart, Parkplatzwächter oder Springer beim Schulfest haben. Bevor Sie dann allerdings Ja sagen, überprüfen Sie sich noch mal anhand Punkt eins. Was? Das hat so lange gedauert, dass sich in der Zwischenzeit schon jemand anderes gemeldet hat? Das tut mir leid. Nicht. Und überhaupt: Die Stelle als Platzanweiserin in der großen Turnhalle ist auch noch frei.

4. Schön langsam ...

Spielen Sie auf Zeit: Sagen Sie nicht gleich Ja, wenn Sie direkt angesprochen werden. Auf eine Bitte oder eine Frage anstatt mit »Na klar, sofort und jederzeit!« (oder irgendetwas Ähnlichem) zu antworten, probieren Sie es doch einmal mit: »Ich denke darüber nach«, »Ich sage dir Bescheid«, »Ich muss erst in meinen Kalender sehen« usw. Klar kann man behaupten, dass der andere damit nur hingehalten wird, aber es geht ja wirklich darum zu überlegen, ob Sie das zeitlich, emotional oder überhaupt schaffen, ohne sich selbst in Stress zu bringen.

5. Letzte Chance: Wollen Sie wirklich?

Das Zauberwort heißt Selbstfürsorge. Hört sich gut an, ist es auch. Machen Sie sich klar, wie wichtig Sie sind, wie kostbar Ihre Zeit, Ihre Energie, ja – ein wenig melodramatisch vielleicht – auch Ihr Leben ist. Diesen Wert zu erkennen hilft, Prioritäten zu setzen. Fragen Sie sich, ob es Ihnen guttut, das eine oder andere zu tun – oder es sein zu lassen. Und machen Sie sich klar, dass die Erde sich weiterdreht, auch ohne dass Sie sie ständig anschubsen.

6. Raus damit – Sie schaffen das!

Sagen Sie »Nein«. Freundlich. Vielleicht sogar mit einer Erklärung, warum Sie gerade jetzt und zu dieser Bitte Nein sagen. Meist aber ist das gar nicht notwendig (genauso wenig wie eine Rechtfertigung übrigens). Probieren Sie es aus. Stellen Sie fest, wie leicht es geht. Tun Sie es wieder. Genießen Sie es. Feiern Sie es. Es ist ein kleines Wort im Duden – und ein riesengroßes für alle Mütter da draußen! Ich weiß, wovon ich spreche.

Teil 3:

ORGANISATION IST NUR DAS HALBE LEBEN!

Wäre schon toll, wenn alles seinen festen Platz hätte und man nie suchen müsste. Wenn die Aufgaben im Haushalt nach einem strikten Plan erledigt würden und man nie überlegen müsste, ob man etwas vergessen hat. Oder wenn alles in der Familie so perfekt durchorganisiert wäre, dass man gar keine Wer-kauft-Brot-und-wer-fährt-den-Nachwuchs-zum-Training-Gespräche mehr führen müsste. Wahnsinn, wie viel Zeit man da sparen könnte!

Andererseits würde es irre viel Zeit kosten, den chaotischen Haufen, der sich Familie nennt, zu einem störungsfreien, perfekt funktionierenden Organismus umzustrukturieren. Und wo blieben da die Emotionen? Wo kein Ärger, da auch keine Neckereien, keine Scherze, kein Spaß, kein Lachen, keine Versöhnung. Ganz schön trostlos!

Nein, dann doch lieber ein chaotischer Haufen – aber ein liebenswerter. Und ganz viele Wer-kauft-Brot-und-wer-fährt-den-Nachwuchs-zum-Training-Gespräche. Sind sie nicht ohnehin das Salz in der Suppe des Lebens?

Alles in Ordnung! Oder: Frau Kondo? Wer ist eigentlich Frau Kondo?

Ich glaube an viele Dinge. Daran, dass in beinahe jedem Menschen etwas Gutes steckt, dass Gemüse gesund und ein Ordnungssystem sinnvoll ist. Systeme erleichtern das Leben. Ja, ich weiß das. Aber es zu wissen, heißt noch lange nicht, dass man es auch umsetzen kann. Es liegt einfach nicht in meiner Natur, Klamotten auszumisten und Dinge abzuheften. Schon gar nicht sofort. Es wäre zwar clever, aber ... nun ja. Jedes Mal, wenn ich wieder etwas Wichtiges suche, das ich sofort brauche, oder wenn ich einmal im Jahr alle Unterlagen für die Steuererklärung vorbereiten muss, bin ich verzweifelt und brauche hinterher einen extralangen Waldlauf, einen Schnaps oder sogar beides. Wenn ich es gefunden habe, bin ich extrem erleichtert und nehme mir fest vor, es in Zukunft viel besser, sofort und vor allem ganz anders zu machen. Das hält ziemlich genau bis zum nächsten Brief oder Computerausdruck, der seinen Weg dringend dorthin nehmen sollte, wo ich ihn dann auch wirklich wiederfinden kann. Und was mache ich? Ich lege ihn auf den Stapel des Grauens zu den anderen.

Ich kann das erklären: Buchhaltung liegt einfach nicht in meiner DNA. Ich bin in einem Haushalt mit Menschen aufgewachsen, die andere Dinge im Kopf hatten. Wichtigeres. Zumindest in ihren Augen. Reisen. Lesen. Spazierengehen. Ballonfahren. Arbeiten. Leben.

Meine Eltern hatten zwar auch ein Ablagesystem, aber es beschränkte sich eben darauf, Dinge abzulegen. Irgendwo. Auf dem Schreibtisch, in einem Schuhkarton, auf dem Waschbecken im Klo. Dort lagen immer irgendwelche Briefe, denn dort öffnete mein Vater gern seine Post. Dort las er auch Zeitung, was dazu führte, dass wichtige Korrespondenz mitunter zwischen die Seiten der Stuttgarter Nachrichten rutschte und auf Nimmerwiedersehen verschwand. Meine Eltern hatten eine gefährliche Arbeitsteilung: Mein Vater war für die Buchhaltung zuständig und meine Mutter für die Entsorgung des Altpapiers. Davor aber nutzte sie jeden alten Briefumschlag, um dort alles zu notieren, was wichtig war: zu tätigende Einkäufe, Termine und Telefonnummern. Natürlich verschwanden diese Umschläge, bevor meine Mutter einkaufen ging, die Termine in ihren Kalender übertrug oder die Menschen zurückrief, deren Nummern sie sich notiert hatte. So geschah es, dass ich sehr viel Zeit meiner Kindheit in der Altpapiertonne verbrachte, auf der Suche nach Zahnarztrechnungen, Kontaktinformationen oder Kontoauszügen, während andere Kinder draußen Fangen oder Verstecken spielten. Wenn man so will, war die Altpapiertonne vermutlich der Ort, an dem man am ehesten wichtige Unterlagen fand. Und mich.

Es war ein riskanter Kreislauf: Da Dinge ins Altpapier wanderten, durfte es nicht vorschnell entsorgt werden. Da es nicht entsorgt wurde, wurde es immer mehr. Da es immer mehr wurde, gingen darin gerne wichtige Dinge verloren. Und so weiter. Und so fort.

Weil ich eben nun mal ein kindheitsgeprägtes Altpapiertonnentrauma habe, habe ich von dem Moment an, in dem ich zu Hause ausgezogen bin, immer alles sofort entsorgt. Auch nicht besonders schlau, wie ich herausfand, als meine erste Steuererklärung anstand und die erste groß angelegte Papierentsorgung beinahe ein Jahr zurücklag. Ich hatte nichts von den Dingen aufgehoben, die die Steuerberaterin von mir haben wollte, und versuchte nun panisch, neue Belege, Rechnungen und Kontoauszüge von einem ganzen Jahr bei Banken, Versicherungen und Menschen anzufordern, die mir Rechnungen geschrieben oder die von mir gestellten bezahlt hatten. Peinlich. Sehr, sehr peinlich. Glücklicherweise wurde es von diesem Augenblick an besser. Aber nicht gut. Ich hebe nach wie vor die falschen Dinge auf, werfe dafür die wichtigen weg und auch, wenn es von Jahr zu Jahr weniger wird, so fehlt doch immer etwas. Ich habe schon versucht, mich selbst zu überlisten. Habe mir schöne Ordner gekauft, Register, die die monatliche Trennung leichter machen und mir selbst einen Bürotag verordnet. Aber was soll ich sagen? Am Bürotag kam immer was dazwischen, und die Ordner standen Monat für Monat wunderhübsch, aber komplett leer im Regal, während meine Papiere sich immer noch stapelten.

Mittlerweile habe ich ein kleines Regal mit Fächern und mit einem gewissen System. Es steht sehr weit weg von meinem Papierkorb. Und es ist beschriftet. Das hat mein Mann für mich gemacht, der übrigens ganz anders aufgewachsen ist als ich und in dessen Leben schon immer alles seinen Platz und seine Ordnung hatte. Das ist wirklich beeindruckend. Aber auch Menschen wie er haben nicht immer alles parat. Ja, es kommt echt selten vor, das gebe ich zu, aber auch mein Mann sucht ab und zu seinen Schlüssel, sein Handy oder seinen Geldbeutel. Wenn das passiert, gerät er in Panik. Er sucht an den unmöglichsten Stellen und findet ihn nicht. Ich bleibe ganz gelassen. Schließlich bin ich ein Suchprofi. Suchen ist wie atmen für mich. Ich mache es automatisch. Und ich lebe getreu dem Motto meiner Mutter: Das Haus verliert nichts.

Ich finde alles. Egal wo, egal wie. Vielleicht nicht sofort. Aber meistens. Besonders geübt bin ich tatsächlich bei der Schlüsselsuche. Grob überschlagen habe ich wahrscheinlich ein paar wertvolle Jahre meines Lebens allein dadurch verloren, dass ich meinen Schlüssel nicht finden konnte. Dafür habe ich bei der Suche dann gerne andere Dinge gefunden, die ich schon verloren geglaubt hatte. Man muss sich einfach einreden, dass es eine Lose-win-Situation ist, dann fühlt es sich fast nach Erfolg an.

Natürlich will ich das alles nicht schönreden, und wenn ich die Wahl hätte, wäre ich sehr gern ein ordentlicher Mensch. Dass ich es nicht bin, kann ich nicht ändern. Aber ich kann an mir arbeiten. Und für Menschen wie mich gibt es ja welche wie Marie Kondo, die uns erklären, wie einfach das alles ist.

Ich habe ihre Doku auf Netflix gesehen und sogar beinahe ihr Buch gelesen. Ich habe ihr Konzept verstanden, und ich glaube wirklich, dass es funktioniert. Aber. Eben. Nicht. Bei. Mir. Dabei war Frau Kondos Aufräumsendung ein Initialmoment für mich. Das – und der Blick in meinen Kleiderschrank. Ich bin total fasziniert von ihrem Aufräumkonzept. Wie toll alles hinterher aussieht! Wie sinnvoll ihre Ordnung ist! Wie schön es wäre, mein Kleiderschrank (meine Sockenschublade, mein Bücherregal) wäre auch so übersichtlich. Ja, Frau Kondo ist zu Recht ein Star. Auf Englisch gibt es sogar ein Verb, das nach ihr benannt ist: »to kondo« heißt einen Schrank aufräumen. Kein Witz. Das will ich auch. Beides. Und zwar, obwohl meiner ziemlich geräumig ist. Ursprünglich haben sich meine Kleider dort ja auch den Platz mit der Bettwäsche eines sechsköpfigen Haushaltes geteilt. Aber was soll ich sagen? Über die Jahre wurde die Bettwäsche weniger und ... alles andere eben mehr. Nein, ich bin nicht gut im Aussortieren von Kleidungsstücken. Wegwerfen ist nicht meine Stärke. Man weiß außerdem nie, ob Leoprint nicht doch irgendwann einmal wieder angesagt ist, mir Größe 38 noch mal passt oder nicht doch irgendjemand ein Kostümfest feiert, bei dem das Motto »Glitzer« ist. Ich wäre jedenfalls bestens ausgestattet. Mein Schrank ist nämlich ein bekleidungstechnischer Querschnitt der letzten fünfundzwanzig Jahre. Was da alles drin steckt! Was da alles raus müsste!

Frau Kondos Auftrag Nummer 1: Alles auf einen Haufen werfen. Kann ich. Dummerweise lässt sich jetzt die Tür zum Schlafzimmer nicht mehr öffnen. Andererseits ist das auch wieder gut so, denn ich müsste meinen Mann vermutlich wiederbeleben, wenn er das hier sähe. So ruckelt er nur ein bisschen an der Klinke und ruft »Alles okay da drin?« durchs Schlüsselloch. »Ich räume auf«, rufe ich stolz zurück. Pause. Ich nehme an, er fragt sich gerade, ob jemand seine Frau gekidnappt und durch eine Fremde ersetzt hat. Vorläufig wird er es nicht erfahren, denn eines ist klar: Solange der Haufen da ist, muss ich im Schlafzimmer bleiben. Ich sitze obendrauf und fühle mich wie Reinhold Messner nach der Besteigung eines Achttausenders: Stolz gemischt mit Verzweiflung. Wie soll ich da jemals wieder runterkommen?

Frau Kondos Schritt Nummer 2 ist nämlich gar nicht so einfach. Man muss jedes Stück in die Hand nehmen und sich fragen, ob es einen glücklich macht. Wie bitte? Woher soll ich das denn wissen? Vielleicht macht es mich ja nicht in diesem Moment, aber in einem halben Jahr glücklich? Dann, wenn doch jemand die Glitzerparty feiert?

Ein Vielleicht lässt Frau Kondo aber nicht gelten. Und bei einem Ja muss man sogleich einen passenden Platz für das gute Stück finden. Ratlos halte ich meine pinkfarbene Schlaghose in die Höhe. Ich will sie nicht mehr anziehen, und sie wird mir vermutlich auch nie wieder passen, aber allein ihr Anblick erinnert mich an diesen Sommer 1997, als ich ... wirklich glücklich war. Ich muss sie also aufheben. Nur wo? Wenn ich so weitermache, komme ich vor dem nächsten Jahreswechsel nicht aus diesem Raum, so viel ist klar. Vielleicht hat sich die Mode aber bis dahin dann auch schon wieder geändert.

Am Ende fülle ich eine »Glitzerkiste« für den Keller und finde meinen dunkelblauen Kaschmirpulli wieder, den ich schon ewig gesucht habe. Platz schaffen macht also doch glücklich. Aber Dinge zu behalten auch. Ich brauche einfach nur einen größeren Schrank – und vielleicht ein englisches Verb, das nach mir benannt ist. Wie wäre es mit »to lucind«: Dinge aufheben, die man vielleicht später noch mal brauchen kann? Eines ist nämlich klar: Wenn Marie Kondo auf einer Glitzerparty eingeladen ist, braucht sie bei mir jedenfalls nicht anzurufen.

Wenn man manchen Menschen glauben darf (allen voran meinem Mann und meiner Steuerberaterin), habe ich vielleicht ein klitzekleines Problem, das ich selbst nur so halb problematisch finde. Es lässt sich schließlich immer wieder aufs Neue lösen, und bisher ist das meiste, was verschwunden war, auch wieder aufgetaucht. Es dauert eben ein bisschen. Und das ist nun vielleicht doch ein Problem, das sogar ich erkennen kann. Denn die Stunden, die ich mit schönen, spaßigen Dingen verbringen könnte, möchte ich auf keinen Fall verschwenden. Also habe ich vier Tricks gefunden, mit denen ich mir selbst die kostbare Zeit zurückholen kann, die ich sonst mit Suchen verbringen würde. Was soll ich sagen? Es hilft! Fast immer! Es sei denn, es gibt Wichtigeres zu tun ☺.

Vier ultimative Ordnungstipps von einer, die es wissen muss:

Natürlich könnte ich hier Dinge aufschreiben, wie »Werfen Sie regelmäßig Dinge weg!«, »Öffnen Sie Briefe sofort!«, »Überweisen Sie Rechnungen gleich!« und »Sortieren Sie alles ein!«. Aber das kann ich genauso gut lassen. Es ist ja nicht so, als wüssten wir es nicht, stimmt's? Vier Tipps habe ich aber trotzdem für Sie. (Und regelmäßig auch für mich.) Sie sind wirklich einfach, aber dennoch nicht zu unterschätzen. Sie können Leben retten. Oder zumindest Steuererklärungen. Und das ist ja wohl fast gleich wichtig.

Tipp 1: Die Pomodoro-Methode
Hat nichts mit Pizzasoße zu tun, mit einer Tomate aber schon. Seitdem ich sie entdeckt habe, sind die Papierstapel beinahe schon Vergangenheit und die Ordner fast gefüllt. Was für eine Befreiung! Es handelt sich dabei um eine Zeitmanagement-Methode, die nach einem Küchenwecker in Tomatenform benannt ist. Klingt lustig? Ist es auch. Na ja, so halb. Vordergründig ist es effektiv. Erfunden hat das Ganze ein Italiener namens Francesco Cirillo in den Achtzigerjahren auf der Suche nach etwas, das seine Arbeit effizienter machen würde, und er schloss mit sich selbst einen Deal: Wenn er es schaffte, fünfundzwanzig Minuten ohne Ablenkung zu arbeiten, dann hatte er fünf Minuten Pause. Wenn es ihm viermal hintereinander gelang, bekam er sogar fünfzehn Minuten zum Relaxen. Er stellte also selbigen Tomaten-Küchenwecker, legte los und stellte schnell fest, dass er an einem Pomodoro-Tag deutlich mehr schaffte als an anderen Tagen, an denen er seine Arbeit nicht unterteilte, sich kleine Fristen und erreichbare Ziele setzte. Es ist sehr viel leichter, fokussiert zu bleiben, es motiviert und schenkt Erfolgserlebnisse. Toll, oder? Cirillo hat die Methode zwar nicht für seine Buchhaltung entwickelt, aber dabei hilft sie definitiv auch. Und so geht's:

- Schreiben Sie auf, was Sie erledigen wollen.
- Stellen Sie Ihre Küchenuhr (Ihr Handy, einen Cupcake-, Kaktus-, Zwiebelwecker, oder was auch immer sonst Sie zur Verfügung haben)
- Arbeiten Sie, bis der Wecker klingelt und
- beginnen Sie damit noch dreimal von vorne, bis zur großen Pause! Juhu!

Wenn Sie Sorge haben, dass Sie in dieser Zeit wichtige Anrufe verpassen, oder Ihnen etwas einfällt, was Sie auf keinen Fall wieder vergessen wollen, legen Sie einen Notizzettel neben sich, um solche Gedanken, Nummern etc. schnell notieren und dann in der großen Pause abarbeiten können.

(Zum Weiterlesen: *The Pomodoro Technique – The Life-Changing Time-Management System*, Francesco Cirillo, Virgin Books)

Tipp 2: Die Sache mit dem Karabinerhaken
Besorgen Sie sich einen Karabinerhaken für Ihren Schlüssel. Einen großen. Okay, es ist nicht der niedliche Puschelhasenanhänger, der silberne Anfangsbuchstabe Ihres Vornamens oder irgendetwas anderes Hübsches, aber der Karabiner hat mehrere Vorteile:

- Sie können Ihren Schlüssel an den Haken hängen, den Sie sicherlich in Ihrem Flur schon irgendwo haben.

- Sie können ihn an der Gürtelschnalle befestigen und – das gefällt mir am allerbesten –
- am Henkel Ihrer Handtasche. Nie wieder Schlüsselkramen! Oder Schlüsselablegen, wo ihn keiner findet! Er ist immer da, sichtbar und flexibel. Ich liebe meinen Karabiner!

Tipp 3: Seien Sie nicht so hart mit sich selbst!
Sagen Sie nicht: Ich bin unordentlich. Sagen Sie: Ich möchte ordentlicher werden. Es mag sich so anhören, als könne man sich das auch sparen, aber das ist nicht der Fall. Unser Unterbewusstsein hat mehr auf dem Kasten, als wir denken. Und es hört einfach alles. In diesem Fall lenkt es die Aufmerksamkeit jedenfalls schon mal in die richtige Richtung. Und das ist gut.

Tipp 4: Nur die eine Hälfte ...
Und vergessen Sie vor allem eines nicht: Ordnung ist das halbe Leben – aber irgendjemand muss sich ja auch um die andere Hälfte kümmern.

Heike

Das bisschen Haushalt ...
muss auch nicht perfekt sein!

Ich war zwölf Jahre alt, als meine Mutter ohne die Erlaubnis meines Vaters hätte arbeiten gehen dürfen. Theoretisch jedenfalls. Praktisch hatte sie das schon Jahre zuvor getan, sich dann aber für den Job als Hausfrau entschieden. Es waren die Siebziger, an ein Recht auf Kindergartenplätze war noch nicht zu denken, Nachmittagsbetreuung gab es genauso wenig wie Krippen und »Schlüsselkind« war ein Schimpfwort.

Entscheidend ist aber, dass es ihre bewusste Entscheidung war und kein Zwang. Und das ist gar nicht so selbstverständlich. Denn bis Ende der Siebzigerjahre (und ich meine keineswegs die 1870er!) hatte der deutsche Staat die Aufgabenverteilung zwischen Ehepartnern so geregelt: Der Mann verdient das Geld, die Frau kocht, wäscht und putzt. (Und natürlich räumt sie tapfer auf – damals noch ganz ohne Tipps von Frau Kondo.) Will sie berufstätig sein, muss der Mann dem zustimmen – doch der Haushalt darf natürlich nicht darunter leiden.

Erst am 1. Juli 1977 trat das *Erste Gesetz zur Reform des Ehe- und Familienrechts* in Kraft. Es reformierte nicht nur das Scheidungsrecht, sondern beendete auch das Prinzip der Hausfrauenehe und ersetzte es durch das Partnerschaftsprinzip. Das heißt, wie ein Ehepaar die Aufgaben verteilt, geht den Staat seitdem nichts mehr an. Der Beginn einer neuen Ära. Theoretisch jedenfalls.

1977, das ist lange her. In den vergangenen rund 45 Jahren hat sich so viel geändert! Da mag es einem wie eine Zeitreise vorkommen, wenn man sich auf YouTube Johanna von Kozians altbackenen Hitparaden-Auftritt von damals anschaut. Mit auftoupierter Frisur und einem Besen bewaffnet stand sie da im Studio 3 der Berliner Union-Film und trällerte: »Das bisschen Haushalt macht sich von allein, sagt mein Mann« – ein harmloser Schlager, der allein durch die penetrante Wiederholung von »sagt mein Mann« einen Hauch von Ironie versprüht. Doch lag es an dieser leisen Gesellschaftskritik, dass sie sich 1977 damit ganze 33 Wochen lang in den Charts hielt – oder eher daran, dass der Text ungefiltert auf pure Zustimmung stieß?

Vermutlich Letzteres. Zumal der real existierende Ehealltag von heute oftmals gar nicht so viel anders aussieht. Der Unterschied ist bloß, dass viele Frauen doppelt, manchmal sogar mehrfach belastet sind mit Job, Haushalt, Kindererziehung und/oder Pflege von Angehörigen. Diverse Ehrenämter nicht zu vergessen (weil es ja so furchtbar schwer ist, Nein zu sagen – wenn man Lucindes »Sechsstufenplan für Neu-Neinsager« nicht kennt). Was sich definitiv nicht von allein macht und auch nicht im Geringsten mit einer angeblichen Multitaskingfähigkeit kleinzureden ist.

Hand aufs Herz: Wie viele Paare kennen Sie, bei denen die Hausarbeit tatsächlich fair verteilt ist? Und damit meine ich nicht, dass der Mann ab und zu den Müll rausbringt, den Rasen mäht und hin und wieder die Kinder kutschiert.

Immer wenn es heißt, ein Mann »hilft« viel im Haushalt, rollen sich mir die Fußnägel hoch. Denn helfen, das ist etwas Freiwilliges. Die Formulierung lässt keinen Zweifel daran, wer *eigentlich* für die liebe Wäsche, das Kochen, Einkaufen und Saubermachen zuständig ist – nämlich die Frau. Der längst überholte Gedanke, Haushalt und Kindererziehung sei der »natürliche Beruf« der Frau, hält sich hartnäckig in den Köpfen, daran konnte auch kein Reformgesetz etwas ändern. Umdenken ist gefragt, und das gilt nicht nur für die Herren der Schöpfung, sondern auch für die holde Weiblichkeit. Ja, ehrlich!

Los geht's: Verbannen wir die Vorstellung aus unseren Köpfen, wir Frauen allein seien für blitzblanke Böden, streifenfreie Fenster, adrett herausgeputzte Nachkommen, köstliche Mahlzeiten und ein schmuck dekoriertes Heim verantwortlich! Und schwupps, fällt schon mal ganz viel Last von unseren Schultern ab.

Vielleicht sollte das im Grundgesetz ergänzt werden: *Auch Ehefrauen und Mütter sind kein kostenloses Servicepersonal – und erst recht keine Sklavinnen.*

Jaja, ich höre schon die vielstimmigen Einwände: »Aber wir wollen es doch sauber, adrett, schmuck haben zu Hause, oder? Und was tun, wenn die anderen nichts tun? Da bleibt uns doch gar nichts anderes übrig als …«

Doch! Tut es! Und ich verrate Ihnen auch, wie das geht.

Achtung: Das, was jetzt kommt, ist nicht leicht. Es erfordert Ihre komplette Selbstbeherrschung. Sie müssen jetzt sehr, sehr stark sein! Bereit?

Fünf Tricks, wie Sie Ihren Liebsten zur fairen Arbeitsteilung bewegen

1. Kann ich nicht, gilt nicht

Wohl kaum eine Ausrede funktioniert bei der Vermeidung ungeliebter Arbeiten so gut wie der Trick, den ich »Dummheit schafft Freizeit« nenne.

Zugegeben, auch ich habe diese Strategie hin und wieder schon angewendet. (»Ich will gar nicht wissen, wie der neue Bügelautomat funktioniert« oder »Ach, du musst mir nicht zeigen, wie man Tonerpatronen wechselt, bis zum nächsten Mal hab ich das eh wieder vergessen«.)

Wohldosiert ist das auch völlig okay, finde ich. Schließlich muss nicht jeder alles können – das wäre ja sinnlos und widerspräche dem Prinzip der Arbeitsteilung.

Aber man sollte es damit nicht übertreiben. Und es auch nicht hinnehmen, wenn andere es tun. Was heißt hier: »Ich kann das nicht«? Niemand ist auf die Welt gekommen und wusste schon, wie man Betten bezieht! Aber es ist kein Hexenwerk. Jeder Fünftklässler kann es lernen, spätestens bei der ersten Klassenfahrt.

2. Wer A kann, kann auch B

Ihr Mann ist fit an PC, Handy, Navi und Smartwatch? Dann sollte die Waschmaschine für ihn ja ein

Kinderspiel sein. Vom Backofen ganz zu schweigen. Temperatur eingeben, einschalten, fertig. Einfacher geht's kaum.

Und das Lesen hat er schon in der Grundschule gelernt? Dann kann er auch Rezepte entziffern und befolgen.

Natürlich wird er es nur tun, wenn Sie ihn lassen. Und wenn ein gewisser Leidensdruck vorhanden ist. Daher funktioniert Punkt 2 am besten in Kombination mit Punkt 3. Und der hat es in sich ...

3. Abwarten und Tee trinken

Natürlich erscheint es manchmal leichter, selbst einzugreifen. Nur ein paar Handgriffe, schon wäre die Spülmaschine ausgeräumt. Die Wäsche weggeräumt. Das Bad gewischt. Vergleichsweise regt es Sie viel mehr auf, darauf warten zu müssen, bis Ihr Partner es endlich erledigt.

Schon klar. Aber Sie dürfen jetzt nicht einknicken! Es gilt, die Nerven zu bewahren. Denn Ihr Partner will schließlich auch von sauberen Tellern essen, morgens ein frisches Hemd aus dem Schrank holen können und seine morgendliche Barthygiene in einem sauberen Badezimmer verrichten. Und wenn Sie nicht dafür sorgen, wird er schon tätig werden. Früher oder später.

Meine Erfahrung ist: Wen etwas zuerst stört, der hat verloren. Sie müssen also lernen, wegzusehen und nichts zu tun. Ich weiß, das ist schwer. Aber mit der Zeit wird man immer besser. Ich zum Beispiel bin besonders gut darin, dreckige Fenster zu ignorieren. Mein Mann ist derjenige, der den Anblick irgendwann nicht mehr ertragen kann und sie putzt. Ich weiß gar nicht, wann ich das zuletzt getan habe ... Punktsieg auf der ganzen Linie!

4. Sie würden es anders machen? Egal!
Achtung, dieser Punkt ist von elementarer Bedeutung! Denn was nützt es, Ihren Partner dazu zu bringen, dass er seinen Teil der Hausarbeit erledigt, wenn Sie ihm anschließend doch hinterherwischen, die Unterhemden neu zusammenlegen und die Wäsche umhängen?

Klar würden Sie es vielleicht anders machen als er. Besser, wie Sie finden. Aber das müssen Sie aushalten. Es gibt nur zwei Alternativen: Entweder Sie akzeptieren es so, wie er es macht, oder Sie erledigen wieder alles komplett allein.

Mal ehrlich: Wie wichtig ist es Ihnen wirklich, dass die Handtücher nicht quadratisch, sondern dreifach gefaltet sind? Ist das nicht im Angesicht der Ewigkeit (und Ihres Seelenfriedens) völlig einerlei? Man könnte sie übrigens auch rollen – nur mal so als Serviervorschlag ...

5. Abschied von der Perfektion
Sie wollen eine perfekte Ehefrau, Mutter, Karrierefrau, Freundin, Schwester, Tochter, Hausfrau sein?

Vergessen Sie es – so was gibt es nur im Werbefernsehen! Und das wurde erfunden, um uns allen ein schlechtes Gewissen zu machen, damit wir irgendwelche Produkte kaufen, die behaupten, uns von den Komplexen, die sie gerade selbst verursacht haben, zu befreien.

Schalten Sie einfach ein paar Gänge zurück und senken Sie die eigenen Ansprüche: Solange immer was Sauberes zum Anziehen da ist, man nicht am Boden festklebt und sich kein Ungeziefer im Haus breitmacht, ist doch alles gut. Hoffentlich auch Ihre Laune!

Vielleicht fragen Sie mich, mit welchem Recht ich hier kluge Ratschläge erteilen kann. Nun, einen Vorteil muss es ja haben, wenn man definitiv keine gute Hausfrau ist! Und falls Ihnen vorhin kein Beispiel für ein Paar eingefallen ist, bei dem die Hausarbeit fair verteilt ist, dann kennen Sie jetzt immerhin eins: meinen Mann und mich.

Wobei – so ganz stimmt das nicht. Ich sage immer, dass er viel mehr tut als ich. Ja wirklich, mein Mann übernimmt in unserem Haushalt definitiv den Löwenanteil. Er dagegen behauptet das Gegenteil und glaubt felsenfest, ich täte mehr. Tja, da irrt er sich wohl. Ich bin in dieser Sache definitiv im Recht!

Das heißt aber keineswegs, dass ich die oben genannten fünf Punkte zu hundert Prozent verinnerlicht hätte. Vor allem mit dem vierten habe ich so meine Probleme.

Zwar ginge ich niemals so weit, in seine Arbeit einzugreifen und alles neu zu machen, was mir nicht passt, aber die entsprechenden Kommentare kann ich mir meist nicht verkneifen.

(Von wegen »Wie eine Frau sich überhaupt beklagen kann, ist unbegreiflich, sagt mein Mann« – auch hier kann ich Johanna von Koczian leider nicht zustimmen. Und außerdem kriege ich diesen verdammten Ohrwurm einfach nicht aus dem Kopf! Wenn es Ihnen genauso geht, tut es mir furchtbar leid. Da müssen Sie jetzt durch.)

Nicht dass ich gerne meckern würde, im Gegenteil! Aber wenn jemand das Besteckfach der Geschirrspülmaschine, in dem jemand (ich) angefangen hat, die Löffel, Gabeln, Messer etc. ganz systematisch einzuräumen, mit wenigen Handgriffen in absolutes Chaos verwandelt, nur aus purer Lust an der Rebellion, dann *kann* man doch unmöglich still sein, oder? Oder wenn jemand (er) die kaputte alte Schreibmaschine, die seit Jahren blöd rumsteht, weder zur Reparatur bringt noch entsorgt, sondern ins Eck hinter den Fernsehschrank stellt und auch noch stolz auf diese brillante (und raumsparende) Idee ist, da *muss* man doch durchdrehen! Oder wenn ...

Aber lassen wir das. Dieses Thema ist ein weites Feld. Jede Menge Stoff. Man könnte ganze Bücher darüber schreiben! Hey, wollen wir, Lucinde?

Wer was macht, warum nicht, wann und wie viel – Kommunikation im hutzenlaubschen Haushalt

Bei uns klappt das alles auch ganz wunderbar – sagt mein Mann. Ich sage ... dazu lieber nichts. Oder vielleicht doch, denn wir sind ja unter uns und irgendwann kommt sowieso alles ans Licht.

Also: Natürlich habe ich mich bemüht, meine Kinder zu aufmerksamen Wesen zu erziehen, die sehen, wo es fehlt, und gegebenenfalls zupacken, wenn es nötig ist. In meiner Vorstellung sind sie hilfsbereit und sehen voller Dankbarkeit, was ihre Mutter (also ich) tagtäglich auf sich nimmt, um ihnen ein wunderbares, sorgenfreies und schönes Zuhause zu bieten.

In der Vorstellung meiner Kinder ist es aber so, dass Mütter das große Los gezogen haben, denn sobald die armen Schüler um sieben das Haus verlassen haben, legt sich die Mutter wieder ins Bett, schläft bis zehn, macht dann Yoga (oder was Mütter eben gerne machen), bruncht mit ihren Freundinnen, bis sie zu ihrem Maniküre-/Frisör-/Kosmetiktermin aufbricht, kommt nach Hause, kocht irgendwas, ruht ein wenig, während die armen Kinder Hausaufgaben machen, liest womöglich noch dazu mitten am Tag ein Buch und dann, wenn die Kinder einmal einen Fahrdienst benötigen, dann muss sie plötzlich ganz wichtig telefonieren oder »arbeiten«, dabei weiß doch jeder, dass das gar nicht stimmt. Das Gemeinste ist, dass sie die wenige Hausarbeit, die es überhaupt gibt, auch noch auf ihre armen Kinder verteilen will und nur deshalb so viele hat, damit auch garantiert keine Pflichten mehr für sie selbst übrig bleiben.

So ist das nämlich. Das Problem ist, dass ich eben den ganzen Tag zu Hause bin. Mein Büro ist direkt neben unserer Küche. Da kann man ja schon mal nebenher kochen, während man einen Text schreibt oder ein Buch überarbeitet. Easy! Meine Kinder machen sogar drei Dinge gleichzeitig, die stellen sich da nicht so an wie ich, die können nämlich beispielsweise Vokabeln lernen, nebenher eine Serie schauen *und* mit ihren Freunden chatten.

Wo ist überhaupt das Problem? Das bisschen Einkaufen zwischendrin ist ja wohl Freizeitvergnügen, vor allem, weil Mütter mehr Taschengeld bekommen als Kinder (ah ja?) und selbst entscheiden dürfen, was sie da shoppen. Das Einzige, was absolut nicht nachvollziehbar ist, warum dann so wenig Gummibären im Einkaufswagen landen und dafür so viel Gemüse.

Und Staubsaugen oder Putzen – also ehrlich – ist doch sowieso völlig überflüssig: Schließlich sieht das Haus doch total sauber aus!

Ja!, möchte man rufen, das Haus sieht sauber aus, WEIL es gestaubsaugt und geputzt wurde. Überraschung! Aber sie würden es mir sowieso nicht glauben.

Ich bin vor ein paar Jahren dazu übergegangen, samstags zu putzen, damit auch jeder sieht, dass wir nicht in einem sich selbst reinigenden Zauberhaus wohnen. Aber es hat nur bedingt geholfen, weil meine Familie an Samstagen nun mal Wichtigeres zu tun hat, seitdem ich das mache. Lernen beispielsweise – in einer Lerngruppe natürlich, die auf keinen

Fall bei uns stattfinden kann, weil es hier dank des Staubsaugers so laut ist. Und weil man ja besser früh mit dem Lernen anfängt, kann man auch gleich bei der Freundin oder dem Freund übernachten. Oder draußen sein, weil ich schließlich immer sage, sie seien zu viel am Computer und nicht genug an der frischen Luft, und jetzt machen sie einmal, was sie sollen, und dann ist es auch wieder nicht recht.

Aber ich will nicht unfair sein. Sie waschen ihre eigene und, wenn sie zufällig drüberstolpern, auch meine Wäsche. Sie hängen sie zudem manchmal auf, oft sogar, bevor sie in der Trommel verrottet ist.

Auf keinen Fall aber können sie:
— ihre dreckigen Klamotten selbst in die Waschküche bringen
— trockene Wäsche zusammenlegen oder gar
— diese in ihre Schränke räumen.

Warum? Ich habe keine Ahnung. Da gibt es eine natürlich Sperre in ihnen, die man zwar hinterfragen kann, aber keine befriedigende Antwort erhält. Glauben Sie mir, ich habe alles versucht.

— Sie können ihr gebrauchtes Geschirr zwar auf, aber unter keinen Umständen IN die Spülmaschine räumen, denn dieser Arbeitsschritt erfordert mehr Kraft, als sie nach dem anspruchsvollen Geschirrtransport vom Tisch in die Küche zur Verfügung haben.
— Sie können sich dafür die saubere Müslischüssel direkt aus der gelaufenen Spülmaschine herausnehmen, weil es im Schrank ja kein Geschirr mehr gibt und sie plötzlich

vom Hunger überfallen wurden. Dieser Hunger führt zu akutem Gedächtnisverlust, weshalb sie nach beendetem Müslimahl ihre benutzte Schüssel samt Löffel in die Maschine mit dem sauberen Geschirr zurückräumen. Was bin ich nur für eine Rabenmutter, dass ich das nicht zu schätzen weiß.
— Am allerwenigsten können sie nämlich die Spülmaschine ausräumen, wenn sie offensichtlich gerade gelaufen ist.

»Ich war doch seitdem gar nicht mehr in der Küche!«, sagen sie dann, was nicht stimmen kann, denn sie haben erst vor zwanzig Minuten für ihren Freund und sich selbst ein Tablett mit Leckereien gerichtet und waren dabei immerhin so schlau, ein fehlendes Messer aus der Spülmaschine zu holen.

Am Rande bemerkt: Es ist vermutlich mindestens ein Uhr mittags und das auf dem Tablett ist ein opulentes Frühstück. Aber immerhin weiß ich jetzt, wohin der sauteure luftgetrocknete Schinken gekommen ist, den ich heute Abend mit der Honigmelone, die ebenfalls verschwunden ist, als Vorspeise für ein Abendessen mit Susi und ihrem Mann Frank eingekauft hatte: Er liegt mehrlagig auf dem Baguette, das heute Abend auch ganz nett gewesen wäre.

»Na und? Ist doch nur Schinken! Das hättest du ja früher sagen können. Woher soll ich das denn wissen?«

Wann früher? Vor einer halben Stunde? Als die beiden noch geschlafen haben und ich mich nicht in ihr Zimmer getraut habe, weil man ja nie weiß, was man da vorfindet?

»Irgendwo auf der Welt ist immer Frühstückszeit«, lässt mich das Kind wissen, als ich sie freundlich darauf hinweise, dass es in einer halben Stunde Mittagessen gibt.

»Und für Mittagessen ist es doch sowieso viel zu früh! Wir haben gerade gefrühstückt, Mama! DEINE blöde Spülmaschine kannst du gern selbst ausräumen!«, ergänzt sie noch und zieht beleidigt ab, vermutlich, um ihrem Freund zu berichten, wie peinlich ich bin.

Was soll ich machen?

Option 1: Ich laufe dem Kind hinterher, mache ihr vor ihrem Freund eine Szene, die beweist, wie peinlich ich wirklich sein kann, und sorge dafür, dass meine Tochter wieder hochkommt und die Spülmaschine ausräumt, dafür aber tagelang beleidigt ist.

Option 2: Ich schreibe den Schinken ab und schicke sie später einkaufen. Das funktioniert schon allein deshalb, weil die Gummibären alle sind und weil sie dann doch ein schlechtes Gewissen hat, was sie natürlich niemals zugeben würde. Ich räume schnell die Spülmaschine aus, weil mir Auseinandersetzungen dieser Art nach all den Jahren zu blöd sind und ich ja weiß, dass alle meine Kinder grundsätzlich Spülmaschinen ausräumen können und es auch tun (das weiß ich von meiner Freundin Susi, bei der meine Kinder jedes Mal einen großartigen Eindruck hinterlassen, wenn sie dort sind, weil »sie so aufmerksam und hilfsbereit sind, wie nur Kinder sein können, die in einer Großfamilie aufwachsen, wo jeder mit anpacken muss«. O-Ton Susi. Deshalb das tolle Abendessen).

Dass sie es können, ist ja nicht die Frage. Nur eben nicht dann, wenn ich es möchte und auch eher selten in unserem Haushalt.

»Wenn man etwas erreichen will, kann man nicht immer den Weg des geringsten Widerstandes gehen, Lucinde«, sagt mein Mann, der Experte für Kindererziehung, mein ewiger Quell von Ratschlägen, die ich nicht hören will, wenn ich mich über dieses Dilemma beschwere. »Du musst den Kindern Aufgaben geben und ihnen sagen, bis wann sie sie zu erledigen haben!«, ergänzt er. »Man muss das einfach besser planen. Absprechen. Und dann am besten fix in den Familienkalender eintragen, damit auch jeder weiß, wann er was zu tun hat.«

Ja nee, is klar. »Und wer macht das?«, frage ich.

»Wie meinst du das: Wer das macht?« Er schaut mich ratlos an.

»Na ja, wer den Plan erstellt, die Dienste in den Kalender einträgt und dafür sorgt, dass sie auch gemacht werden?« Ich bin ein wenig verzweifelt, weil ich das Gefühl habe, dieser Vorschlag macht mein Leben nicht leichter, sondern sehr viel komplizierter. Außerdem wird er dafür sorgen, dass ich anstatt über die Spülmaschine dann über den Kalender diskutieren muss.

»Na, du natürlich. *Ich* habe keine Zeit und außerdem ja auch kein Problem!«, antwortet mein Mann, stolz darauf, das Dilemma so souverän gelöst zu haben.

Schon klar. Er hat keines. Er behauptet ja auch, dass wir uns den Haushalt teilen und er einen wesentlichen Teil der Aufgaben übernimmt. *Einen wesentlichen!* Ich will ihm da auch gar nicht widersprechen. Er übernimmt tatsächlich einige Aufgaben, keine Frage. Er geht einkaufen und macht Dinge, die ich nicht kann. Fleisch braten beispielsweise, den Garten bestellen oder die Haare aus dem Abfluss in der Dusche holen. Der Unterschied zwischen ihm und mir ist eigentlich nur, dass er mir und allen anderen, die zufällig in der Nähe sind, immer mitteilt, was er alles geleistet hat. Währenddessen. Als wäre er der Kommentator für seine eigene großartige Höchstleistung.

»Da kommt er wieder von links, der Held des Geschehens, und balanciert einhändig und leichtfüßig tänzelnd den schweren Sprudelkasten, meine Damen und Herren, sehr verehrtes Publikum, während er in der anderen Hand ein Brot und die Achterpackung Klopapier trägt – aber was ist das? Das darf doch nicht ... Unfassbar, was er da leistet! Stellen Sie sich vor, es ist dreilagig! DAS KLOPAPIER IST DREILAGIG! Das gab es hier noch nie, das wird es auch nie wieder geben ...!«

So ist das nämlich. Ganz genau so. Ich übertreibe nicht. Manchmal seufzt er allerdings auch nur publikumswirksam, weil ein Mann zu sein in diesem Haushalt auch nicht leicht ist. Oder er sagt laut: »SO!«, wenn er wieder einmal eine Aufgabe zu seiner eigenen Zufriedenheit abgeschlossen hat. Oft hat er dabei noch Utensilien der soeben vollbrachten Heldentat bei sich, wie beispielsweise das Küchenhandtuch über der Schulter, damit auch jeder weiß, dass er derjenige war, der das nahezu unbezwingbare Chaos beseitigte, das in dieser Küche herrschte, bevor er sich dem Ganzen angenommen hat. Herakles' Dienst in den Ställen von Augias waren ein Witz dagegen.

Wenn alles nicht hilft und trotzdem keiner reagiert, dann lobt er sich wenigstens selbst. Ein lautes »WURDE JA AUCH MAL ZEIT, DASS EINER DEN BIOMÜLL LEERT!« ist da das Mindeste, und dennoch ist er jedes Mal wieder enttäuscht, glaube ich, wenn keiner Beifall klatscht.

Wenn ich das machen würde, wäre ich abends heiser! Andererseits, eines muss ich ihm lassen, es funktioniert! Die ganze Familie hält ihn für ausgesprochen fleißig und hilfsbereit und mich ... eben nicht.

Offensichtlich läuft bei uns zu Hause einiges alles andere als perfekt, schon klar. Aber es läuft. Meistens. Irgendwie. Natürlich ist mir bewusst, dass dabei vor allem mein mangelndes Durchsetzungsvermögen, meine wenig vorhandene Standhaftigkeit und mein dafür umso ausgeprägterer Wunsch nach Frieden eine wesentliche Rolle spielen und man das alles mit ein wenig mehr Disziplin viel besser machen könnte. Aber hierbei und bei vielem anderen auch geht es ja nicht darum, es zu wissen, sondern es auch zu tun und sich gut dabei zu fühlen. Anscheinend geht es mir besser damit, die Spülmaschine selbst auszuräumen, als zu diskutieren. Mir macht das eine weniger aus als das andere. Ich finde meinen Mann großartig und bin ihm dankbar, dass er mitarbeitet. Und auch, dass er mit mir gemeinsam über mich und über sich selbst lacht, wenn wir wieder mal Dinge auf unsere jeweils unverwechselbare Art und Weise tun, gefällt mir sehr. Ich bemühe mich, nach folgendem Motto zu leben: Love it, change it oder leave it. Unsere Aufteilung, wer was macht, warum nicht, wann und wie viel, mag vielleicht verbesserungswürdig sein. Darüber zu lachen, wie wir es machen, ist hingegen perfekt.

Zeit für schöne Dinge statt Zeitmanagement

Der Tag hat vierundzwanzig Stunden – das gilt für uns alle. Für Lucinde und mich ebenso wie für unsere Männer und Sie alle. Eine Binsenweisheit, ich weiß. Und trotzdem hat niemand Zeit! Jedenfalls nicht für schöne Dinge, die keinen weiteren Zweck erfüllen, als Spaß zu machen. Uns ein gutes Gefühl zu geben. Mit anderen Worten: die nicht effizient sind. Pure Zeitverschwendung, sozusagen.

Als gäbe es so etwas wirklich. Zeitverschwendung.

Dabei kostet Zeit keinen Cent! Und sie ist einfach vorhanden. Wie gesagt: Vierundzwanzig Stunden am Tag, das macht 1 440 Minuten beziehungsweise 86 400 Sekunden. Im Jahr kommen da ganze 31 536 000 Sekunden zusammen! Klingt ganz schön viel. Warum reicht uns das nicht? Schon merkwürdig.

Wie oft höre ich, wenn ich von einem Lieblingsbuch, einer neuen Serie oder einem ausgedehnten Spaziergang erzähle: »Für so etwas habe ich keine Zeit« – und ich frage mich dann, warum nicht? Weil erst noch die Welt gerettet werden muss?

Dieses »Für so etwas habe ich keine Zeit« klingt nicht selten ganz schön geringschätzig. Als sollte ich mich was schämen, mir so viel Müßiggang zu erlauben. Dabei würde es meinen Fenstern nicht schaden, mal wieder geputzt zu werden, und ist das da etwa Staub auf meinem Monitor?

Aber auch das Gegenteil ist der Fall – so wie damals, als mein erster Roman erschien. Mein Mann erzählte auf der Arbeit davon, woraufhin sein Chef kommentierte: »Ihre Frau schreibt Bücher? Na, *die* muss ja Zeit haben.«

Ja, habe ich. Genauso viel wie wir alle. Und einen Großteil davon verbringe ich schreibenderweise vorm Computer. Vollkommen unspektakulär.

(Übrigens: Wenn ich für jedes Mal, dass jemand »Wenn ich Zeit hätte, würde ich auch ein Buch schreiben« sagt, einen Euro bekäme, wäre das ein hübsches Taschengeld.)

Manchmal werde ich nach meinem Zeitmanagement gefragt. Dann muss ich zugeben, dass ich meine Zeit nicht manage. Weder lege ich Meilensteine fest noch formuliere ich Zielvorgaben oder kontrolliere meinen Erfolg. Ich schreibe einfach vor mich hin. Erledige »eins nach dem anderen, wie man die Klöße isst« – ich schätze, diese althergebrachte Vorgehensweise zählt nicht als Zeitmanagement. Selbst das Verb »nutzen« klingt im Zusammenhang mit Zeit irgendwie falsch in meinen Ohren. Genauso wie dieses allgegenwärtige »Ich muss«. Haben Sie mal gezählt, wie oft Sie das am Tag sagen oder denken?

Klar, es gibt selbstverständlich Dinge, da kommt man einfach nicht drumherum. Man muss sie tun. Termine einhalten, zum Beispiel. Essen und trinken. Schlafen. Die Steuererklärung abgeben ... Manches davon ist erbaulich, anderes eher nicht so. Kein bisschen! Ich meine – Steuererklärung ... Wem macht das schon Spaß?

(Und vermutlich müssen ein paar nervige Pflichten einfach sein, damit einem die schönen Dinge umso großartiger erscheinen. Schließlich ist selbst Pippi Langstrumpf nur deshalb für ein paar Tage in die Schule gegangen, um einmal in den Genuss von Ferien zu kommen!)

In gewissem Maß sind wir schließlich alle irgendwie fremdbestimmt. Mehr oder weniger. Wobei – meist weniger, als wir denken. Denn bei kritischer Beobachtung könnte man dieses allgegenwärtige »Ich muss« durch »Ich will« ersetzen. Oder zumindest durch »Ich muss zwar nicht wirklich, aber irgendeiner sollte es erledigen, und da es sonst niemand tut, mache ich es eben.«

Wie viele echte »Ich muss« bleiben wohl übrig, wenn man genau hinschaut? Die Hälfte? Ein Drittel? Noch weniger?

Machen Sie doch mal die Probe aufs Exempel, und führen Sie eine Strichliste. Einen ganzen Tag lang. Sie werden staunen. Vermutlich werden Sie deutlich mehr Freizeit haben als erwartet. Ist das nicht großartig?

Tja, und was fangen Sie nun an mit dieser Zeit, die Sie übrig haben? (Sie merken, ich schreibe bewusst nicht: »Wie nutzen Sie diese Zeit«, denn dann säßen wir ja prompt wieder in der Zeitmanagement-Denkfalle!)

Ihnen wird bestimmt was Nettes einfallen. Ich hätte da jedenfalls schon ein paar Ideen. Vielleicht kommen Sie ja dadurch auf den Geschmack?

Freuen Sie sich auf schöne Dinge! Zum Beispiel …

Naheliegend: ein Buch lesen

Muss ich Ihnen eigentlich gar nicht sagen – schließlich sind Sie gerade dabei, genau das zu tun.

Aber hey, ich verrate Ihnen ein Geheimnis: Lesen ist nicht nur im Bett, in Wartezimmern und öffentlichen Verkehrsmitteln erlaubt. Nein, Sie dürfen auch einfach mal die Bügelwäsche liegen lassen und stattdessen zum Buch greifen. Einfach weil es mehr Spaß macht. Sie sind schon groß, Sie brauchen keine Erlaubnis!

Lauthals: einfach mal mitsingen

Im Radio läuft ihr Lieblingslied? Perfekt: Dann lassen Sie sich davon mitreißen! Tanzen Sie durch die Küche, so wie Lucinde das gerne tut, und singen Sie mit, so laut Sie können. Egal, wie es klingt! Sie sind niemandem einen bühnenreifen Auftritt schuldig. Schließlich sind Sie nicht Beyoncé, oder?

Singen macht nachweislich glücklich. Und es macht Spaß! Schalllalllalalala …

Sprichwörtlich: Tee trinken

Ja, genau – Tee trinken und nichts tun ist eine wunderbare Sache. Gern können Sie nebenbei noch aus dem Fenster gucken, aber mehr Stress sollten Sie sich keineswegs zumuten. Einfach nur sitzen, trinken, gucken.

Und auf einmal wird Ihnen bewusst: Eine Minute hat ja wirklich sechzig Sekunden! Und die Zeit rast überhaupt nicht, sie fließt. Alles fließt. Ommmm.

Verdaddelt: Social Media lässt grüßen
Facebook sei ein Zeitfresser, heißt es immer wieder. Und Instagram erst! Total unnötig. Man trifft dort eh lauter Selbstdarsteller ...

Glauben Sie kein Wort! Social Media ist, was Sie draus machen. Ich liebe es, zwischendurch immer mal wieder ein paar Minuten im Netz zu verbringen, Freund:innen und Kolleg:innen zu »treffen«, mich auszutauschen, spannende Artikel zu lesen, mich über urkomische Memes zu amüsieren.

Zeitfresser? Dass ich nicht lache!

Immer wieder: spazieren gehen
Das klingt jetzt vielleicht nicht so besonders spektakulär, aber das muss es auch gar nicht sein. Die allerschönsten Dinge auf dieser Welt sind völlig unspektakulär. Das ist ja gerade das Wunderbare daran.

Übrigens sind Spaziergänge am schönsten, wenn man es am wenigsten erwartet. Im Winter am Strand zum Beispiel. Ober bei Regen im Wald. Aber pssst!, verraten Sie es nicht weiter – ist ein Geheimtipp!

(Warum das Spazieren außerdem noch wahnsin-

nig gesund ist, verrate ich Ihnen übrigens im Kapitel
»Bei Meditation bin ich raus«.)

Endlich: mal wieder mit Freund:innen telefonieren
Jedes Mal nehmen Sie sich vor, nicht wieder so viel Zeit vergehen zu lassen bis zum nächsten Telefonat, aber dann warten Sie doch wieder bis zu einem Anlass. Zum Beispiel ein Klassentreffen, wenn's gut läuft. Oder eine Beerdigung, was weniger schön ist.

Und obwohl Sie dann mindestens eine Stunde lang quatschen, haben Sie noch längst nicht alles erzählt, was so anliegt. Es wäre also mal wieder höchste Zeit für ein gegenseitiges Update. Los, warum zögern Sie noch? Wählen Sie schon!

Sooo weich: den Hund streicheln
Niemand freut sich so unbändig, wenn Sie nach Hause kommen, wie Ihr Vierbeiner. Als hätte er nicht zu hoffen gewagt, Sie jemals wiederzusehen, dabei haben Sie nur kurz den Müll rausgebracht.

So viel Liebe muss belohnt werden! Mit einer fetten Streicheleinheit. Denn damit belohnen Sie sich ganz nebenbei auch selbst!

Übrigens – falls Sie keinen Hund haben, der Ihrer Nachbarn ist sicher auch ganz lieb. Und das Ganze soll auch mit Katzen gut funktionieren, hab ich gehört. Oder, Lucinde?

Fantastisch: Wolkenbilder betrachten
Man sagt mir nach, ich hätte eine blühende Fantasie. Muss ich auch haben, als Autorin.

Aber im Grunde sind wir alle höchst erfinderisch – zumindest, wenn wir am Strand oder auf der Wiese liegen und den Wolken hinterherschauen, die am blauen Sommerhimmel entlangziehen. Hey, ist da nicht ein Tiger? Nein, ein Greifvogel. Mit einer dämonischen Fratze. Huch, auf einmal sieht es aus wie ein Herz. Oder ist es ein Eisbär?

Total kindisch: in Pfützen rumspringen
Zugegeben, das ist wirklich kein besonders erwachsenes Verhalten. Umso lustiger.

Platsch!!!

Ach, Sie haben Angst um Ihre Kleidung? Kein Problem – kaufen Sie sich ganz einfach ein Paar Gummistiefel, eine Regenhose und einen Ostfriesennerz, schon kann's losgehen. So richtig mit Anlauf …

Hey, Sie haben ja gejauchzt! Ich habe es bis hierher gehört. Und laut gelacht! Herrlich, oder?

Ungestört: so richtig ausschlafen
Machen Sie die Rollläden dicht, notfalls setzen Sie eine Schlafbrille auf, schalten Sie alle Wecker aus und ignorieren Sie Ihre innere Uhr. Und dann – jaaaaa, schlafen Sie sich mal gründlich aus!

Was, wenn Sie trotz aller guten Vorsätze zur üblichen Zeit von selbst aufwachen? Na, dann drehen

Sie sich gemütlich auf die andere Seite, ziehen die Decke über den Kopf und schlummern sanft wieder ein.

Wann sind Sie zuletzt bis mittags in den Federn geblieben? Mit sechzehn? Siebzehn? Na, dann wird's ja allerhöchste Zeit!

Ganz ehrlich: Komplimente machen
Ihre Nachbarin trägt einen neuen Mantel, der ihre schlanken Beine hervorragend zur Geltung bringt? Ihr Kollege hat eine neue Frisur, die ihn viel jünger wirken lässt? Ihre Freundin benutzt neuerdings einen knallroten Lippenstift, ein echter Hingucker?

Dann sagen Sie es ihnen! Machen Sie Komplimente!

Ja, auch das hat etwas mit Zeit zu tun. Denn erst einmal nehmen Sie sich die Zeit, Ihre Mitmenschen genauer wahrzunehmen, und dann, ihnen mit einer netten Bemerkung eine Freude zu machen. Sie wissen ja – Komplimente kriegen tut gut. Komplimente machen aber auch!

Selbstverständlich: küssen!
Wann haben Sie zuletzt mit Ihrem Partner oder Ihrer Partnerin geknutscht? Sie umarmt? Händchen gehalten? Eng umschlungen auf der Wiese gesessen? Doch schon so lange her? Hey, das Recht auf derartige Liebesbekundungen ist nicht der Jugend vorbehalten!

Also, worauf warten Sie? Doch wohl hoffentlich nicht auf den Valentinstag?!

Klassisch: ins Kaminfeuer starren
Als Mitte der Achtzigerjahre das Privatfernsehen in Deutschland erfunden wurde, gab es auf einmal keinen Sendeschluss mehr. Aber auch noch kein Rundum-die-Uhr-Programm. Stattdessen lief auf manchen Kanälen einfach nur Kaminfeuer. Oder man zeigte Fische im Aquarium, weil das so schön beruhigend ist. Da könnten Sie stundenlang zugucken? Na, warum tun Sie es nicht einfach?

Klingt alles furchtbar verlockend, oder? Ja, wenn Sie bloß wüssten, wie Sie diese Vorhaben in Ihrem vollgestopften Terminplan noch unterkriegen ...

Auch dafür habe ich einen Tipp. Okay, ich habe zwar vorhin gegen Zeitmanagement gewettert, aber wenn's nicht anders geht: Tricksen Sie sich einfach aus, indem Sie die schönen Dinge Ihrer Wahl in Ihrem Kalender eintragen. Und zwar mit derselben Priorität wie jeder andere Termin.

Zum Beispiel: *9 Uhr Schulung mit Neukunden. 11 Uhr Zahnarzt. 12 Uhr durch Pfützen springen. 14 Uhr Vorstandsmeeting. 15:30 Uhr aus dem Fenster starren und träumen. 15:45 Uhr Marketingplan erstellen. 17 Uhr Feierabend. 17:30 Uhr Hund streicheln, Partner:in küssen ...*

Das müsste doch machbar sein, finden Sie nicht?

Für alle Zweifler, die immer noch glauben, Zeitverschwendung wäre eine Sünde:

Denken Sie wirklich, dass Sie an Ihrem Lebensende bedauern werden, nicht noch mehr Rasen gemäht, Hemden gebügelt und Zahlenkolonnen addiert zu haben? Oder werden Sie es vielmehr bereuen, nicht häufiger den Wolken hinterhergeträumt zu haben?

Na also: Noch ist Zeit, die Weichen neu zu stellen.

Test: Welcher Ordnungstyp sind Sie?

Menschen sind so unterschiedlich! Allein schon an der Art, wie sie Pizza essen, Socken zusammenlegen oder den Telefonhörer halten, lässt sich allerhand ablesen. Und analysiert man erst das Aufräumverhalten ... Na, welcher Typ sind Sie denn so?

1. Nach welchen Kriterien sortieren Sie Ihr Bücherregal?
   A: Nach Farben
   B: Alphabetisch nach Autoren
   C: Alphabetisch nach Titeln
   D: Chronologisch – in der Reihenfolge, wie ich sie lese

2. Wie ordnen Sie Ihre Lebensmittelvorräte?
   A: Nach Haltbarkeitsdatum
   B: Nach der Verpackungsgröße
   C: Nach Geschmacksrichtung
   D: Wo Platz ist, wird was hingestellt

3. Nach welchem Prinzip ist Ihr Kleiderschrank eingeräumt?
   A: Nach Jahreszeiten
   B: Nach Größen (ich nehme ab und zu mal ab und zu)
   C: Nach farblich passenden Kombinationen
   D: Gar nicht, meine Sachen sind eh alle schwarz

4. Und wie finden Sie Ihre Haushaltsgeräte?
   A: Was ich brauche, steht griffbereit auf der Arbeitsplatte
   B: Im Küchenregal in Originalverpackung (wegen der Garantie)
   C: Wenn ich das nur wüsste. Nie ist was da, wenn ich es suche!
   D: Haushaltsgeräte? Die müssten irgendwo im Keller sein.

5. Wie sind die Dateiordner in Ihrem PC strukturiert?
   A: Nach Themen natürlich
   B: Ich unterscheide zwischen privat und beruflich
   C: Alphabetisch, chronologisch und nach Stichworten
   D: Dateiordner? Was genau soll das sein?

Auflösung!
Wie – wir sollen Ihnen jetzt sagen, was für ein Typ Sie sind? Sorry, aber es ist nicht so unser Ding, Sie in irgendwelche Schubladen zu stecken. Sie leben in einem freien Land und können Ihre Sachen sortieren, wie Sie wollen!

Teil 4:

ENTSPANN DICH DOCH MAL!

Dies könnte ein sehr kurzer Introtext werden. Ein einfaches Mantra, ein schlichtes Ommmmmmmm würde vielleicht sogar genügen, oder – für diejenigen, die nicht sofort in die perfekte Meditationsposition finden und dann stundenlang darin verharren können – vielleicht auch maximal zwei.

Natürlich gibt es Menschen, die zehn oder zweihundert Mantras singen, denn auch im Nichtstun und Entschleunigen entwickeln manche einen erstaunlichen Ehrgeiz. Die Extrem-Entschleuniger sozusagen. Kaum zu glauben! Apropos extrem:

Die einen suchen die Entspannung, die anderen immer neue Kicks. Bungeejumping, Fassadenklettern, Riverraften, Fallschirmspringen, und all das an immer exotischeren Reisezielen oder am besten irgendwo, wo noch keiner war.

Das Ganze natürlich für Instagram und Co. in Szene gesetzt, damit auch jeder sieht, wie cool alles ist. Vor lauter Fotos und Filmchen, die man ständig dabei posten muss, damit auch jeder da draußen immer Bescheid weiß, kann man sich womöglich nachher kaum erinnern, wie es wirklich war. Aber ist das überhaupt wichtig? Und hört sich das alles auch für Sie eher nach Freizeitstress als nach Vergnügen an? Dann sind wir uns ja einig. Aber trotzdem muss jeder seinen eigenen Weg in die Entspannung finden – und zwar am besten für sich allein, ohne den völlig übertriebenen Drang, alles mit jedem zu teilen – und stattdessen mal das eigene Bauchgefühl, die innere Stimme zu Wort kommen lassen. Um die hören zu können, muss man eventuell ganz still und bei sich sein. Ein kurzes »Ommmmm« schadet dabei aber bestimmt nicht.

Indien in Stuttgart:
Den inneren Guru finden

Fakt ist: Ich brauche einen Guru. Ich sehne mich danach, meine innere Mitte und total entspannten Frieden zu finden. All das und noch viel mehr verspricht Meditation, wenn man es regelmäßig macht – und kann. Ich kann es nicht. Aber ich würde es gerne lernen. Deshalb der Guru.

Im Liegen zu meditieren habe ich aufgegeben, nachdem ich beinahe jedes Mal so schnell eingeschlafen bin, dass ich es erst bemerkt habe, wenn die Meditationslehrerin im Kurs sich laut geräuspert und gefragt hat, ob ich später abschließen könnte, wenn ich fertig sei. Im Sitzen tun mir die Knie, der Rücken oder die Füße weh, und ich habe das dringende Bedürfnis, meine Position zu ändern, sobald man sich nicht mehr bewegen darf. Selbst, wenn die einzige Meditationstechnik darin besteht, sich auf den Atem zu konzentrieren und ihn ganz natürlich fließen zu lassen, dann denke ich doch spätestens ab dem vierten Atemzug darüber nach, was ich kochen könnte oder was ich noch einkaufen muss.

Ich habe trotzdem nicht aufgegeben, obwohl ich bei meinen Meditationsversuchen zu Hause immer das Gefühl hatte, bereits seit Stunden im Schneidersitz zu sitzen, um dann nach einem Blick auf die Uhr festzustellen, dass maximal ein paar Sekunden vergangen waren. Daraufhin habe ich mir den Wecker auf sechs Minuten gestellt – eine bewältigbare Zeit für das anfängliche Ausklinken und Einkehren, wie ich fand – um dann ständig den Drang zu verspüren, zu überprüfen, ob der Wecker funktioniert/wirklich gestellt/ und auch nicht stumm ist.

Ich habe es mit YouTube-Videos und ohne versucht, in Kursen und zu Hause. Zu Hause geht gar nicht. Da klingelt garantiert das Telefon oder jemand an der Tür und selbst, wenn ich mich in mein Arbeitszimmer zurückziehe (nicht nur, um einen weiteren Meditierversuch zu starten, sondern auch um zu arbeiten) und einen DIN-A3-Zettel an die Tür hänge, auf dem dick »BITTE NICHT STÖREN!« steht, kommt garantiert eines meiner liebreizenden Familienmitglieder rein und muss »nur kurz was ausdrucken«, »was schauen« oder braucht dringend eine Auskunft à la »Mama, steht mir das?«. Selbstverständlich begleitet von folgendem höflichen Nebensatz, der zeigt, wie respektvoll sie alle sind: »Ich habe den Zettel gesehen, und ich weiß, du willst nicht gestört werden, es tut mir auch sehr leid, aber es dauert nicht lang, und wo ist überhaupt das Druckerkabel?«

Ja, da wäre ein Guru sehr schön und angebracht. Am besten einer, der ruhig in mein Ohr ommmmmt und auch sonst alles unter Kontrolle hat. Aber je dringender ich ihn herbeisehne, umso weniger scheint er verfügbar.

Wenn ich wirklich meine Ruhe haben wollte, müsste ich vermutlich in den Keller gehen. Dort ist es allerdings leider kalt und unwirtlich, und außerdem muss man am Weinregal vorbei, da kann ich dann für nichts garantieren.

Ich liebe mein Leben und meine Familie. Aber wenn sie da sind, ist es eben schwierig, einfach nur zu sein. Im Hier und Jetzt. In Frieden. Ohne den wilden rasenden Affen in meinem Kopf.

»Vielleicht solltest du dir mal eine Auszeit nehmen?«, schlägt mein Mann vor. »Irgendwo weit weg, allein, frei von allen Verpflichtungen?« Er lächelt. Und er hat ja auch recht, irgendwie. Nicht, dass ich nicht selbst schon tausendmal davon geträumt hätte. Trotzdem beschleicht mich das Gefühl, dass er mich loshaben will. »Vielleicht findest du ja was mit einem echten Guru, der dir zeigt, wie das alles geht?«, setzt er hinzu.

»Wie meinst du das?«, frage ich misstrauisch. Bisher stand er allem Spirituellen eher kritisch gegenüber, und nun schlägt er es mir sogar vor? Da stimmt doch was nicht …

»Na, du träumst doch schon so lange davon, irgendwann mal eine Ayurveda-Kur zu machen oder einen Monat in einen Ashram zu gehen. Wenn es dir guttut und du dann entspannter bist …?«

MO-MENT! Wer ist hier nicht entspannt? Ist das etwa ein Vorwurf? Eine Unterstellung?! Ich bin entspannt. So was von. SO WAS VON!!!

Mein Mann grinst nur.

Klar, ein echter Guru wäre toll. Am liebsten einer, der mein großartiges Wesen erkennt und mir sehr viele nette Dinge sagt. Und in einen Ashram wollte ich wirklich schon seit dem Abitur. Damals wollte ich allerdings auch wahlweise Medizin studieren und bei »Ärzte ohne Grenzen« arbeiten oder in einem alten Schulbus leben. Jetzt finde ich die Vorstellung, so richtig lang und weit weg zu sein, irgendwie befremdlich. Immerhin ist von mehreren Wochen die Rede, wenn man sich auf einschlägigen Seiten im Internet umsieht oder mit Menschen spricht, die so was schon mal gemacht haben. Ich glaube, dann bleibe ich doch lieber zu Hause. Ich werde immerhin gebraucht (das Druckerkabel und so …).

»Das sind alles nur Ausreden«, sagt er. »Indien wäre doch toll. Da kannst du ganz bei dir sein, Yoga machen, nur Gemüse essen, schweigen, jeden Tag meditieren und ... was man halt so macht, wenn man mal so richtig nichts macht. Und wir kommen hier auch ohne dich gut zurecht.«

Ich bin mir nicht sicher, ob ich das jetzt hören wollte. Abgesehen davon, dass meine Familie mich wohl doch entbehren kann, kann ich mir jetzt schon vorstellen, wie ich dort sitze und bei der Guru-Meditation anstatt an die üblichen Einkaufszettel an meine Kinder denke und mich frage, was sie machen, ob es ihnen gut geht und sie klarkommen. Ich weiß, man kann es mir nur schwer recht machen. Aber vielleicht ist es ja gar nicht der Traum von damals, den ich jetzt unbedingt Wirklichkeit werden lassen muss, sondern nur die Ruhe, die mir ab und zu fehlt. Mit der Betonung auf ab und zu. Immer kann ich das ja sowieso überhaupt nicht brauchen, wenn man es genau nimmt. Am liebsten hätte ich es gern schön ausgewogen. Meine Kinder, mein Mann und ein paar Freunde – alle um meinen Tisch, Musik, Essen, Wein und Gelächter. Und dann wieder Stille, Alleinsein, Konzentration. Alles schön wohldosiert. Am liebsten täglich.

»Jetzt weiß ich, was du willst!«, sagt Holger triumphierend. Ich habe keine Ahnung, wovon er spricht, freue mich aber darüber, dass ich einen Partner habe, der mich anscheinend besser kennt als ich mich selbst. So was in der Art würde ich jetzt auch einem Guru zutrauen, und bin beinahe gewillt, meine geistige Kontemplation in Holgers Hände zu legen. Wer braucht schon Indien, wenn er so einen Mann zu Hause hat?

»Was will ich denn?«, frage ich also neugierig.

»Na, dasselbe wie immer: alles!« Er lacht. Ich möchte etwas nach ihm werfen, ganz meditativ natürlich, aber da ist nichts Passendes außer zwei Rippchen meiner Lieblingsschokolade, und die kann ich unmöglich opfern.

Ein Guru würde so was niemals sagen. Zumindest nicht so.

»Eine Idee habe ich noch«, sagt er nun versöhnlich und schielt auf die Schokolade, was mich zusätzlich misstrauisch macht. Vorsichtshalber stecke ich schnell den größten Teil davon in den Mund, nicht dass noch was passiert.

»Ja?«

»Warum gehst du nicht einfach ein paar Tage ins Kloster? Ich habe gehört, da gibt es welche, in denen kann man schweigen.« Er grinst. »Sogar ein paar Tage am Stück. Und wenn du das dort übst und dann richtig gut kannst, dann haben wir am Schluss alle was davon.«

Wie gut, dass die Schokolade weg ist.

Also gut. Indien ist zu weit. Schweigen will ich nicht, meditieren kann ich immer noch nicht. Ich will auch nicht wirklich alles, da lag mein Mann falsch. Ich sehne mich nur nach Zeit mit dem Menschen, den ich womöglich in den letzten Jahren ein wenig vernachlässigt habe: mit mir selbst.

Vielleicht muss ich die Guru-Suche aufgeben. Vielleicht ist das auch nicht schlimm (solange ich die restliche Schokolade behalten darf).

Den Zettel an meiner Tür habe ich jedenfalls abgehängt. Stattdessen arbeite (und meditiere) ich jetzt mit Kopfhörern und binauralen Klängen, die meine Gehirnaktivität je nach Bedarf stimulieren oder beruhigen. Ich finde, das klappt wunderbar. Selbst, wenn es nur dazu führt, dass ich nicht alles höre, was außerhalb meines kleinen Universums passiert, bin ich absolut zufrieden damit.

Und ja, ich meditiere wirklich nach wie vor, auch wenn ich keinen Guru gefunden habe, der mir sagt, wie es geht. Ich setze mich einfach dabei nicht mehr unter Druck. Schließlich will ich nicht an einem Meditationswettbewerb teilnehmen oder so. Wenn mir beim Meditieren mein Einkaufszettel einfällt, schreibe ich die Dinge auf, die mir fehlen. Allein das Wissen, dass ich Zettel und Stift neben mir liegen habe, entspannt mich ungemein. Ich meditiere auch nicht regelmäßig, nicht zu einer festen Uhrzeit und mehr als zehn Minuten schon gar nicht, sondern wenn und wie lange es sich ergibt. Ich bin davon überzeugt, dass hier jeder seinen eigenen Weg finden muss.

Wenn ich beim Meditieren (oder was auch immer ich da eben mache) einschlafe, freue ich mich über den unverhofften Mittagsschlaf. Und wenn ich gar nicht erst ans Meditieren denke, weil ich tausend andere Dinge zu tun habe, dann ist es auch gut. Dafür habe ich begonnen, mir selbst abends vor dem Einschlafen noch einmal meine fünf Tageshighlights vor Augen zu führen. Manchmal sind es auch nur drei. Manchmal erzähle ich Holger davon. Manchmal nicht. Hauptsache, ich nehme die großen und kleinen Dinge, die die Tage unverwechselbar und besonders machen, wahr und mache mir bewusst, wie gut es mir geht. Und das tut es.

Wenn ich genau darüber nachdenke, habe ich den Guru ja ganz nebenbei vielleicht doch noch gefunden.

Was war das noch mal?

Guru: Ein (hauptsächlich spiritueller) Lehrer. In der indischen Tradition gibt es allerdings vier verschiedene Guru-Ebenen, wovon die ersten beiden eher weltlich orientiert sind: Auf der ersten Ebene befinden sich die Eltern. Sie schenken der Seele den Körper und weisen ins Leben ein. Auf der zweiten sind Lehrer:innen, Professor:innen und alle Meister:innen – eben diejenigen, die für die weltliche Ausbildung zuständig sind. Auf der dritten Ebene befinden sich diejenigen (Sie wissen schon, es sind jeweils alle Geschlechter gemeint), die selbst in Verbindung mit dem Göttlichen stehen und die Unwissenheit ihrer wissbegierigen und respektvollen Schüler vertreiben. Auf der vierten Stufe stehen die kosmischen Lehrer – die sogenannten Avatare. Sie sind eine göttliche Inkarnation. In den 1970er-Jahren und später gab es vor allem in den USA und Europa einige »Gurus«, die auf keine der Ebenen gehörten und die die Sinnsuche vieler Menschen für ihre meist fragwürdigen Zwecke ausgenutzt haben. Dank ihnen war der Begriff ziemlich lange eher negativ belegt. (https://wiki.yoga-vidya.de/Guru)

Ashram (oder Aschram): Laut Wikipedia ein Ort, ein Kloster oder Zentrum meist in Indien, an dem man für eine Weile leben kann, um einer bestimmten spirituellen Lehre zu folgen.

(https://de.wikipedia.org/wiki/Aschram)

Binaurale Klänge: Heinrich Wilhelm Dove, ein deutscher Physiker, hat 1839 in seinem Fachwerk *Repertorium der Physik* ein Phänomen beschrieben, das lange Zeit niemand so richtig zu interessieren schien, bis in den 1970er-Jahren der New Yorker Dr. Paul Oster das Thema wieder aufgegriffen und weiterverbreitet hat. In Kürze: Dabei geht es darum, dass wir dank einer Meisterleistung unseres Gehirns in der Lage sind, zwei minimal unterschiedliche Frequenzen nicht nur wahrzunehmen, sondern auch die Differenzfrequenz selbst zu kreieren (ein bisschen kann man es sich wie beim räumlichen Sehen vorstellen, bei dem ja auch erst das Gehirn das komplette Bild erstellt). Es funktioniert auch bei einer sehr geringen Lautstärke und Frequenz. Und was ist jetzt so toll daran? Also: Bei allem, was wir so machen, entstehen ebenfalls Wellen in unterschiedlichen Frequenzbereichen (kann man im EEG sichtbar machen). Je nachdem, ob wir schlafen, meditieren oder konzentriert lernen, ist die Frequenz höher (weil höhere Leistung) oder niedriger (weil tiefenentspannt). Das kann man sich zunutze machen und Klänge aus dem jeweiligen Frequenzbereich abspielen, um das Gehirn zu stimulieren oder für Entspannung zu sorgen. Ob es funktioniert, muss jeder für sich selbst sehen. Binaural heißt übrigens »mit beiden Ohren«. Wer binaurale Klänge oder auch Binaural Beats also ausprobieren möchte, braucht Stereo-Kopfhörer. (https://www.foodspring.de/magazine/binaurale-beats)

Übrigens: Wer Stille und innere Einkehr tatsächlich in Deutschland sucht, findet evangelische, katholische und ökumenische Klöster beispielsweise hier: https://stillefinden.org

Bei Meditation bin ich raus!

Haben Sie manchmal Stress?

Scherz. Klar haben Sie das. Jeder hat Stress heutzutage: Die Deadline im Job macht Stress. Der bevorstehende Kindergeburtstag macht Stress. Der Zoff mit der Schwiegermutter macht Stress. Die Mahnung in der Post macht Stress. Und die rote Ampel erst, wenn Sie ohnehin spät dran sind … Außerdem gibt es natürlich noch die Dinge, die positiv aufwühlen: Beförderung, Hochzeit, Urlaub – auch so was kann aufregend sein.

Rein körperlich ist Stress eine Reaktion aus der Urzeit: Ein Säbelzahntiger nähert sich, wir müssen reagieren. Entweder kämpfen oder fliehen, alles andere ergibt keinen Sinn. Normalerweise wären wir gegen das Vieh chancenlos, hätten wir da nicht einen besonderen Trick auf Lager:

Unsere Nebenniere empfängt Notfallsignale aus der Kommandozentrale im Gehirn und schüttet eilig Cortisol und Adrenalin aus, die uns kurzfristig Superkräfte verleihen. »Alarm! Lebensgefahr! Alle Energie raus aus den überflüssigen Funktionen, sofort rein damit in die überlebenswichtigen Systeme!«, kommandieren diese Hormone.

Das heißt: mehr Blutzucker, um den Muskeln Power zu geben. Herzschlag und Atem beschleunigen sich, der Körper bekommt eine Extraportion Sauerstoff. Und schwupps, können wir besser kämpfen und schneller laufen, sogar schärfer sehen! Also genau das, was in dieser Krisensituation zählt. Wer braucht in diesem Moment schon die Schilddrüse oder die Verdauung? Die haben mal kurz Pause, bis wir in Sicherheit sind.

Nun ist es aber im Auto an der roten Ampel oder am Schreibtisch und sogar beim Streit mit der Schwiegermutter gar nicht so, dass man abhauen oder kämpfen könnte, selbst wenn einem danach wäre. Trotzdem reagieren wir auf Ampel, Deadline oder Schwiegermonster wie auf einen Säbelzahntiger. Der ganze Körper ist angespannt und darauf eingestellt, eine Riesendosis Power zu entladen – aber nichts passiert.

Na ja. Das ist dann eben so. Blöd gelaufen. Und wenn es einmal vorkommt, ist das auch nicht weiter tragisch. Stehen wir aber dauerhaft unter Stress, wird es kritisch: dass ein permanent erhöhter Muskeltonus zu Verspannungen führt, ist da noch das geringste Problem. Schlimmer sind die Auswirkungen auf den Blutdruck und das Herz-Kreislauf-System. Wer will schon einen Herzinfarkt, bloß wegen ein bisschen Dauerstress?

Übrigens sind auch Verdauungsprobleme, Tinnitus, Abgeschlagenheit, Kopfschmerzen, Reizbarkeit, Angstzustände, Motivationslosigkeit, Vergesslichkeit und Müdigkeit kein Pappenstiel. Nein, das möchten wir alles nicht!

Auch wenn ich Selbstoptimierung grundsätzlich für einen maßlos übertriebenen Hype halte, sehe ich doch ein, dass Stressabbau nötig ist, will man gesund bleiben. Aber bitte, bitte nicht durch Meditation! Anders als Lucinde erkläre ich mich hiermit feierlich und in aller Öffentlichkeit zur Meditationshasserin ersten Grades!

Wer mir angesichts meines Arbeitspensums rät, ich müsste doch dringend mal meditieren, dem teile ich auf diesem Wege mit: nein, muss ich nicht!

Wann immer es am Ende eines Sportkurses heißt, zum Abschluss würde jetzt noch nett meditiert, rolle ich flugs meine Matte zusammen und husche aus der Halle. Nichts wie weg! Ich will nicht in mich hineinhorchen und mich erspüren. Ich habe keine Lust, meine Chakren kennenzulernen. Und schon gar nicht will ich auf meinen Atem achten (denn wenn ich das täte, würde ich ruckzuck hyperventilieren). Ganz ehrlich? Ich finde, das sollte mein Körper allein hinkriegen, ohne dass ich mich darauf konzentriere. Herzschlag, Atmung, Verdauung – das soll bitte schön automatisch klappen. Ich kann mich doch nicht um alles kümmern!

Und überhaupt – schließlich geht es doch darum, Stress abzubauen, nicht darum, sich aufzuregen. Ich rege mich aber auf, wenn ich diese sphärischen Klänge nur höre, die bei Meditationen als Hintergrundmusik dudeln. Jeder Geigen-Anfänger-Übungsstunde würde ich lieber lauschen! Und dann der säuselnde Tonfall, den die Übungsleiter automatisch annehmen, wenn sie die Gruppe auf eine Traumreise schicken. Die anderen mögen sich ja davon einlullen lassen, aber ich bestimmt nicht! Ich will nach Hause, nicht auf Traumreise gehen. Nämlich.

Sie sehen, ich bin wohl kein spiritueller Typ. Aber ein neugieriger. Zwar habe ich keine Lust auf Meditation, aber interessiere mich dafür, was es damit auf sich hat. Sind Sie dabei?

Wörtlich bedeutet Meditation übrigens »nachdenken, überlegen«, was ja an sich immer eine gute Sache ist. Mit der Übersetzung »die eigene Mitte finden« kann ich persönlich zwar weniger anfangen (wo ist die Mitte? Am Bauchnabel?), aber rein sprachlich ist die Verbindung zum lateinischen »medius/media/medium« (mittlere/r/s) naheliegend. Also sei's drum.

Zurück zum Thema. Fakt ist nämlich, dass meditieren tatsächlich gegen Stress helfen kann – zumindest, wenn man nicht so genervt darauf reagiert wie ich, denn dann ist eher das Gegenteil der Fall.

Also – warum hilft es gegen die körperlichen Auswirkungen der überschüssigen Stresshormone Cortisol und Adrenalin, wenn man seinen Geist auf einen Gegenstand, einen Gedanken oder auch auf den eigenen Atem lenkt?

Tatsächlich schafft es der Körper im Entspannungsmodus zu regenerieren. Statt Fluchtbereitschaft, Anspannung, Ängstlichkeit und Reizbarkeit empfindet man wohltuende Ausgeglichenheit und Ruhe. Das kann ja schon mal nicht ungesund sein – wenn es denn funktioniert. Und tatsächlich scheint der Stressabbau durch Meditation besonders gut zu gelingen. Sogar die Stresshormone werden dabei reduziert!

Falls Sie also gerne meditieren, nur zu! Solange ich nicht mitmachen muss.

Fragen Sie sich, wie genau das geht? Sitzt man da in unbequemem Schneidersitz und grübelt (während einem die Füße einschlafen) darüber nach, wie sich das Klatschen einer einzelnen Hand anhört?

Okay, ich habe mich für Sie schlaugemacht.

Es gibt die unterschiedlichsten Meditationstechniken, was vermutlich daher kommt, dass es zahlreiche Richtungen, Traditionen und Schulen gibt. So praktiziert man die Meditation nicht nur im Buddhismus, sondern auch im Hinduismus, Konfuzianismus und Christentum. Und selbstverständlich kann man auch ganz ohne religiösen Hintergrund meditieren.

Rein praktisch gesehen gibt es passive Formen der Meditation (wie Stille- und Ruhemeditation oder Klangmeditation) und eher aktive Formen, zu denen nicht nur Yoga zählt, sondern auch die Kunst der Gartengestaltung, Kampfkunst, die Kunst des Bogenschießen und sogar Tantra (wobei ich vermute, dass stinknormaler Matratzensport ungefähr ebenso viel Stress abbaut). Nicht zu vergessen die berühmte Teezeremonie! Ich habe mich schon immer gefragt, wie viele Beruhigungsmittel man genommen haben muss, um das zu ertragen. Bis zu vier Stunden Brimborium für eine Tasse Tee! Ich gehöre eher zu der Fraktion Wasserkocher an, Beutel rein, zack, fertig. Eine echte Teezeremonie würde ich wohl nur unter Drogen (am besten in Vollnarkose) überstehen.

Sie können übrigens auch beim Geschirrspülen meditieren. Das heißt dann »Samu« (nicht zu verwechseln mit dem gleichnamigen *The-Voice*-Juror) und bedeutet, dass man alles mit dem wachen Geist, der Achtsamkeit und der Gelassenheit des Zen-Buddhismus verrichtet, sei es Hausarbeit, Buchhaltung oder Rasenmähen.

Spontan denke ich an die fast schon aufreizende Betulichkeit der Dallmayr-Verkäuferin aus dem Werbefernsehen der späten Neunziger, die zu (meditativen?) Klavierklängen die Kaffeebohnen eher streichelt als zackig abfüllt. Das hat mich damals schon wahnsinnig gemacht! Und wie sie in Zeitlupe ihre strahlend weiße und faltenfrei geplättete

Schürze bindet! Zum Wahnsinnigwerden. Ja, das ist reinste Samu-Meditation. Da schütte ich ja schon beim Zuschauen Cortisol aus!

Wenn ich mich entspannen will, mache ich einfach mal gar nichts. Sehr gut ist auch: aufs Meer gucken. Oder lesen. Oder ...

Ja, falls es Ihnen so geht wie mir und Meditation einfach nicht Ihr Ding ist, habe ich zwei völlig unspirituelle und dennoch effektive Anti-Stress-Tipps für Sie. Erstens: spazieren gehen. Und zweitens: lachen!

Sie glauben, diese Tipps sind hanebüchen? Im Gegenteil! Manchmal sind die effektivsten Lösungen viel einfacher, als man so denkt. Zumal beide schon seit Urzeiten funktionieren – lange bevor das Wort Selbstoptimierung überhaupt erfunden war.

Spazierengehen ist tatsächlich das reinste Wundermittel! Es stärkt das Immunsystem, macht gute Laune, senkt das Risiko für Demenz sowie bestimmte Krebserkrankungen und beugt Krankheiten wie Bluthochdruck, Diabetes, Osteoporose oder Herz-Kreislauf-Problemen vor. Darüber hinaus stärkt es Konzentration und Gedächtnisleistung, macht kreativ, hilft beim Problemelösen und (Achtung, jetzt kommt's!!!) senkt den Cortisolspiegel. Mit anderen Worten: Spaziergänge bauen Stress ab und sind ganz nebenbei auch noch für fast alles andere gut. Nebenwirkungen: keine. Alles, was Sie brauchen, sind gutes Schuhwerk und Kleidung für jede Witterung. Haben Sie doch eh im Schrank, stimmt's?

Klingt so, als wäre das kaum zu toppen. Aber das Beste kommt zum Schluss: Wussten Sie, wie gesund ein gepflegter Lachanfall ist? Denn dabei wird die Muskulatur entspannt, der Blutdruck gesenkt und die Ausscheidung von Cholesterin gefördert. Außerdem werden jede Menge Endorphine (Sie wissen schon: Glückshormone!) ausgeschüttet, die Bronchien erweitert und die Abwehrzellen aktiviert. Stresshormone dagegen können wir einfach weglachen – denn während wir vor uns hin glucksen, reduziert sich der Spiegel von Cortisol und Adrenalin im Blut ganz automatisch. Lachen ist eben der größte Feind des Stresses. Und ganz nebenbei macht es uns zufriedener, kreativer, spontaner, belastungsfähiger, fröhlicher, produktiver … Sie sehen: Ich bin ein Fan! Hihi.

Lachen, schön und gut. Aber worüber?

Sie sind überzeugt von der wunderbar stressreduzierenden Kraft des Gelächters? Sehr gut. Allerdings können das nur die Wenigsten auf Kommando. Gefragt ist also ein Impuls, der so richtig herzhaft zum Lachen bringt. Hier ein paar persönliche Vorschläge:

Mit Elvis mitlachen!
Kennen Sie die Lachversion von *Are You Lonesome Tonight?* Dabei kriegt sich der King of Rock'n'Roll gar nicht mehr ein! Zwar setzt er immer wieder tapfer an und versucht weiterzusingen, prustet jedoch

immer wieder los. Sein Lachen ist nicht nur höchst sympathisch, sondern vor allem auch unglaublich ansteckend. Probieren Sie es aus – wirkt garantiert! (Und falls Sie sich über ein bisschen nutzloses Wissen am Rande amüsieren: Die schrille Backgroundsängerin, die sich von Elvis' Gekicher nicht irritieren lässt und tapfer weitersingt, ist Cissy Houston, die Mutter von Whitney Houston.)

Witz, komm raus
Zugegeben, es gibt mehr lahme Witze als richtig gute, aber einige sind dermaßen lustig, dass man sich stundenlang darüber beömmeln könnte. Natürlich ist das Geschmackssache, aber vielleicht inspiriert Sie ja einer meiner Lieblingswitze (Vorsicht, leicht blasphemisch):

Moses steigt herab vom Berg Sinai und sagt: »Leute, ich habe eine gute und eine schlechte Nachricht für euch. Die gute: Ich hab ihn auf zehn runtergehandelt. Die schlechte: Ehebruch ist immer noch drin.«

YouTube, eine unerschöpfliche Quelle
Haben Sie Jugendliche oder junge Erwachsene in der Familie? Dann lassen Sie sich von ihnen doch einfach mal ihre Lieblingsvideos auf YouTube oder TikTok vorführen. Einige sind urblöd, doch bei vielen bleibt tatsächlich kein Auge trocken. Wenn ich da an den Typen denke, der erst ganz liebevoll einen Milchkaffee zubereitet und dann dermaßen eskaliert, dass

alles überläuft! Oder den Briten, der im Wohnzimmer ein Planschbecken aufstellt, worin er biertrinkenderweise die Fußball-WM verfolgt – und sich dann einen gepflegten Anschiss von seiner Partnerin abholt, weil er leider nicht darüber nachgedacht hat, wie er das Wasser da wieder rausbekommt, ohne Schaden anzurichten ... Und glauben Sie mir: Joko-und-Klaas-Videos gehen immer! Nicht zu vergessen der Meister des feinen Alltagshumors, Loriot! Für Einsteiger empfehle ich »Die Benimmschule«. Und »Herren im Bad«. Und natürlich »Das Jodeldiplom«. Und ... Ach, genießen Sie einfach all seine Sketche und Filme. Viel Spaß!

Zuschauen ist gut, mitmachen ist besser!
Auch wenn sie schon einige Jahrzehnte auf dem Buckel haben, sind die Sketche aus Monty Python's Flying Circus auch heute noch so witzig wie eh und je. Haben Sie schon mal versucht, die lustigen Gangarten aus dem »Ministry of Silly Walks« nachzumachen?

Lustige Serien und Filme
Über *The Big Bang Theory* könnte ich mich immer wieder amüsieren, und *Hot Shots 2* hat mir tatsächlich Muskelkater im Bauch beschert, so sehr musste ich darüber lachen! Und das Format »LOL – Last One Laughing«, bei dem Comedians sich gegenseitig zum Lachen bringen sollen, ohne selbst eine Miene

zu verziehen, ist einfach genial. Welche Filme und Serien finden Sie lustig?

»Blaukraut bleibt Blaukraut …«
Niemand schafft es, Zungenbrecher fehlerfrei aufzusagen – jedenfalls nicht mehrmals hintereinander und so richtig schnell. Wetten, dass die Versprecher Sie zum Losprusten bringen? (»… und Blaukreid breibt Kraubleit.«)

Bücher von Arto Paasilinna
Natürlich gibt es jede Menge lustige Bücher, bei deren Lektüre ich sehr gelacht habe. Doch dieser Autor ist (jedenfalls für meinen Geschmack) ein absoluter Gacker-Garant! Nicht zufällig gilt der Finne als »Großmeister des skurrilen Humors«. Beim Lesen seiner Romane muss ich regelmäßig loswiehern!

Achtung, fertig, Grimassenschneiden!
Als Lucinde und ich zum Fotoshooting für unser erstes gemeinsames Buch waren, bat uns Gaby Gerster – unsere geniale Fotografin – zwischendurch immer mal wieder, Grimassen zu schneiden. Das entspannte nicht nur ungemein die Gesichtszüge, die vom stundenlangen Lächeln ganz verkrampft waren, sondern sah auch saukomisch aus. Von einem der dämlichsten Motive haben wir Abzüge machen lassen, einer davon hängt über meinem Schreibtisch und hebt meine Laune, sooft ich hinschaue.

Probieren Sie es doch selbst mal aus: entweder im Spiegel oder – noch besser – mit einem Gegenüber. Viel Spaß!

Spielen – ganz und gar kein Kinderkram!
Ich liebe Gesellschaftsspiele, vor allem solche, bei denen es viel zu lachen gibt. Beste Beispiele dafür sind *Nobody is Perfect* (passender könnte der Name nun wirklich nicht sein! Sie kennen es ja bereits aus unserem Quiz auf Seite 64), *Knätsel* und natürlich *Twister* … Nicht ganz so gut (ach was, überhaupt nicht!) geeignet sind dagegen *Mensch ärgere dich nicht* oder *Monopoly*.

Geht ein Yogi zum Lachen in den Keller …
Nein, ich hab mir das nicht ausgedacht. Therapeutisches Yogalachen gibt es tatsächlich. Man trifft sich in Gruppen bei einem Lachguru und – na ja – lacht. Erst mal künstlich, aber das geht früher oder später in ein echtes Lachen über, mit allen positiven Nebenwirkungen. Lachyoga braucht keinen Anlass, keinen Witz, keine Gags, nicht mal jemanden, der auf einer Bananenschale ausrutscht. Finde ich ehrlich gesagt gar nicht so übel. Irgendwann muss ich das mal ausprobieren. Wenn schon Meditation, dann Lachyoga!

Weiter, schneller, gewagter: Freizeitaktivitäten und Urlaube

Im Grunde ist es ja ganz egal, wie man Entspannung findet. Wer wie Heike gerne lacht, hat auf jeden Fall gute Chancen, nicht lange suchen zu müssen. Auch Meditations-, Entschleunigungs- und Achtsamkeitsfans dürften im Alltag oder zumindest am Wochenende auf ihre Kosten kommen. Sie brauchen schließlich nichts dafür – außer Zeit. Klar, die muss man sich auch nehmen, aber im Gegensatz zu den Viel-, Weit-, Welt- und Extremreisenden ist das im Verhältnis durchaus bewältigbar. Die haben, was ihre Freizeitgestaltung angeht, einen gewissen Ehrgeiz: Ostern auf den Malediven, für ein Wochenende nach Island und Snowraften in Kanada über Silvester. Hauptsache immer weiter, schneller und höher – und am besten immer dokumentiert vom eigenen Smartphone, damit auch den anderen bewiesen ist, wie cool, mutig, reich und individuell man ist.

Gewisse Freizeit- und Reiseanbieter verdienen sich damit eine goldene Nase, immer neue waghalsige Abenteuer für gut zahlende sportliche Erwachsene zu ersinnen. Das sind auch die, die Teambuilding-Events und Aktivitäten organisieren, bei denen man fliegt, Schutzkleidung oder gar nichts außer einem Messer trägt und erst mal googeln muss, was das alles überhaupt auf Deutsch heißt.

Natürlich soll jeder reisen, wie er will. Es steht mir auch nicht zu, die Reisevorlieben von anderen zu beurteilen –

muss schließlich jeder selbst wissen, wie er seine Freizeit verbringen möchte. Schon klar. Manchmal kommt es mir allerdings vor, als müssten diese Menschen immer eins draufsetzen. Sogar auf ihre eigenen Urlaube. Als würden sie sich nur dann richtig spüren, wenn sie an irgendeinem Seil baumeln, sich verlaufen, beinahe ein Bein verlieren oder wenigstens vierundzwanzig Stunden in einem Flugzeug gesessen haben.

Wenn ich auf Instagram Fotos von solchen Menschen in fragwürdigen Posen an Orten sehe, die der liebe Gott nur für Vögel vorgesehen hat, wird mir allerdings eher schlecht. Ich hab's nicht so mit der Höhe. Ich hab's auch nicht so mit der Tiefe, weshalb ich auch Tiefseetaucherbilder nur so halb genießen kann. Am allerwenigsten habe ich es allerdings mit Menschen, die keinerlei Respekt und Demut gegenüber der Natur empfinden. Es macht mich wütend und traurig, wenn ein seltenes Tier oder ein bisher unberührter Ort wie eine Trophäe der Allgemeinheit präsentiert wird.

Dabei bin ich durchaus fernwehgeplagt und reagiere auf Fotos von Palmen, Strand und Meer mit einer Art pawlowschem Reflex: Ich bekomme einen unglaublichen Hunger nach Sonne, Salz und Wasser und bin bereit, alle meine Verpflichtungen als nichtig anzusehen und meine Koffer zu packen. Auch weit entfernte Länder gehören zu meinen Sehnsuchtszielen. Neuseeland. Australien. Korea. Mexiko. Bhutan. Tibet. Indien.

Mein Fernweh hält nicht ewig, zum Glück, sonst würde ich vermutlich den ganzen Tag trübsinnig auf meine imaginäre Weltkarte mit all den Stecknadelzielen starren, die ich so unglaublich gern bereisen würde. Alternativ könnte ich einfach auch in einem dieser Länder leben.

Gefühlt wandere ich einmal pro Jahr aus. Spätestens im Herbst könnte ich los, denn alles, was mit Kälte oder Wind einhergeht, ist nichts für mich.

Tatsächlich habe ich immerhin ein paar Jahre in Spanien, England, den USA und Japan gelebt, und wenn es für uns die Möglichkeit gäbe, noch einmal für eine gewisse Zeit ins Ausland zu gehen – ich wäre dabei. Aber leider ist mein Mann da ganz anderer Meinung. Für ihn ist der Wechsel der Jahreszeiten vor seiner Tür ein großartiges Schauspiel, er liebt sowohl den Herbst als auch den Winter und ganz besonders dieses Stückchen Erde, auf dem die Apfelbäume stehen, die seine Familie seit mehreren Generationen hegt und pflegt. Auch, wenn es nicht mein eigenes großes Glück ist, kann ich ihn doch verstehen und finde das toll. Ja, manchmal bin ich sogar ein wenig neidisch darauf, dass er einen Ort gefunden hat, an dem er bleiben möchte. Mein sehnsuchtsvolles und rastloses Herz könnte ein wenig Angekommensein durchaus vertragen.

Wenn wir zur Apfelernte auf dieser Wiese sind, Zwiebelkuchen essen und Punsch trinken, fühle ich es beinahe auch. Irgendwie. Es gibt keinen Handyempfang und im weltweiten Netz vermutlich sowieso niemanden, den es interessiert, wenn dort ein Apfel vom Baum fällt. Ich muss nicht posten, wie ich in alten Klamotten auf einem umgedrehten Eimer sitze und ein Würstchen über dem Feuer grille, denn es ist schlicht viel zu unspektakulär. Herrlich.

Die Kinder klettern auf den Bäumen rum, mähen den Rasen, fahren Traktor, bewerfen sich mit fragwürdigen Dingen und haben mehr Spaß, als sie vermutlich bei einer Flusssafari im Mekong oder einem Hubschrauberflug über Shanghai hätten. Nicht, dass ich solche Reisen nicht machen würde oder noch nie gemacht hätte – oder Lust hätte, sie zu machen. Aber für das, was wir als Familie erleben wollen, ist es schlicht nicht nötig. Und ja, ich gehe unglaublich gern im Schwarzwald oder auf der Schwäbischen Alb wandern, finde die Gegend um den Chiemsee herum wunderschön und liebe es, am Neckar entlang Fahrrad zu fahren. Ich mag deutsches Essen – ganz besonders das aus dem Süden und dem Norden, Weinberge, Biergärten, Badeseen und Kanufahren auf sauberen Flüssen. Ich liebe es, dass wir so nah an so vielen anderen Ländern sind, und manchmal, wenn ich es kaum noch aushalte, fahre ich ein winziges Stündchen ins Elsass, gehe in den Supermarkt und fülle meine Ohren, meinen Magen und mein Herz mit Frankreich.

Wenn ich in Deutschland unterwegs bin, bin ich total entspannt und erfüllt von der schönen Natur, dem Glück, Sonne im Gesicht zu spüren, den Hügeln und Tälern, den Wäldern und dem strahlend blauen Himmel darüber. Aber trotzdem ...

... verreise ich einfach gern. Und ich liebe meine Familie. Zumindest vor dem Urlaub. Danach, ganz unter uns, bin ich durchaus froh, wenn die Koffer ausgepackt sind und die Schule oder die Uni wieder anfängt. Genau deshalb muss ich auch keine Fernreisen mit ihnen machen.

Meist sind unsere Urlaube nämlich von etwas geprägt, das mir gerne auch an Weihnachten passiert. Vordergründig hat das Fest der Liebe mit Reisen ja nicht unbedingt so wahnsinnig viel gemeinsam, aber wenn es dann so weit ist, reduziert sich beides auf eine Essenz: Sowohl Urlaube als auch Weihnachten zeichnen sich schließlich dadurch aus, dass sie jeweils in der Theorie ganz toll sind. Entspannte

Zusammenkünfte der Familie, geprägt von gemeinsamem Lachen, einem ausgewogenen Maß an Abenteuer und Muße, gutem Essen und allgemeinem Wohlbefinden, weil man ja endlich mal Zeit hat, in Ruhe mit den Menschen zusammen zu sein, die man liebt. Was sich aber leider in der Praxis eher nur so halb bewahrheitet.

Oh, an der Liebe ist alles richtig. Es ist genau dieselbe Liebe, die ich empfinde, wenn ich meine Kinder beim Schlafen beobachte, ihre engelhaften, entspannten Gesichter sehe und mein Herz vor Glück hüpft, weil sie so gut geraten sind. Auch das hält nur, bis sie aufwachen und ich erkenne, dass sie zwar auf ihre eigene, ganz besondere Weise toll, aber auch immer noch die gleichen, ein wenig lauten und mitunter ziemlich anstrengenden Teenager oder jungen Erwachsenen sind, als die sie auch am Abend zuvor in ihr Bett fielen. Wenn sie wach sind, liebe ich sie schon auch – aber eben anders.

Was ich damit sagen will, ist Folgendes: Auch wenn in meinem Wunschdenken und meiner Vorstellung Kinder, Weihnachten und Urlaube mit der Familie andauernde Zustände der Glückseligkeit sind, so ist die Realität eben ... ein wenig realistischer. Obwohl ich das ganz genau weiß, falle ich trotzdem jedes Mal wieder darauf herein. Und jedes Mal nehme ich mir hinterher vor, es mir in Zukunft besser zu merken. Es gelingt mir – nie.

Trotzdem: Reisen macht glücklich und es bildet.

Vor allem, wenn man sich vorher mit seinem Reiseland beschäftigt. Dazu muss man sicher keinen Volkshochschulkurs in Landeskunde belegen, aber es ist doch ganz schön, wenn man ein wenig Grundwortschatz beherrscht. Und wer es gern exotisch mag, hier sechzehn echte »Wortschätze«, die im Deutschen leider fehlen:

- **Uitwaaien** (Niederländisch): hinausgehen, um sich düstere Gedanken vom Wind aus dem Kopf wehen zu lassen
- **Poronkusema** (Finnisch): Strecke, die ein Rentier zurücklegen kann, ohne Wasser zu lassen – ca. 7,5 km – wörtlich: Das Pissen des Rentiers
- **Sobutlylnik** (Russisch): jemand, den man braucht, um gemeinsam eine Flasche Wodka zu trinken; wörtlich: »Mitfläschler«
- **Kaapshljmurslis** (Lettisch): Person, die in öffentlichen Verkehrsmitteln zwischen anderen eingequetscht ist
- **Jayus** (Indonesisch): Ein Witz, der so schlecht erzählt wird, dass man darüber fast schon wieder lachen muss
- **To tartle** (Schottisch): Bei der Vorstellung einer Person herumdrucksen, weil einem der Name nicht einfällt
- **Ijiirashii**: (Japanisch): Freude, wenn jemandem etwas gelingt, dem man es nicht zugetraut hatte
- **To coddiwomple** (Englisch): Absichtlich zu einem unbekannten Ziel reisen
- **Pilkunnussija** (Finnisch): Person, die Rechtschreibung und Grammatik auch völlig Fremder übereifrig und penibel korrigiert
- **Mångata** (Schwedisch): Reflektion von Mondlicht auf Wasser, die wie eine schimmernde Straße aussieht
- **Awumbuk** (Papua): Gefühl von Leere und Schwere, wenn die Gäste gegangen sind – dagegen hilft eine Schüssel mit Wasser, die an die frische Luft gestellt wird
- **Kuchii sabishii** (Japanisch): ich bin nicht hungrig, aber mein Mund ist einsam

- **Age otori** (Japanisch): nach einem Haarschnitt schlechter aussehen als vorher
- **Kalsarikännit** (Finnisch): sich alleine zu Hause in Unterwäsche betrinken
- **Akihi** (Hawaiianisch): eine Wegbeschreibung hören, loslaufen und die Beschreibung dabei vergessen
- **Pisan-Zapra** (Malaiisch): Zeit, die es benötigt, eine Banane zu essen

Zu finden sind manche von diesen und andere großartige Wörter in *Lost in Translation – unübersetzbare Wörter aus der ganzen Welt* von Ella Frances Sanders, Dumont oder auch als Postkarten auf www.wortschatz.de – und um sie zu verschicken, muss man noch nicht einmal in den Urlaub.

Heike

Warum Achtsamkeit so furchtbar nervt

Ja, ich gebe es zu: Achtsamkeit geht mir auf den Wecker. Und zwar gehörig! Genauer gesagt ist es nicht die Achtsamkeit selbst, die mich nervt, sondern das ständige Gerede davon. Achtsamkeit, Achtsamkeit – wie das schon klingt! Mich erinnert es an ein militärisch gebrülltes »Achtung, stillgestanden!« – bloß dass gebrüllte Kommandos nicht sonderlich angesagt sind, im Gegensatz zu diesem allgegenwärtigen Wellnesstrend.

Wie konnte das eigentlich passieren? Noch vor zehn Jahren sprach kein Mensch davon. Allerhöchstens Psychotherapeuten, und das auch erst seit Ende der Siebziger, als medizinisches Achtsamkeitstraining zur Stressbewältigung aufkam. Heute dagegen kann man nicht einmal gepflegt über einen lästigen Werbeanruf oder ein Parkknöllchen oder den Baustellenlärm vor dem Bürofenster klagen, ohne dass irgendwer einem dringend ans Herz legt, doch mal eine Achtsamkeitsübung zu machen und tief durchzuatmen.

Nein, man kann ihr nicht entgehen, dieser neumodischen Achtsamkeit. Und wenn es schon unvermeidlich ist, ihr zu begegnen, will ich wenigstens wissen, was es damit auf sich hat.

Schauen wir mal genauer hin. Achtsamkeit wird definiert als eine absichtsvolle Form der Aufmerksamkeit, die sich nur auf die Gegenwart richtet und nicht bewertet.

Klingt jetzt nicht gerade spektakulär. Allerdings auch sehr theoretisch. Was bedeutet das konkret? Das frage ich mich wirklich. Wäre es etwa achtsam, wenn ich aufs Meer schaue, mich ganz im Anblick der Wellen verliere und glücklich bin? Ja, das klingt doch gut!

Wobei – Glück ist eindeutig positiv, und das wäre eine Wertung. Achtsamkeit dagegen soll laut Definition nicht werten. Außerdem passiert das Glücklichsein beim Aufsmeergucken eher nebenbei und zufällig, nicht absichtsvoll, denn Glück lässt sich nun mal nicht erzwingen, also scheidet dieses Beispiel leider doch aus. Zwei von drei Kriterien sind nicht erfüllt. Knapp daneben.

Aber wie wäre es damit: Ähnliche Situation wie im ersten Beispiel – ich sitze am Strand, und diesmal konzentriere ich mich mit voller Absicht auf das, was ich spüre. Wind und Sonne auf der Haut. Und Sonnencreme. Und Sand, der darauf klebt ... Nicht zu vergessen diese fiesen Sandmücken, die zwar nicht stechen können, aber zubeißen. Autsch!

Mist, jetzt habe ich schon wieder gewertet. Gar nicht so einfach, das mit der Achtsamkeit.

Ich nehme (nicht absichtsvoll und sehr wohl wertend) zur Kenntnis, dass mir offenbar kein passendes Beispiel einfällt. Auch gut. Denn eigentlich habe ich, wie erwähnt, mit Achtsamkeit eh nichts am Hut, also verschwende ich nicht länger meine kostbare Zeit damit, darüber nachzudenken, sondern arbeite lieber meine To-do-Liste ab.

Heute muss ich dringend ins Einkaufszentrum, das steht ganz oben auf dieser Liste. Seit einer Woche bin ich nämlich stolze Besitzerin eines neuen Smartphones, das ich allerdings noch nicht benutzen kann, weil ich keine Ahnung habe, wie man sämtliche Daten vom alten auf das neue Gerät kopiert.

Zwar bin ich sicher, mein Mann würde das locker hinbekommen, mein Sohn sowieso, aber die sind ja immer so beschäftigt. Außerdem hat der Typ im Handyladen freundlicherweise angeboten, das für mich zu übernehmen, und da sagt man ja nicht Nein.

Eigentlich hat er es schon letzte Woche, als ich das Ding bei ihm gekauft habe, erledigen wollen, aber die Sache scheiterte an einem fehlenden Kabel.

Ja, ich weiß, heutzutage braucht man normalerweise kein Verbindungskabel mehr zur Datenübertragung – man legt die beiden Smartphones einfach nebeneinander, schaltet Bluetooth ein und startet die Synchronisierung. Zack, abgehakt.

In meinem Fall funktionierte das allerdings nicht, weil mein altes Modell quasi aus der Steinzeit kommt. Genauer gesagt aus dem Jahr 2014. Es war mein allererstes Smartphone, und ich habe es benutzt, bis es mehr oder weniger den Geist aufgab und nur noch nach gutem Zureden träge reagierte. Ich persönlich finde sechs Jahre kein extrem hohes Alter für ein Elektrogerät, mein Föhn ist schon wesentlich länger im Dienst, und wir hatten sogar mal eine Waschmaschine, die fünfundzwanzig Jahre lang treu und tapfer durchgehalten hat. Smartphones sind da wohl etwas empfindlicher – oder altern schneller. Ich habe schon länger eingesehen, dass ich ein neues brauche, aber die Sache so lange wie möglich rausgezögert, weil mir vor der besagten Datenübertragung graute.

Ich weiß, das ist gar nicht so schwer. Und ich weiß auch, als emanzipierte Frau sollte ich es wenigstens mal probieren. Zugegeben, ich stelle mich blöd an. Aber das ist mein gutes Recht! Ich habe einfach keine Lust auf so was! Ich will es gar nicht können. Ich will einfach nur, dass es erledigt wird. Notfalls würde ich sogar dafür bezahlen! Aber das muss ich gar nicht. Ist nämlich ein kostenloser Service im Handyladen. Und wäre auch längst erledigt, wenn dieses blöde Kabel nicht gefehlt hätte.

Inzwischen habe ich es besorgt. Online bestellt, für knapp sieben Euro. Und mit diesem Sieben-Euro-Kabel mache ich mich jetzt auf den Weg zum Einkaufszentrum.

Der Verkäufer von neulich ist nicht da, dafür drängen sich drei Kunden in dem engen Laden, zwar alle mit Mund-Nasen-Schutz, aber keiner von ihnen trägt ihn korrekt. Ich finde das extrem unachtsam. Sicher Coronaleugner oder einfach nur Vollpfosten. Sicherheitshalber warte ich, bis die drei nacktnasigen Lümmel gegangen sind, bevor ich den Laden betrete und mein Anliegen schildere.

Die Mitarbeiterin, die heute da ist, betrachtet stirnrunzelnd, was ich da vor ihr auf der Theke ausbreite: mein Steinzeit-Handy, das neue – noch jungfräuliche – Smartphone und das Sieben-Euro-Kabel.

Letzteres gibt sie mir sofort zurück. »Brauchen wir nicht, das geht über Bluetooth«, verkündet sie munter, klemmt sich eine rosa gefärbte lange Haarsträhne hinters Ohr und macht sich sofort an die Arbeit.

Ich kann es nicht fassen. »Aber Ihr Kollege hat gesagt, ohne Kabel geht es nicht«, stammele ich verwirrt.

»Welcher Kollege war das denn?«

Ich habe mir den Namen nicht gemerkt, kann ihn aber einigermaßen gut beschreiben.

»Ach, der. Na ja, der kennt sich mit dieser Marke nicht so gut aus«, erfahre ich.

Na klasse. Der Typ hat es also einfach nicht hinbekommen und statt das zuzugeben, einfach das Märchen vom fehlenden Verbindungskabel erzählt!

Ich brauche einen Moment, um das zu verdauen. Vielleicht wäre es mithilfe einer Achtsamkeitsübung schneller gegangen, aber wozu? Ich habe ja Zeit.

»Das hier kann dauern«, erklärt die Rosahaarige. »Meine Güte, haben Sie viele Daten auf dem Gerät!«

Kunststück, es sind immerhin die Daten von sechs Jahren. Allein schon die Fotos ... Auch wenn ich in letzter Zeit einige davon gelöscht habe, weil die Speicherkapazität erschöpft war.

»Wie lange ungefähr?«, will ich wissen. Ich habe keine Ahnung, wie schnell Bluetooth Daten überträgt. Bluetooth, merkwürdiger Name eigentlich. Bei Gelegenheit muss ich dringend mal nachlesen, woher der kommt. Normalerweise würde ich das sofort tun, aber ich habe ja gerade kein Handy ...

»Na ja, gehen Sie einfach gemütlich einkaufen«, reißt mich Rosa, wie ich sie im Stillen nenne, aus meinen Gedanken. »Ich würde vorschlagen, wenn Sie in einer halben Stunde wiederkommen, sehen wir weiter.«

Ich hatte gar nicht vor, heute shoppen zu gehen und brauche auch gar nichts. Eigentlich wollte ich nur schnell diese Handysache erledigen und dann zurück an den Schreibtisch. Tja. Was tun?

Zum Einkaufszentrum gehören mehrere kleine Läden wie ein Schuh- und Schlüsseldienst, eine Boutique, ein

Schmuckgeschäft, ein Blumenladen, ein Frisör, eine Apotheke – und ein ziemlich großer Supermarkt. Weil ich nicht weiß, was ich sonst tun könnte, schiebe ich mich durch das Drehkreuz und strebe auf die Abteilung mit den Büchern zu. Denn die Regel, nur das zu kaufen, was man auch wirklich braucht, tritt hier außer Kraft. Lesefutter braucht man schließlich immer, selbst wenn der Stapel ungelesener Bücher meterhoch ist!

Ich freue mich, auf den Büchertischen gleich mehrere Romane von Kolleginnen zu entdecken, die ich persönlich kenne und schätze. Das ist immer eine besondere Freude. Und auch eins von mir ist dabei, juhu! Schnell ein Beweisfoto machen, wenn keiner guckt ... Ach nein, ich hab ja kein Handy dabei. Blöd jetzt.

Okay, ich schlendere rüber zum Bestsellerregal. Ein Roman fällt mir sofort ins Auge: *Achtsam morden* von Karsten Dusse. Irgendwie kommt mir der Titel bekannt vor. Ah, ich weiß wieder – meine Freundin Gisela hat unlängst von diesem Buch geschwärmt. Da ich weiß, dass wir in Bezug auf Lesefutter und Humor einen ähnlichen Geschmack haben, nehme ich es aus dem Regal.

Worum geht's da eigentlich? Ich überfliege den Klappentext und erfahre, dass der Held – ein erfolgreicher Anwalt – von seiner Frau zu einem Achtsamkeitsseminar gezwungen wird, um die verkorkste Ehe zu retten. Und dann vor lauter Achtsamkeit versehentlich diverse Kriminelle umbringt. Ich finde, das klingt herrlich absurd, und kaufe das Buch.

Ist jetzt eigentlich schon eine halbe Stunde vergangen? Gut möglich. Normalerweise würde ich aufs Handy schauen, um das zu checken, denn wie meistens trage ich auch heute keine Armbanduhr. Die Schlange an der Kasse ist allerdings so lang, dass ich allein dort eine gefühlte Ewigkeit verbringe.

Zurück im Handyladen werde ich allerdings eines Besseren belehrt: Ich war bloß fünfundzwanzig Minuten weg.

»Apropos fünfundzwanzig – bei exakt so viel Prozent ist die Datenübertragung gerade«, verkündet Rosa und strahlt, als sei dieser herrliche Zufall ein Grund zur Freude.

»Es dauert also noch«, schlussfolgere ich messerscharf.

»Allerdings.«

»Na gut, ich warte dann draußen auf einer Bank.«

»Okay, ich rufe Sie, wenn die Übertragung fertig ist.«

»Draußen« ist in diesem Fall ein überdachtes Draußen, was ich gut finde, schließlich ist es heute kühl und regnerisch. Das ist wohl einer der wenigen Vorteile eines Einkaufszentrums.

Einer der Nachteile: Es ist überheizt, überfüllt und über die Maßen ungemütlich, so zwischen den vorbeihastenden Menschen rumzusitzen wie bestellt und nicht abgeholt.

Aber ich habe ja ein Buch dabei! Und das ziehe ich jetzt hervor. Innerhalb von Sekunden bin ich völlig abgetaucht in der Welt von Björn Diemel, der sich mit mafiösen Klienten herumschlagen muss und dann vor seinem Therapeuten zum Idioten macht. Herrlich! Ich kichere vor mich hin, was dank Maske niemandem auffällt.

Ebenso wenig fällt meine entgeisterte Miene auf, als sich ein Kerl mit ungepflegtem Bart und speckigem Anzug ans andere Ende der Bank setzt, offenbar in der Absicht, ein soeben in der Metzgerei erstandenes Leberkäsebrötchen zu verzehren. Leider verhindert der von einer lieben Kollegin handgenähte Mund-Nasen-Schutz nicht, dass ich die Duftwolke wahrnehme, die er verströmt. Eine Mischung aus Brühwurstaroma, Mottenkugeln und Käsefüßen. Was muss er bei dem Wetter auch Sandalen tragen, und das zu einem Anzug!

Ich beschließe, so unachtsam wie nur möglich zu sein. Statt alles um mich herum bewusst wahrzunehmen, gebe ich mir die allergrößte Mühe, meine Sinne auf »kein Empfang« zu stellen. Und anstelle mich auf die Gegenwart zu fokussieren, richte ich meine ganze Hoffnung auf den Moment, in dem ich endlich von hier verschwinden kann. Oder an dem wenigstens dieser Miefepeter abhaut. Ja, ich gebe es zu, mit dem Aspekt »nicht werten« habe ich mal wieder so meine Schwierigkeiten, aber macht ja nichts, dies ist schließlich keine Achtsamkeitsübung, im Gegenteil!

Es gelingt mir, die Menschen um mich herum zu ignorieren, sogar den Leberkäsefritzen. Stattdessen konzentriere ich mich wieder ganz auf den achtsam mordenden Romanhelden.

»Wir wären dann so weit«, reißt mich eine Stimme, die mir vage bekannt vorkommt, mitten aus der Handlung.

Es ist eine junge Frau mit rosa gefärbten Haaren. Was will die denn von mir?

Als es mir wieder einfällt, springe ich erfreut auf und klappe das Buch zu (nicht ohne mir zu merken, wo ich war – nämlich auf Seite 105!).

»Okay, ich komme«, rufe ich und folge Rosa in den Handyladen.

Wenig später bin ich mit altem Handy, neuem Smartphone, unbenutztem Sieben-Euro-Kabel und dem angefangenen Buch wieder draußen. Inzwischen ist es dunkel geworden, und es dauert ein bisschen, bis ich auf dem weitläufigen Parkplatz mein Auto wiederfinde.

Bevor ich losfahre, muss ich unbedingt mein neues Handy ausprobieren. Und innerhalb weniger Sekunden weiß ich Bescheid: Bluetooth wurde nach dem dänischen König Harald I »Blauzahn« Gormsson benannt, der im 10. Jahrhundert gelebt hat – daher auch das Logo mit den Runen für H und B, seinen Initialen. Der gute König kannte also weder Handys noch Einkaufszentren, vermutlich auch keine Leberkäsebrötchen oder Mund-Nasen-Bedeckungen, und garantiert hat er in seinem ganzen Leben keine einzige Achtsamkeitsübung gemacht.

Was also hat er mit einem Industriestandard zur Kurzdistanz-Datenübertragung per Funk zu tun?

Nun, Harald Blauzahn war wohl ein kommunikativ sehr begabter König, denn während seiner Regentschaft gelang es ihm, verfeindete Gruppen aus dem heutigen Schweden, Dänemark und Norwegen zu versöhnen. Ein wahrer Held eben! Wenn auch einer mit sichtbarem Makel (falls sein Name tatsächlich auf einen verfärbten Zahn schließen lässt, was nicht eindeutig erforscht ist).

So einen König (oder Kanzler oder Präsident oder Premierminister m/w/d) Blauzahn könnte man gegenwärtig auch gut gebrauchen, finde ich. Ich wette, heute bekäme er den Beinamen *Harald der Achtsame*.

Achtsamkeit in der Therapie

In der Psychotherapie kennt man nicht nur die Achtsamkeitsbasierte Stressreduktion (nach Jon Kabat Zinn), sondern auch die Achtsamkeitsbasierte Kognitive Therapie, die mit signifikanten und vielversprechenden Erfolgen zur Rückfallprävention bei Depressionen eingesetzt wird.

Wunderbar, dass es so was gibt!

In der Therapie hat Achtsamkeit auch bestimmt ihre Berechtigung. Doch im Alltag? Reicht es da nicht, hin und wieder ganz selbstvergessen ein Gänseblümchen zu betrachten, aufs Meer zu starren oder die Wolken beim Ziehen zu beobachten? Muss man gleich einen Trend draus machen?

Das ultimative Relax-Horoskop

Wie, nach diesem Kapitel sind Sie immer noch nicht entspannt? Dem müssen wir auf den Grund gehen! Die Sterne lügen nicht. Wir haben keine Kosten und Mühen gescheut und in einer unendlich weit entfernten Galaxie namens *Relaxamaxima* ein paar brandneue Sternbilder für Sie entdeckt.

21. Dezember bis 19. Januar

Wärmflasche
Besonders in der kalten Jahreszeit sind Sie ein beliebter Bettgenosse. Aber nicht immer gelingt es Ihnen, so lange durchzuhalten, wie man es sich von Ihnen wünscht.

Tipp: Versprechen Sie lieber nichts, was Sie ohnehin nicht halten können. Dann enttäuschen Sie niemanden, sondern überraschen stets positiv mit Ihrer Behaglichkeit.

20. Januar bis 18. Februar

Wasserbett
Sie bringen Ihre Mitmenschen zum Träumen! Aber Vorsicht: Sobald Sie etwas zu nachgiebig werden, sorgen Sie für Schwankungen, die alles durcheinanderbringen.

Tipp: Sorgen Sie permanent für Spannung, umso mehr Entspannung wird man mit Ihnen erleben!

19. Februar bis 20. März

Faszienrolle

Zwar kommen Sie daher wie ein Leichtgewicht, entpuppen sich dann aber als harter Hund. Mit Ihnen ist nicht zu spaßen. Wer mit Ihnen entspannen will, muss durch die Hölle gehen. Aber es lohnt sich!

Tipp: Lassen Sie sich nicht von all denjenigen verunsichern, die sich vor Ihnen fürchten und Sie ablehnen. Konzentrieren Sie sich lieber auf Ihre begeisterten Fans!

21. März bis 20. April

Heilstein

Auf den ersten Blick begeistern Sie mit Ihrem ansprechenden Äußeren. Doch nicht selten werden Ihnen eine kühle Ausstrahlung und glatte Oberflächlichkeit attestiert.

Tipp: Beweisen Sie, dass Sie nicht nur von außen schön sind, und überzeugen Sie mit Ihren inneren Werten!

21. April bis 21. Mai

Räucherstäbchen

Sie sind wahnsinnig relaxed und erinnern an die gute alte Zeit, als weder Männer noch Frauen ihre lange Mähne zu einem Dutt bändigten, solange sie unter siebzig waren …

Tipp: Vielleicht sind Sie manchmal ein bisschen zuuuu relaxed. Das kann auf gestresste Menschen aufdringlich wirken. Weniger ist mehr!

22. Mai bis 21. Juni

Yogahose

Zugegeben, Sie sind flexibel. Wollen sich weder einengen lassen noch andere einengen. Auf dem Sofa fühlen Sie sich pudelwohl. Vielleicht ein bisschen zu sehr?

Tipp: Vergessen Sie nicht, wo Sie eigentlich herkommen! Regelmäßige Aktivitäten stärken Geist und Körper.

22. Juni bis 22. Juli

Relaxliege

Sie sind ein echter Luxustyp! Und Sie stehen dazu – was gut ist, darf auch ruhig etwas kosten. Die Gefahr besteht darin, dass man Sie genau deshalb zu sehr schont.

Tipp: Machen Sie klar, dass Sie kein Stehrümchen sind, denn zum dekorativ Herumstehen sind Sie definitiv zu schade!

23. Juli bis 22. August

Massagebürste

Raue Schale, weicher Kern – diese Beschreibung stimmt in Ihrem Fall nur so halb. Rau sind Sie definitiv, aber davon profitieren alle, die mit Ihnen zu tun haben.

Tipp: Keine Sorge, wenn alle nach einer Begegnung mit Ihnen erröten – das dürfen Sie als Kompliment auffassen!

23. August bis 22. September

Klangschale

Vibrationen und Schwingungen sind Ihre Leidenschaft – damit bringen Sie die erstaunlichsten Töne hervor. Allerdings ist es gar nicht so leicht, Ihnen diese zu entlocken. Das könnte arrogant wirken.

Tipp: Lassen Sie sich nicht zu lange bitten! Aufgeschlossenheit weckt Sympathien und gleicht Ihren recht mickrigen Tonumfang aus.

23. September bis 22. Oktober

Hängematte

Sie sind der Inbegriff des Nimm's-locker-Typs! Immer schön cool bleiben. Strammstehen ist nicht so Ihr Ding. Das macht Sie attraktiv – aber auch kompliziert im Umgang.

Tipp: Geben Sie ein bisschen nach, wenn ungeübte Entspannungswütige Ihrem Beispiel folgen. Nicht gleich durchdrehen, bitte! Das macht nur blaue Flecke ...

23. Oktober bis 22. November

Kuschelsocke

Ganz eindeutig sind Sie ein Frauentyp. Allein Ihr Anblick entlockt dem kaltfüßigen Geschlecht spitze Schreie der Begeisterung. Und wenn man Sie erst anfasst ... hach!

Tipp: Werden Sie nicht übermütig. Ja, Sie sind beliebt. Aber nur in der kalten Jahreszeit! Richten Sie sich auf einen ausgedehnten Sommerschlaf in einer dunklen Sockenschublade ein und tanken Sie dort Energie für den nächsten Winter.

23. November bis 20. Dezember

Saunatuch

Alles an Ihnen ist XXL. Dafür schätzt man Sie. Sie können auch was aushalten und verdecken, was nicht gezeigt werden soll. Ja, Sie können wirklich stolz sein auf Ihr Format!

Tipp: Seien Sie sich nicht zu schade für einen Einsatz nach dem Duschen oder im Schwimmbad. Ihre Qualitäten überzeugen überall – es wäre schade darum …

Teil 5:

WIE SIEHST DU DENN AUS?

Dank Fernsehen, Print- und Onlinemedien und immer perfekt in Szene gesetzten Frauen wissen wir natürlich, was wir anscheinend auch unbedingt wollten und wie Schönheit geht: Ebenmäßige und am besten faltenfreie Haut, weiße Zähne, einen schlanken, sportlichen Körper, gesunde Haare und Nägel und eine Ausstrahlung, die jeden verstummen lässt, wenn man nur den Raum betritt. Das kann einen ganz schön unter Druck setzen. Vor allem, wenn man eben nicht Größe 36, Schneewittchenhaut und Naturlocken mit Glanz von Mutter Natur zur Verfügung gestellt bekommen hat. Je älter wir werden, umso zeit- und kostenintensiver ist die Instandhaltung unserer vermeintlichen Schönheit leider auch noch.

Wem das Spaß macht – bitte sehr. Es ist ja absolut nicht verwerflich, gut für seinen Körper zu sorgen, sich in seiner Haut wohl- und schön fühlen zu wollen. Wie das am besten gelingt, muss jeder allerdings wie immer für sich selbst herausfinden. Hauptsache, wir betrachten unseren Körper liebevoll, denn Überraschung: Wir haben nur den einen. ☺

Aber Schneewittchen ist die Schönste im ganzen Land

Ich war nie sonderlich ambitioniert, durch besondere Schönheit hervorzustechen. Wäre eh zwecklos gewesen. Mittelmäßig auszusehen hat durchaus seine Vorteile. Man wird weder auf seine Attraktivität noch auf den Mangel daran reduziert. Fliegt in Sachen Optik sozusagen unter dem Radar und kann sich auf andere Dinge konzentrieren. Das war mir ganz recht.

Aber dass mir mein Aussehen völlig egal gewesen wäre, kann ich nun auch wieder nicht behaupten. Meine ersten Schminkversuche erzählen etwas anderes. Sie waren ein Desaster! Man hätte meinen können, ich wäre grün und blau geprügelt worden ...

Warum nur sah dieser Lidschatten bei Agnetha von ABBA so viel besser aus? Und warum wirkten die schief stehenden Eckzähne bei ihrer Bandkollegin Frida so bezaubernd, während sie bei mir einfach nur doof waren?

Fragen, die wohl auf ewig unbeantwortet bleiben. Genauso wie die, welche der beiden Sängerinnen attraktiver war. Während Fans aus aller Welt damals darüber stritten, blieb ich in dieser Hinsicht die Schweiz in Person. Ich fand sie beide wunderschön (auch wenn Frida frisurentechnisch hin und wieder kräftig danebenlag). Vor allem liebte ich ihre Stimmen – und tue es noch.

Obwohl ich als Jugendliche davon träumte, so singen zu können wie Agnetha und Frida, war das Leben, das sie als Weltstars führten, gewiss nichts, worum ich sie beneidet hätte. Immer unterwegs, immer auf der Bühne, angestarrt von Tausenden ... Herrje, das hätte mir Angst gemacht!

Umso weniger kann ich es nachvollziehen, warum so viele Jugendliche von heute als Lebensziel »Promi werden« angeben. Ist prominent zu sein nicht vielmehr die negative Kehrseite der Medaille, wenn man in irgendeinem Bereich erfolgreich ist? Warum dann also das Ganze umkehren und nur berühmt werden, ohne irgendetwas zu können? Das ergibt doch überhaupt keinen Sinn!

Nun ja, vielleicht war das ja in meiner Generation auch schon so (bloß ohne Instagram und Influencer), nur ich tickte etwas anders.

So habe ich mir zum Beispiel auch niemals gewünscht, eine Märchenprinzessin zu sein. Nicht mal als kleines Mädchen. Ich fand Dornröschen, Schneewittchen & Co. immer ein bisschen langweilig.

Mein Idol war Pippi Langstrumpf, das stärkste Mädchen der Welt – ich meine, geht's noch besser? Pippi hat ganz bestimmt nicht darauf gewartet, von einem Prinzen gerettet zu werden. Hatte sie gar nicht nötig. Wer ein Pferd stemmen kann, braucht keinen Retter. Fand ich supercool.

Deshalb steckte ich mir an Fasnacht immer Draht in die Zöpfe, damit sie schön pippimäßig abstanden, und malte mir mit dem Kajal meiner Mutter Sommersprossen ins Gesicht. Zack, Verkleidung fertig.

Einmal nähte meine Oma mir stattdessen ein prächtiges Prinzessinnenkleid aus rosafarbenem Tüll, wofür sie das Abschlussballkleid meiner Mutter verwendete. Eine große

Ehre für mich – und doch gucke ich auf dem Erinnerungsfoto längst nicht so glücklich aus der Wäsche wie auf den vielen Pippi-Langstrumpf-Verkleidungsfotos, die es von mir gibt.

Wie gesagt – Märchenprinzessinnen waren in meinen Augen nicht so spannend. Zu den wenigsten von ihnen fallen mir irgendwelche Charaktereigenschaften ein.

Okay, Dornröschen war wohl neugierig, sonst hätte sie nicht die letzten Winkel des Schlosses erkundet und wäre auch nie auf diese Spindel gestoßen.

Tja, und die Froschkönig-Prinzessin war reichlich arrogant. Nicht besonders sympathisch. Selbst wenn man einen Frosch nicht küssen will (wer möchte das schon?), muss man ihn nicht gleich an die Wand feuern. Dann hätte sie ihn eben nicht belügen sollen, die doofe Ziege ...

Besonders klug erschien mir übrigens keine der bekannten Märchenprinzessinnen. Manche verhalten sich sogar dermaßen dämlich, dass es für mich schon als Kind schier unerträglich war.

Bestes (beziehungsweise schlimmstes) Beispiel: die kleine Meerjungfrau. Wie kann man bloß so bescheuert sein, die Fähigkeit zu sprechen aufzugeben, und das für zwei Beine, die dann auch noch bei jedem Schritt wehtun wie verrückt?

Was hat sie sich bloß dabei gedacht? Etwa dass der angehimmelte Prinz sich für eine schweigsame Dauerschmerzpatientin entscheidet, bloß weil sie so lieb guckt?

Ich meine – so ein Prinz will sich doch auch mal nett unterhalten. Und die kleine Meerjungfrau beherrschte ja noch nicht mal irgendeine Form von Gebärdensprache, mit der sie ihm hätte klarmachen können, dass nicht die Prinzessin des Nachbarkönigreichs sein Leben gerettet hatte, sondern sie!

Vielleicht wäre dann alles anders gekommen. Aber auf die Idee kam die kleine Meerjungfrau leider nicht. Sie war einfach nur restlos verknallt, und das muss ihr wohl den Verstand vernebelt haben.

Hätte sie mal lieber ihren Fischschwanz behalten, dann könnte die kleine Meerjungfrau noch heute glücklich durch die Ozeane flitzen. So aber löste sie sich zu Schaum auf dem Meer auf, und das nur, weil der Prinz eine andere geheiratet hat. Wie traurig!

Immer wenn die Märchenschallplatte bei uns lief, hätte ich am liebsten eingegriffen, die Handlung verändert. »Tu's nicht!«, wollte ich rufen, doch mir war klar, dass das nichts gebracht hätte. Sie hätte eh nicht auf mich gehört.

Schon als kleines Mädchen habe ich aus diesem Märchen die Lehre gezogen, dass man sich für einen Kerl niemals selbst aufgeben sollte. Lohnt sich nicht und geht böse aus.

Was allen Märchenprinzessinnen – abgesehen von einem gewissen Maß an Naivität und dem Mangel an Charaktereigenschaften – noch gemeinsam ist, ist ihre sagenhafte Schönheit. Selten wird sie näher geschildert, dafür umso mehr gerühmt.

Sofern es sich um Schwestern handelt, heißt es ausnahmslos: »Aber die Jüngste war die Allerschönste«. Das gilt sogar für die kleine Meerjungfrau, die als »jüngste und anmutigste der sechs Töchter des Meerkönigs« beschrieben wird.

Auf jeden Fall hässlicher sind die Stiefschwestern. Als gelte da eine Gleichung, die besagt stief = böse = hässlich.

Ja, so sieht es wohl aus im Märchen: Sie sind selten tiefgründig, und attraktives Aussehen steht für ein Inneres, das rein und unschuldig ist.

Na ja, meistens jedenfalls. Denn Schneewittchens Stiefmutter, die böse Königin, sah ja ebenfalls nicht gerade übel aus, wie wir alle wissen. Doch mit Schneewittchens liebreizender Gestalt konnte sie es leider nicht aufnehmen.

Die ist übrigens eine der wenigen Märchenprinzessinnen, deren Aussehen ausführlicher beschrieben ist: Wir kennen ihren Hauttyp, wissen um die gute Durchblutung ihrer Lippen, und sogar die Haarfarbe ist bekannt. Von wegen: weiß wie Schnee, rot wie Blut und schwarz wie Ebenholz. Mit anderen Worten, Schneewittchen muss ungefähr so ausgesehen haben wie Lena Meyer-Landrut oder – für die älteren Semester – Liz Taylor. Oder Dita von Teese, bloß ohne den Burlesque-Firlefanz.

Wie die böse Königin aussah, ist nicht überliefert, wohl aber, dass sie erstens eitel, zweitens eifersüchtig und drittens kaltblütig war.

Tag für Tag musste ein Zauberspiegel ihr versichern, dass sie »die Schönste im ganzen Land« war. Doch eines Tages verkündete er, dass sie bloß noch die Nummer zwei war – Schneewittchen hatte sie nicht nur eingeholt, sondern an Schönheit übertroffen.

Da muss sich die böse Königin wohl gefühlt haben wie die haushohe Favoritin bei *Germany's Next Topmodel*, für die Heidi unerwartet kein Foto hat, weil sie plötzlich eine scheinbar abgeschlagene Kandidatin bevorzugt.

»Die anderen Meeeedchen haben dich überholt. Ich sehe keine Entwicklung mehr bei dir. Es fehlt dir an Äääättitjuuud und an Chääärecter.«

Oh, da kommt Neid auf. Ist doch klar.

Einer TV-Kandidatin bleibt aber nichts anderes übrig, als gute Miene zu bösem Spiel zu machen, sich als faire Verliererin zu geben und anschließend bei jeder sich bietenden Gelegenheit (allerspätestens bei ihrer Teilnahme im Dschungelcamp) über die Konkurrentin abzulästern.

Eine böse Königin im Märchen hatte da natürlich ganz andere Möglichkeiten. Sie konnte den Befehl geben, die Rivalin abzumurksen.

Mordgelüste, nur weil eine andere (jüngere!!!) Frau besser aussieht, das ist ja wohl der Gipfel der Niedertracht. Heimtückischer geht's kaum. Und um ein Haar wären ihre diversen Attentatsversuche ja auch geglückt ...

Bei dieser Gelegenheit wird übrigens klar, dass unser gutes Schneewittchen wohl nicht die hellste Kerze auf der Torte war. Schön, aber auch ganz schön blöd. Ich meine, wie verpeilt muss man sein, die eigene Stiefmutter nicht zu erkennen?! Und sich von ihr mit einem Gürtel so fest zuschnüren zu lassen, dass die Sauerstoffsättigung beängstigend in den Keller rauscht.

Und hey, wer steckt sich schon einen vergifteten Kamm ins Haar? Was soll das überhaupt sein? Wie funktioniert der? Fragen über Fragen.

Spätestens ab hier wird's unlogisch. Denn das mit dem vergifteten Apfel ist komplett hanebüchen. Entweder wäre Schneewittchen sofort an dem Gift zugrunde gegangen oder an dem Stück, das in die Luftröhre geraten ist, erstickt. Aber nein, sie wurde nur ohnmächtig. Und überlebte ohne Sauerstoff für ... wie lang? Stunden? Tage sogar?

So lange jedenfalls, bis ein Prinz vorbeigeritten kam und

das Heimlich-Manöver anwendete. Und Schwupps, war Schneewittchen gerettet. Sie behielt nicht einmal Hirnschäden zurück! Wie gesagt: vollkommen unrealistisch.

Ja, mit Logik hat das alles nicht viel zu tun. Die Gebrüder Grimm kannten wohl weder die Schwarzwaldklinik noch *Grey's Anatomy*, sonst wären ihnen solche Fehler nicht unterlaufen.

Vielleicht verließen sie sich aber auch einfach darauf, dass sich ihre Leser nur in zweiter Linie für Fakten interessierten. Die Leute wollen nun mal Geschichten hören, je dramatischer, desto besser.

Und ich muss zugeben, an Dramatik ist Schneewittchen kaum zu überbieten.

Wie anders wäre die Geschichte doch ausgegangen, wenn darin Pippi Langstrumpf die Hauptrolle gespielt hätte!

Wobei – dann gäbe es vielleicht überhaupt keine Geschichte, denn auf Pippis Aussehen wäre die böse Königin wohl kaum neidisch gewesen. Sie entspricht nicht gerade dem Ideal einer anmutigen, sanftmütigen und graziösen Prinzessin. Wo bliebe da auch der ganze Spaß?

Nein, den Rang als »Schönste im ganzen Land« hätte Pippi ihrer Stiefmutter sicher nicht streitig gemacht. Vielmehr hätte sie die böse Königin aufs Dach verfrachtet oder in ein Verlies gesteckt oder ins Kittchen.

Und selbst wenn, hätte sich Pippi mit dem Jäger gegen die Stiefmutter verbündet. Gewiss hätte sie den sieben Zwergen nicht den Haushalt geführt, höchstens auf ihre eigene Weise, mit Schrubbern als Schlittschuhe an den Füßen, und vermutlich hätten die Zwerge daraufhin dankend auf ihre Dienste verzichtet.

Und falls es doch so gekommen wäre, dann wäre Pippi im Leben nicht auf die fiesen Tricks der bösen Königin reingefallen. Sie hätte sich weder zuschnüren noch vergiften lassen. Vielmehr hätte sie ihr Äffchen, Herrn Nilsson, auf die Stiefmutter gehetzt, damit er ihr die schicke Frisur ruiniert, und sich darüber kaputtgelacht. Und dann wäre sie auf dem Kleinen Onkel fröhlich winkend davongeritten.

Wir sollten alle mehr wie Pippi sein, weniger wie Schneewittchen und schon gar nicht wie die böse Königin. Was ist schon dabei, nur die Zweitschönste zu sein? Ich fände es sogar okay, nur die Drölfzigmillionstschönste zu sein! Alles besser, als vor lauter Neid zerfressen zu werden – denn das ist so gar nicht attraktiv. Nicht mal im Märchen.

Bin ich schön?

Um diese Frage gleich zu beantworten: wohl eher nicht. Aber ja, ich bin eitel. Obwohl ich fünfzig bin. Oder gerade deshalb. Ein Alter, in dem der natürliche Liebreiz bei vielen nicht mehr ganz so natürliche Gründe hat. Wer jetzt noch behauptet, es seien die guten Gene und viel Wasser, hat definitiv mehr davon abgekriegt als ich – oder er schwindelt ein winziges bisschen.

Eitelkeit in Maßen ist ja auch nicht verwerflich, finde ich. Wer möchte denn nicht bestmöglich aussehen?

Oder – lassen Sie es mich präzisieren: *Welche Frau* möchte das nicht? Männer sehen in ihren eigenen Augen ja sowieso immer perfekt aus. Ihre Figur top, das Gesicht interessant, der Gang geschmeidig. Männer würden sich niemals so infrage stellen, wie wir das tun.

Ihre Wahrnehmung von sich selbst ist einfach anders. Nicht immer realistisch, möchte ich sagen. Vor allem, wenn man sich das anschaut, was sie zurzeit ganz trendgemäß beispielsweise für einen Vollbart halten.

Oh, ich mag Bärte. Sehr sogar. Aber ganz ehrlich: Für mich sehen manche von ihnen aus, als hätten sie etwas im Gesicht kultiviert, das eher an Tabakbrösel oder schlecht getrimmte Schamhaarinseln erinnert. Es schüttelt mich bei ihrem Anblick und fühlt sich an, als müsste ich sehr unfreiwillig einen Blick auf ihren Intimbereich werfen. Wer will das?

Ich wünschte sehr, diese Männer wären ein wenig eitler. Im Grunde ist es mir egal, was unter ihren Klamotten passiert, aber alles, was oben rausschaut, sollte doch zumindest gepflegt sein, oder? Ich meine, wir geben uns doch auch Mühe! Gehen zum Frisör, zur Kosmetik, zur Pediküre, ZUM SPORT. Eben um das Beste aus uns zu machen.

Das Einzige, was uns fehlt, ist ein Hauch des Selbstvertrauens, das viele der Männer in dem Irrglauben lässt, sie hätten keinerlei zusätzliche Anstrengung nötig, um attraktiv zu sein.

Auch bei den Klamotten: Niemals würde ich auf die Idee kommen, bauch- oder vielmehr hüftfrei zu tragen – nicht, weil ich es nicht schön finde. Im Gegenteil! Jungen Frauen mit schmalen Hüften und flachem Bauch steht es großartig! Aber mir eben nicht. Mein Hüftspeck geht niemanden etwas an, und er ist vorhanden. Ich behalte ihn trotzdem für mich.

Männer sind auch diesbezüglich völlig unerschrocken. Die ausgeleierten Jeans, die hinten so weit runterhängen, dass man Einblicke bekommt, die man sein Leben lang nie wieder vergisst, finde ich beinahe ebenso schlimm wie die viel zu kurzen Polos, unter denen ein beachtlicher Bauch heraushängt, oder die Hemden, die bei uns »Elektrikerhemden« heißen (jeder Knopf unter Hochspannung) und bei denen man Angst haben muss, dass sie platzen und all das preisgeben, was wir nicht sehen wollen.

Ich verstehe nicht, wie man so was nicht merken kann! Sie betrachten sich ja nicht weniger oft oder intensiv im Spiegel. Allerdings nur, um sich zu sagen, wie großartig sie gebaut sind und wie toll sie aussehen.

Da können wir echt noch was lernen.

Ich auf jeden Fall. Ich bin superkritisch. Und ich sehe alles. Jede Falte, jedes Haar (vor allem die an den Stellen, wo sie keiner brauchen kann), jedes Pölsterchen und jede Delle. Das, was mir gefällt, übersehe (oder übergehe) ich leider meist. Wenn mich mein Mann dabei ertappt, wie ich da so stehe und mich betrachte, sagt er gern Dinge wie: »Ich weiß gar nicht, was du hast! Dafür, dass du vier Kinder zur Welt gebracht hast, siehst du doch echt super aus!«

Ich weiß, er meint es gut und möchte mir damit das Richtige sagen, aber es ist trotzdem nicht das, was ich hören will. Sehen will ich es auch nicht. Wenn ich irgendeinen Einfluss darauf hätte, wäre ich selbst superschlank und straff und jeder, der mich sehen würde, würde nicht das sagen, was mein Mann gerade gesagt hat, sondern erstaunt ausrufen: »Was? 50? Und dieser Körper war schwanger?!«

Ja, ich weiß, man muss demütig und dankbar sein, und das bin ich auch. Ich würde meinen Körper auch um nichts in der Welt eintauschen, wenn ich dann auch all die Erlebnisse hergeben müsste, die wir gemeinsam geschafft haben: Die Geburten der Kinder (oder die Kinder überhaupt) rücke ich nicht raus, komme, was wolle. Die vielen lustigen Momente und intensiven Augenblicke, die mir in all den Jahren die feinen Falten um die Augen gezaubert haben, die großartigen Essen und Feiern mit den Freunden, die mir das eine oder andere extra Kilo beschert haben. All das will ich behalten, wie auch die vielen Urlaube am Meer, selbst wenn ich als Kind der Achtziger UV-Schutz in Sonnencremes für geradezu verrückt gehalten habe. Nein, an meine Haut ließ ich nur Melkfett oder dieses extrem parfümierte dunkelrote Kokosnussöl.

Nichts davon ist verhandelbar. Warum auch?

Trotzdem stehe ich immer noch hier und bin immer noch kritisch. Das ist im Übrigen das Einzige, was mir aus meiner Jugend geblieben ist, fällt mir auf, denn mit demselben Blick, wenn auch in einem anderen Haus, stand ich vor einem anderen Spiegel und überprüfte mich anhand dessen, was die anderen zu mir sagten oder ich selbst mir einredete:

Bohnenstange, Brillenschlange, Giraffe – mal zu riesig, mal zu dünn, mal zu dick. Ich hatte keinen Busen, dafür viel zu viel Hintern und dunkle Haare, die sich nicht entscheiden konnten, ob sie nun lockig oder glatt sein wollten und dementsprechend aussahen, als wären sie noch nie gekämmt worden.

In mich war keiner verknallt, weil ich so süß oder hübsch war (das ultimative Kompliment damals bei den Teenies), kein verliebter Vierzehnjähriger schrieb mir »Willst du mit mir gehen – ja, nein, vielleicht«-Briefe, und keiner von den Jungs wollte unbedingt neben mir sitzen.

Ich war schon mit vierzehn über 1,80 groß, trug Brille und Zahnspange und konnte keinen Raum betreten, ohne dass mich alle anstarrten. Mitleidig, wohlgemerkt.

Ich finde, dies ist der ideale Zeitpunkt, um eine Schweigeminute für mich und mein vierzehnjähriges Ich einzulegen, das gleichermaßen hoffnungsvoll und verzweifelt darauf wartete, doch noch einen Tanzpartner für den Tanzkurs-Abschlussball zu finden, der einigermaßen auf Augenhöhe war.

Was soll ich sagen: Eine weitere Schweigeminute bitte für Michel, der sich erbarmte. Ich trug ein zweiteiliges rosa Ensemble und selbstverständlich flache Schuhe. Das einzige Bild, das von diesem Abschlussball existiert, weil meine Mutter es bei sich aufhebt und ich bisher keinen Zugriff darauf hatte, zeigt mich, wie ich versuche, irgendwie unter Michels ausgestrecktem Arm hindurchzutauchen, ohne dabei einen von uns zu verletzen.

Es gelang mir. Zumindest körperlich. Die seelischen Folgen bei Michel sind nicht überliefert. Riesig zu sein war eine ganze Weile sehr demütigend für mich und noch dazu äußerst unpraktisch. Wenn wir Schule schwänzten, stand oft nur ich im Klassenbuch, weil es einfach auffiel, wenn ich nicht da war. Und war es laut, holte der Lehrer mich an die Tafel, weil sein Blick als Erstes an mir hängen blieb.

Ich werde ständig gefragt, warum ich meine Größe nicht genutzt habe, um beispielsweise Basketball zu spielen. Die Antwort liegt auf der Hand: Das habe ich nicht getan, weil ich nicht nur groß, sondern leider auch sehr unsportlich bin. Danke für diese grandiose Kombination, liebe Eltern, da hättet ihr euch echt ein bisschen mehr Mühe geben können.

In dieser Zeit fühlte ich mich jedenfalls rein optisch als die Ärmste im ganzen Land. Natürlich dachte ich, dass ich die Einzige sei, schließlich hatte ich ja wirklich allen Grund dazu. Dass es den anderen Mädchen ähnlich ging, hätte ich nie für möglich gehalten. Die meisten waren in meinen Augen absolut perfekt.

Aber ach, wie sehr sehnte ich mich danach, klein, zierlich, blond gelockt und niedlich zu sein. Ich wollte hohe Schuhe tragen, ohne alles und alle zu überragen und dabei wie eine Pappel im Wind zu schwanken, während ich Angst um meinen Kopf haben musste, sobald es Türen zu durchschreiten gab. Abgesehen davon habe ich Schuhgröße 42, da gab es in meiner Jugend nur Männerschuhe und Sneakers (oder auch Turnschuhe, wie sie damals hießen und dementsprechend aussahen). Die einzigen High Heels, die ich mir je zu einer Hochzeitsfeier gönnte, stammten aus einem Übergrößenversandhandel und sahen in 42 aus wie kleine, mit Strasssteinen besetzte Boote. Ich trug sie nie.

Dabei wollte ich doch nach wie vor nur einmal auch so schmachtend angesehen werden wie all die Susis, Tinas und Steffis um mich herum, die gefühlt alle XXS und Schuhgröße 35 trugen. Aber ich war eben schon damals eine Lucinde und auch sonst wie mein Name: Irgendwie interessant, ziemlich lang und ein bisschen sperrig. Ich hätte mich sogar schon damit zufriedengegeben, wenigstens unauffällig zu sein, aber auch das war wohl für mich nicht vorgesehen.

Diese Sehnsucht nach alldem, was ich nicht hatte oder war, begleitete mich jedenfalls sehr konsequent durch meine komplette Jugend und frühen Erwachsenenjahre. Ich erinnere mich an Zeiten, in denen ich – hätte ich einen chirurgischen Wunsch frei oder einfach nur genügend Geld gehabt – mir vermutlich die Nase verkleinert hätte. Oder die Brüste vergrößert. Oder überhaupt alles anders. Jedenfalls fand ich, dass die Proportionen allesamt nicht stimmten. Alles an mir war entweder viel zu groß oder viel zu klein, so als hätte der liebe Gott beschlossen, komplett aufzubrauchen, was an Körperteilen nach der Produktion vom Rest der Familie noch übrig war.

In jenen Jahren kniff ich mir ständig in die Hüften, schob meinen Busen mit fragwürdigen Einbauten im BH nach oben, streckte ihn raus, zog meinen Bauch ein und die Schultern hoch. Mal zog ich meine Haare glatt, mal ließ ich mir eine Dauerwelle machen, und immer – immer! – träumte ich davon, eines Tages aufzuwachen und ganz anders auszusehen.

Wenn ich heute Bilder aus dieser Zeit anschaue, kann ich es kaum glauben. Das Mädchen auf den Fotos sieht toll aus, hat lange wilde Haare, eine strahlende Haut, dunkle funkelnde Augen und ist superschlank. Ich möchte zurückgehen und mein Teenie-Ich gleichzeitig dafür schütteln und in den Arm nehmen. Vor allem aber möchte ich es fragen, warum es das Offensichtliche nicht sehen kann. Ich frage mich wirklich, warum wir alle so streng mit uns waren (und sind!). Es gibt absolut keinen Grund.

Und dann veränderte sich doch noch alles. Grace Jones war schuld. Oder, sagen wir so: Sie war zumindest die Initialzündung für mein neues Ich. An ihr kam ab 1985 niemand mehr vorbei. In jeder Hinsicht. Sie war sogar noch größer als ich, sehr dunkelhäutig mit strahlend weißen Zähnen und raspelkurzen Haaren. Sie war Mayday, die böse Gegenspielerin von James Bond in *Im Angesicht des Todes*, auf jedem Magazin-Cover und außerdem auf ihren eigenen Platten vorne drauf.

Nein, sie war nicht wirklich eine Sympathieträgerin, sondern eher ein wenig befremdlich in ihrer androgynen Optik und dem strengen Blick, aber sie beeindruckte mich und öffnete mir mit dem ersten Satz, den ich je von ihr hörte, ein wenig die Augen.

»Use your faults, use your defects, then you're going to be a star«, sagte sie mit rauchiger Stimme vor ihrem Hit *Slave To The Rhythm*.

Das Zitat stammt ursprünglich von der französischen Sängerin Edith Piaf, die nur ein 1,47 m groß war und auch sonst ganz andere Probleme hatte. Definitiv aber genug davon.

Jedenfalls begann ich dank dieses Zitats darüber nachzudenken, welches denn meine »Faults« und »Defects« sein konnten, die mich in irgendeiner Hinsicht zu einem »Star« machen konnten – immerhin hatte ich meiner Meinung nach ja ausreichend zu bieten.

Es ist nicht so, dass sich mein Leben danach von heute auf morgen geändert hätte. Gar nicht. Aber Stück für Stück habe ich angefangen, all das, was mich zumindest optisch ausmacht, zu nutzen. Es war ein Prozess, der mal besser und mal weniger gut voranging, aber mittlerweile klappt es ganz gut zwischen mir und meinem Körper.

Ich bin immer noch groß. Aber während ich mich früher bemüht habe, so schnell wie möglich mit der nächstliegenden Wand zu verschmelzen, liebe ich es mittlerweile, einen Raum zu betreten und zu spüren, wie die Blicke auf mich fallen.

Das liegt nicht daran, dass ich mich für umwerfend schön halte, sondern schlicht daran, dass ich eben … groß bin. Aber wenn man mich schon ansieht, dann kann ich das doch auch nutzen, oder?

Ich trage seit vielen Jahren mit Begeisterung Absatz und bin froh, dass es Schuhgröße 42 mittlerweile beinahe überall gibt. Ich gehe aufrecht und schminke meinen Mund knallrot, weil er mir gefällt und meine Zähne dann so schön strahlen. Ich rede laut und lache viel und freue mich über Blickkontakt. Ich flirte gern – auch mit kleinen Männern. Zumindest mit denen, die sich trauen. Ich mag es, angesehen zu werden und sehe längst kein Mitleid mehr. Ich möchte nicht mehr unsichtbar sein oder klein, zierlich und blond. Ich passe zu mir – und das ist großartig.

Meine Haare sind zwar nicht mehr ganz so leuchtend

braun, meine Haut nicht mehr so faltenfrei, und das eine oder andere Kilo ist auch dazugekommen. Und trotzdem kann ich mich viel besser leiden.

Nein, Selbstliebe hat nichts mit der Kleidergröße zu tun. Wir sind keine besseren Menschen, nur weil wir in der Kinderabteilung einkaufen können. (Nicht, dass das bei mir je der Fall gewesen wäre.) Anstatt an unserem Gewicht (oder irgendetwas anderem) herumzukritisieren, sollten wir uns alle darauf konzentrieren, was schön an uns ist: unsere Augen, unser Lachen, der kleine Leberfleck neben der Lippe ...

Selbstliebe ist harte Arbeit, gerade für Frauen, das ist nichts Neues. Aber vielleicht können wir uns wenigstens da ein bisschen an den Männern orientieren – es muss ja nicht gleich mit merkwürdigem Gesichtsbewuchs oder unvorteilhafter Bekleidung einhergehen.

Dass ich mich und meinen Körper mittlerweile mag, heißt übrigens nicht, dass ich nicht mehr kritisch bin. Sonst würde ich wohl kaum immer noch hier vor dem Spiegel stehen.

Und apropos Männer: Da kommt meiner schon wieder vorbei. »Du stehst ja immer noch da!«, sagt er und sieht mich ratlos an. »Hast du nichts Besseres zu tun?«

Hm. Unter normalen Umständen wäre ich wegen dieser Frage jetzt wahrscheinlich beleidigt, aber tatsächlich muss ich sagen: Er hat recht. Anstatt mich so streng zu betrachten, könnte ich ins Bad gehen, knallroten Lippenstift auflegen, meine Haare zu dem unverwechselbaren Dutt hochstecken, den ich immer trage, mich in meine enge schwarze Hose (Größe 42) und den knallroten schulterfreien Pulli werfen, in meine schwarzen, acht Zentimeter hohen High Heels schlüpfen und hocherhobenen Hauptes nach draußen gehen, um einen Spaziergang zu machen. Es ist ein ganz gewöhnlicher Dienstagmittag, kurz vor ein Uhr. Ich finde, das kann man feiern.

Wenn Sie ebenfalls vor dem Spiegel stehen, probieren Sie doch mal Folgendes:

Schritt 1: Status-Check
Schauen Sie sich genau an.
Von oben bis unten.
Wertfrei. (Nur anschauen, habe ich gesagt! ☺ Kritische Gedanken werden sofort weggeschickt.)

Schritt 2: Fokussieren
Fragen Sie sich: Was macht Sie unverwechselbar?
   Was gefällt Ihnen?
   Es ist nämlich so: Unsere Aufmerksamkeit folgt unseren Gedanken. Und umgekehrt. Je mehr wir also unseren Fokus auf das Außergewöhnliche, Besondere und Großartige in uns legen, umso mehr spüren wir es. Kein Witz. Und sagen Sie mir jetzt bloß nicht, dass es an Ihnen nichts Besonderes gibt – wenn Sie das wirklich denken, fragen Sie Ihre beste Freundin, Ihren Mann, Ihre Kinder oder Ihre

Mutter! Und seien Sie nicht so kritisch! Das ist seit Schritt 1 doch verboten!

Schritt 3: Seien Sie ein Star!
Nein, seien Sie nicht irgendeiner, sondern *der* Star. Man muss nicht Edith Piaf oder Grace Jones sein, nicht reich, berühmt oder sonst wie supererfolgreich. Nur wertschätzend. Zufrieden. Dankbar. Und stolz – auf Ihre dunklen Augen, Ihre schmalen Hände, Ihren tollen Po oder Ihren sinnlichen Mund.

Na klar, ist das einerseits oberflächlich, denn es geht um Äußerlichkeiten und nicht um moralische, tiefsinnige, weltbewegende Dinge. Aber es geht auch um uns. Wie wir uns sehen, was wir fühlen und wie wir uns lieben.

Das zu lernen, verändert die Welt. Unsere. Und vielleicht auch die unserer Töchter. Denn schließlich sind wir ihre Vorbilder – und das ist mehr als weltbewegend.

Und auch noch ganz wichtig:
Schauen Sie sich den Film *Embrace – Du bist schön* an, eine Doku von Taryn Brumfitt aus dem Jahr 2017, in der sie um die Welt reist, um herauszufinden, warum wir Frauen nicht in der Lage sind, uns schön zu finden, und uns stattdessen so oft für unseren Körper schämen. Dabei hat sie unglaubliche Frauen getroffen und nebenbei Schönheit ganz neu und großartig definiert. Zeigen Sie diesen Film Ihren Töchtern

oder noch besser, sehen Sie ihn gemeinsam an. Ich glaube, er kann Leben verändern. Wirklich.

Wenn diese Doku nicht so ganz Ihrem Geschmack entspricht, schauen Sie 007 – *Im Angesicht des Todes*. Achten Sie auf Mayday. Wäre Grace Jones klein, zierlich und blond gewesen – kein Mensch hätte sie auch nur für diese Rolle in Betracht gezogen.

»Du hast da was …« – die Sache mit der Monosprosse

Ich weiß gar nicht mehr, wann ich sie zum ersten Mal wahrgenommen habe – die winzige Stelle unter meinem linken Auge, an der sich die Haut ein klein wenig dunkler färbte als drumherum. Wie der Hauch einer Sommersprosse. Und Sommersprossen fand ich cool. Immer schon! Als Kind hatte ich mir welche gewünscht, weil sie so lustig und frech aussahen. Wie gesagt: Pippi Langstrumpf war nun mal mein größtes Idol, und Sommersprossen zählten zu ihren Markenzeichen.

Im wirklichen Leben war ich leider kein bisschen sommersprossig, sondern einfach nur blass – so blass, dass meine Eltern des Öfteren gefragt wurden, ob ich krank sei. Doch ich war kerngesund – bloß eine typische Stubenhockerin. Eine Leseratte, die von der Hitze Kopfschmerzen bekam und deshalb die Sonne mied. Wenn ich mich ihr doch einmal aussetzte, bewirkte sie höchstens Hitzepickel und einen leichten Sonnenstich, aber keine Sommersprossen.

Und nun hatte ich immerhin eine. Eine Monosprosse, sozusagen. Na ja, eine winzige, und sie befand sich auch noch an der falschen Stelle. Egal. Sie war ja kaum wahrnehmbar. Mich störte sie nicht.

Das war vor ungefähr fünfzehn Jahren. Wie gesagt, so genau erinnere ich mich nicht, wann genau sie auftauchte. Mir fiel auch kaum auf, wie sich die kleine Verfärbung mit der Zeit veränderte. Was man täglich sieht, nimmt man eben kaum mehr wahr.

Doch irgendwann war meine Monosprosse so groß geworden, dass sie registriert wurde – von anderen.

»Du hast da was unterm Auge«, sagte eine Freundin. »Ist das Wimperntusche?«

Nein, ich benutze keine, weil sie mir immer in die Augen läuft und höllisch brennt. Stattdessen lasse ich meine Wimpern regelmäßig färben, denn sie sind zwar schön lang, aber leider ebenso hell wie meine Haut.

Trotzdem rannte ich zum Spiegel, um nachzusehen, was meine Freundin meinte. Hatte ich etwa noch Nutella vom Frühstück im Gesicht? Oder mir beim Nachdenken versehentlich mit dem Kugelschreiber darin herumgemalt? Zuzutrauen wäre es mir gewesen. Meine Hände waren jedenfalls permanent damit verschmiert ...

»Ach, das meinst du«, rief ich erleichtert aus, als ich mein Spiegelbild checkte. »Das ist nur so eine dunkle Hautstelle.« Okay, sie war größer geworden, wie ich jetzt feststellte. Aus dem Hauch einer Sommersprosse war inzwischen ein dunkler Fleck geworden, und er hatte ungefähr zwei Millimeter Durchmesser.

Was mich allerdings noch immer nicht störte. Er war nun mal da und gehörte irgendwie zu mir.

Was mich dagegen sehr wohl zu stören begann, war die Tatsache, dass ich immer öfter darauf angesprochen wurde. Dieses »Du hast da was« bekam ich ständig zu hören, und je größer der Fleck wurde, desto häufiger wiederholte sich das Gespräch.

»Ach, das ist bloß eine Hautverfärbung«, antwortete ich regelmäßig und spürte, dass die Sache denjenigen, die mich auf meine vermeintlich verschmierte Wimperntusche hingewiesen hatten, peinlicher war als mir selbst.

Weil man Peinlichkeiten am besten mit Humor begegnet, gewöhnte ich mir an, von der Verfärbung als »meinem Altersfleck« zu reden. Haha.

Doch der Fleck wuchs, und meine Mitmenschen begannen, sich Sorgen zu machen. »Du solltest das wirklich mal untersuchen lassen«, hieß es immer öfter.

Zuerst nahm ich die Sache nicht ernst. Aber irgendwann schaffte ich es nicht mehr, das Problem zu ignorieren. Wenn sich Hautverfärbungen schnell verändern, kann das ein schlechtes Zeichen sein. Und auch Menschen, die ihr Leben lang die Sonne gemieden haben wie der Teufel das Weihwasser, können schließlich Hautkrebs kriegen.

Immer wieder nahm ich mir vor, das Ding bald checken zu lassen, aber dann vergaß ich die Sache wieder. Ich hatte mich mit den Jahren so an den Fleck gewöhnt, dass ich ihn im Spiegel einfach nicht mehr sah.

Wenn ich – was hin und wieder vorkommt – einen Fototermin oder ein TV-Interview hatte und professionell geschminkt wurde, lehnte ich es sogar ab, dass die Stelle abgedeckt wurde. Was dann wiederum die Visagistinnen ablehnten, denn sonst sähe es so aus, als hätten sie ihre Arbeit nicht anständig erledigt. Okay, auch gut.

Aber im Alltag überschminkte ich sie nie. Ich würde zwar nicht so weit gehen, zu sagen, der Fleck wäre zu meinem Markenzeichen geworden, aber er war einfach ein Teil von mir. Pippi hätte ihre Sommersprossen schließlich auch niemals abgedeckt, oder?

Einmal machte ich einen halbherzigen Versuch, mich bei einer Hautärztin anzumelden, aber der scheiterte kläglich. Selbst Stammpatienten hätten ein Jahr Wartezeit, erklärte man mir am Telefon, und neue Patienten könne man nicht aufnehmen. Leider.

Na gut. Dann sollte das wohl so sein, dachte ich.

Meine Monosprosse hatte inzwischen einen Durchmesser von etwa fünf Millimetern erreicht, und in ihrer Mitte befand sich ein noch dunklerer Punkt, ungefähr stecknadelkopfgroß.

»Das sieht nicht gut aus«, sagte eines Tages Uschi, meine Kosmetikerin, der ich seit Jahren vertraue und die mich bereits mehrfach auf die Stelle angesprochen hatte.

»Meinst du wirklich?« Ich geriet ins Zweifeln.

»Na ja, ich bin keine Ärztin, aber ich beobachte den Fleck jetzt schon seit Längerem, und er verändert sich. Du solltest das dringend abklären lassen.«

Okay. Ich war überzeugt. Wenn Uschi sich Sorgen machte, dann sollte ich das auch tun.

Ich telefonierte sämtliche Hautärzte der Stadt ab, und nach mehreren Absagen schaffte ich es dann doch, einen Termin zu bekommen. Aber nur, weil ich betont hatte, ich hätte da eine verdächtige Stelle.

»Kommen Sie nächsten Dienstag«, hieß es da auf einmal. »Um zehn nach acht.«

Ich nahm einen dicken Wälzer mit, denn ohne Lesefutter begebe ich mich grundsätzlich in kein Wartezimmer. Wenn schon da rumsitzen, dann wenigstens mit einem Buch. Arzttermine sind – wie Frisörtermine – geschenkte Lesezeit. Und in einer Praxis, bei der man um einen Termin regelrecht betteln muss, rechnete ich damit, mindestens hundert Seiten zu schaffen, bevor ich aufgerufen würde.

Umso größer meine Überraschung, als ich bereits nach wenigen Minuten an die Reihe kam. Man schickte mich in ein Behandlungszimmer, und kaum war ich drinnen, kam auch schon der Arzt hereingerauscht – ein älterer Herr mit schlohweißem Haar, Goldrandbrille und wehendem Kittel.

Für eine Begrüßung nahm er sich keine Zeit. »Wo drückt der Schuh?«, wollte er wissen, was ich angesichts seines Fachgebietes ein bisschen merkwürdig fand. Um ein Haar hätte ich ihm meinen Hallux valgus präsentiert, doch dann fiel mir gerade noch rechtzeitig ein, weswegen ich eigentlich gekommen war.

»Ich hab hier so einen Fleck«, sagte ich und deutete auf die Stelle unter dem linken Auge. »Er ist größer geworden, und ich habe Angst, es könnte was Ernsthaftes sein.«

Und das war auch so – ich war inzwischen wirklich besorgt. Hier in dieser Praxis zu sein, machte die ganze Sache irgendwie bedrohlicher. Was, wenn es tatsächlich Hautkrebs war? Womöglich in fortgeschrittenem Stadium, und das bloß, weil ich so lange gezögert hatte. Ich hätte schon vor Jahren herkommen sollen!

Er nahm seine Lupe und betrachtete das Ding.

»Keine Sorge, der ist völlig harmlos«, verkündete er nach wenigen Sekunden.

Meine Anspannung verwandelte sich sofort in riesengroße Erleichterung und entlud sich in einem vermutlich ziemlich albernen Kichern.

»Also doch nur ein Altersfleck.«

»Das haben jetzt *Sie* gesagt«, erwiderte er.

»Und wie würden Sie es bezeichnen?«

»Na ja. Als Zeichen schwindender Jugend.«

»Als ob das besser wäre!« Ich war ein bisschen empört.

Jetzt musste der Arzt selbst grinsen. »Wenn es Sie stört, können wir die Verfärbung weglasern. Ist eine Selbstzahlerleistung. Überlegen Sie es sich in Ruhe. Sollten Sie sich dazu entscheiden, rufen Sie einfach an, und vereinbaren Sie einen neuen Termin.«

Lasern also. Das klang irgendwie gefährlich. Augen werden gelasert. Und bei *Star Wars* konnte man mit Laserschwertern sogar töten!

Wollte ich das wirklich? Dazu noch an einer so empfindlichen Stelle?

Andererseits hatte ich es ja auch gewagt, mir einen Lidstrich tätowieren zu lassen, und schmerzhafter als ein Permanent-Make-up am Wimpernkranz konnte das Monosprossen-Weglasern auch kaum werden. Die Kosten hielten sich, wie ich auf dem Weg zum Parkplatz nach schnellem Googeln feststellte, in Grenzen – sie waren auch nicht viel höher als die einer normalen Kosmetikbehandlung. Und danach würde nie wieder jemand »Du hast da was« sagen. Ade, Altersfleck! Immerhin war ich viel zu jung für so etwas. Von wegen »Zeichen schwindender Jugend« – wer braucht schon so was?

Auf der Heimfahrt dachte ich an Pippi Langstrumpf, die ewig Junge, die sogar magische Pillen geschluckt hatte, um niemals erwachsen zu werden.

»Liebe kleine Krummelus, lass mich niemals werden

gruß«, murmelte ich, während ich den Wagen in die Einfahrt lenkte. Und als ich ausstieg, stand mein Entschluss fest. Jawohl, ich würde es wagen. Ich brauchte keine fette Monosprosse, um im Herzen eine Pippi zu sein. Meine Heldin war das stärkste Mädchen der Welt, und sie hätte sich garantiert nicht vor einer harmlosen Laserbehandlung gefürchtet.

»Na, wie war's beim Hautarzt?«, fragte mein Mann, als er am Abend nach Hause kam.

»Alles gut«, erklärte ich. »Es ist wirklich nur ein harmloser Altersfleck. Ich lasse ihn weglasern.«

»Weglasern?« Er wirkte ziemlich entsetzt. Offenbar hatte er beim Stichwort Laser dieselben Bedenken wie ich im ersten Moment.

»Ach, das ist total harmlos«, beruhigte ich ihn (und mich selbst). »Das wird schon nicht so schlimm werden.«

»Aber … du kannst ihn doch nicht einfach wegmachen lassen. Das ist doch dein Schönheitsfleck!«

Verblüfft starrte ich ihn an. »Du weißt schon, was ein Schönheitsfleck ist?«, fragte ich. »Das, was Marilyn Monroe im Gesicht hatte, war einer. Und Cindy Crawford hat auch einen.« Nicht zu vergessen den abnehmbaren Schönheitsfleck, über den wir bei *Hot Shots 2* so gelacht hatten. »Das, was ich habe, ist definitiv keiner!«

»Ist er wohl«, beharrte mein Mann. »Für mich ist es dein Schönheitsfleck.«

Ich dachte an den Spruch, den mir mein Grundschullehrer im Jahr 1974 ins Poesiealbum geschrieben hatte: »Schön ist eigentlich alles, was man mit Liebe betrachtet« – ein Zitat von Christian Morgenstern und rückblickend vielleicht das Wertvollste, was man einem Kind fürs Leben beibringen kann.

Und mir wurde klar: Ich brauchte keine Laserbehandlung. Ich würde keinen Termin dafür vereinbaren. Und wenn künftig jemand zu mir sagte: »Du hast da was«, würde ich einfach nur milde lächeln und antworten: »Ich weiß.«

Was heißt hier Schönheitsfleck?

Im Englischen sagt man »beauty spot«, im Französischen »marque de beauté« – und auch im Deutschen hört sich »Schönheitsfleck« nach purer Anmut an. Doch in Wahrheit bezeichnet dieser Begriff nichts weiter als ein Muttermal im Gesicht. Eigentlich ein Makel, der aber als attraktiv empfunden wird. Klingt verrückt? Vielleicht. Aber Tatsache ist: Kleine »Fehler« geben einem Gesicht erst Charakter. Auch wenn vollendete Symmetrie als Schönheitsideal gilt, wird sie als unnatürlich und leblos empfunden – weil es sie eben nur in künstlich erschaffenen Computerbildern gibt. Wahre Schönheit ist niemals makellos. Wozu also nach Perfektion streben?

Gar nicht schön: Hautkrebs

Auch wenn es in meinem Fall Entwarnung gab – es war gut, dass mein Umfeld darauf gedrängt hat, meine Hautveränderung untersuchen zu lassen. Denn Hautkrebs ist Scheiße. Und man erkennt ihn als Laie nicht ohne Weiteres – er kann in unterschiedlichsten Farben und Formen auftreten, mal fleischfarben, mal dunkler, mal flach, mal knotig, oft unregelmäßig. Manchmal sieht er aus wie ein normaler Leberfleck. Aber handelt es sich wirklich um ein harmloses Pigmentmal oder um eine bösartige Hauterkrankung, die dringend behandelt werden muss? Im Zweifel sollte man es vom Hautarzt oder der Hautärztin checken lassen. Denn eins ist sicher: Je früher Hautkrebs diagnostiziert wird, desto besser sind die Chancen auf Heilung!

Instagram, Facebook & Co.: SCHAU! MICH! AN! Schöne heile Scheinwelt

Wenn ein Influencer oder eine Influencerin plötzlich beschließen würde, dass ein Altersfleck, sorry, Schönheitsfleck wie der von Heike hip ist, würden ganz sicher alle Follower losrennen und sich ebenfalls einen tätowieren lassen. Auch die gerade mal Zwanzigjährigen. Gerade die. Schließlich haben sie auch diesen merkwürdigen »Granny Hair«-Trend mitgemacht und sich die Haare hellblau-grau oder lilastichig-weiß gefärbt.

Wer bitte kommt auf so was? Wenn man das googelt, findet man tausend Seiten, auf denen einem erklärt wird, wie man seine Haare grau färbt, wie man diese grau gefärbten Haare pflegt und wem welcher Grauton steht. Als hätte man da die Wahl! Und als würde man das wollen!

Okay, okay, mit Anfang zwanzig ist das Älterwerden noch sehr weit weg, da kann man schon mal ein bisschen damit kokettieren, aber dann graut es einem ja doch ganz schön schnell und von allein. Das Haar, meine ich. Alsbald müht man sich ab, es wieder in die Farbe zurückzuversetzen, die es einst mit zwanzig hatte, bevor man auf die Schnapsidee kam, aussehen zu wollen wie seine eigene Urgroßmutter.

Ich mach bei der Schönfärberei seit einem Jahr nicht mehr mit. Ich bin sehr dunkelhaarig. Gewesen. Jetzt habe ich eine Haarfarbe, die meine Mutter als »Pfeffer und Salz«

beschreibt. Ich selbst hätte gern etwas Entschlosseneres. Entweder – oder. Gerne nehme ich in diesem Fall auch Salz. Ich finde diese unglaublichen 60plus-Models mit ihren glänzenden langen Silbermähnen unglaublich schön. Sie haben Anmut und Grazie, gepaart mit einem Ausdruck in ihren Augen und einer Stärke, die nur die Lebenserfahrung oder das Leben selbst verleihen können. So würde ich zumindest auf dem Kopf gerne aussehen.

Aber diese Silberfäden, die ich da oben zwischen all dem Dunklen habe, sind leider nicht das, was allenthalben als Trend bezeichnet wird. Niemand würde sagen, dass er das schön findet und auch gerne haben möchte. Außer meiner Mutter, aber die ist diesbezüglich kein Maßstab. Wahrscheinlich möchte sie mich nur trösten. Was nicht schaden kann, denn das, was da oben wächst, sind meine normalen, eher dünnen Haare in Braun plus die silbernen, die aussehen, sich anfühlen und verhalten, als wären sie aus dünnem Draht. Sie sind sehr störrisch und stehen vor allem nahe meinem Scheitel ab wie kleine krumme Antennen. Noch dazu funkeln diese Dinger, als müssten sie zusätzlich auch Lichtsignale aussenden. Was soll das? Wieso machen die das? Und wieso erfindet keiner den Trend, wie ein Sputnik durchs Leben zu gehen? Dann wäre ich ganz vorne mit dabei.

Vielleicht färbe ich sie mir doch wieder. Braune Antennen sind wenigstens unauffälliger als weiße. Dabei war ich so stolz auf mich. Ich wollte ganz natürlich sein.

Immerhin ist das ja etwas, was all die Instagram-Stars ebenfalls ständig proklamieren. Zur Demonstration ihrer absoluten Natürlichkeit posten sie sogar Fotos von sich gleich nach dem Aufstehen, damit man sieht, dass sie nichts haben machen lassen und sie auch in echt so schön sind. Lippenaufspritzen mit Hyaluron zählt nicht, weil das ja quasi Natur ist. Die Fotos haben sie selbst gemacht. Ganz früh. Also, so früh der professionelle Fotograf eben da sein konnte. Total ungeschminkt. Es sei denn, man bezeichnet Concealer, Highlighter, zartes Rouge, Wimperntusche und Lipgloss als Make-up, aber das tut ja keiner. Mit zerzausten Haaren, die instawirksam aufgefächert auf den glatt gebügelten Laken liegen. Beleuchtet von der hellen Morgensonne. Und circa tausend indirekten Watt von einem dieser Lichtringe. Okay, das war jetzt gemein. Wenigstens das Licht ist wirklich meist natürlich.

Wenn ich morgens aufstehe, erkenne ich mich selbst erst nach dem zweiten Kaffee. Niemals würde ich auf die Idee kommen, mich noch im Bett zu fotografieren! Gut, ich stehe auch um sechs Uhr auf, da scheint noch keine Sonne ins Schlafzimmer, aber ich kann da auch noch gar nichts – schon gar nicht mit halb geschlossenen Augen verführerisch lächeln! Ich habe es versucht. Ehrlich. Mein Mann hat mich dabei erwischt und prompt gefragt, ob ich wieder so schlimm Migräne hätte.

Die Idee ist ja grundsätzlich gut. Immerhin nutzen diese Instagram-Ladys ihre Reichweite, um damit ganz viele andere – junge, normale – Frauen zu inspirieren und zu animieren, sich ebenfalls so abzulichten. Also ungeschminkt und natürlich meine ich, was ja ihr Selbstwertgefühl und ihre innere Unabhängigkeit durchaus stärken könnte.

Aber leider sorgt es eher dafür, dass das Gegenteil passiert. Denn das Problem dabei ist, dass diese jungen Frauen wirklich ehrliche Fotos von sich aufnehmen, gegebenenfalls sogar posten. Und dann eben nicht ganz so modelmäßig, profi-undone-geschminkt und abgelichtet großartig dabei aussehen und sich dementsprechend gar nicht so toll finden. Außerdem kassieren sie vielleicht für ihren Mut gemeine Bemerkungen, die wehtun und ihnen das Gefühl vermitteln, ungeschminkt und natürlich seien sie hässlich und nicht gut genug.

Was also im ersten Moment nach Emanzipation und Unabhängigkeit klingt, ist die Umkehrung davon. Und dabei geht es hier »nur« um das Aussehen – mit tiefgreifender Wirkung allerdings.

Vorbildchance gehabt, Rolle nicht ausgefüllt. Schade. Tschüss.

Aber so läuft es leider nicht. Anstatt nämlich solche Personen zu enttarnen und ihnen zu entfolgen, bekommen sie gerade von diesen jungen Frauen, die ja nach wie vor versuchen, genau so zu sein, immer mehr Aufmerksamkeit und werden ohne Ende gefeiert. Ihre Posen, Schmink- und Modetipps werden kopiert. Ihre Oberflächlichkeit wird gefeiert und als so essenziell etabliert, dass sich keiner oder keine mehr mit wirklichen Inhalten auseinandersetzt. Dafür ist ja auch gar keine Zeit. Das nächste Foto muss ja inszeniert werden.

Ehrlich gesagt lasse ich mich manchmal auch davon beeindrucken. Wie ich ja schon sagte, faszinieren mich diese toll aussehenden weißhaarigen Models. Einerseits. Andererseits finde ich es zunehmend befremdlich, wenn ich Fotos von Frauen in Frauenzeitschriften entdecke, bei denen die Altersangabe besagt, dass sie genauso alt sein sollen wie ich. Fünfzig. Wie können Frauen, die so alt (wahlweise so jung) aussehen, zur gleichen Zeit wie ich geboren worden sein? Wo sind ihre Falten und silbernen Antennen? Wieso sehen sie von allen Seiten perfekt aus? Woher kommt diese Makellosigkeit, und wo kann man sie kaufen?

Nein, nein, schon gut. Ich will sie gar nicht haben. Aber ich will trotzdem wissen, wie es kommt, dass sie so eine schmale Taille haben, Yogapositionen einnehmen können, die man früher nur im Zirkus gesehen hat, und ständig an irgendwelchen Stränden rumliegen, während ich hier die achtzigste Ladung Wäsche wasche?

Ich sehe mitnichten von allen Seiten perfekt aus, straff und makellos war ich noch nie und selbst mit stundenlangem Styling, gutem Licht und Fotofilter bin ich sowohl optisch als auch sonst – ich. Lucinde, fünfzig Jahre alt, mit natürlichen Gebrauchs- und Abnutzungsspuren.

Natürlich weiß ich, dass deren Bilder sorgfältig geplante und inszenierte Momentaufnahmen sind und die Fotos vermutlich alle aus demselben Urlaub von vor einem Jahr stammen. Aber trotzdem macht es was mit mir: Es verunsichert mich, macht mich neidisch und unzufrieden und sorgt dafür, dass ich mich infrage stelle.

Noch schlimmer: Es bewirkt, dass ich ebenfalls dazu neige, mein Leben ständig auf Social-Media-Tauglichkeit zu überprüfen und sofort mein Handy zücke, um einen schönen Moment festzuhalten, damit ich ihn nachher teilen kann, anstatt ihn einfach zu genießen. Eigentlich total dumm, sein Leben quasi für andere zu leben, oder?

Beruhigend finde ich bei all den Posts von Stars und Sternchen allerdings schon, dass diese allgemeine Makellosigkeit dazu führt, dass sie sich alle irgendwie ähnlich sehen. Das erleichtert es mir, mich davon zu distanzieren.

Da lobe ich mir ein Schönheitsideal, entstanden aus einer Philosophie, die aus Japan kommt: Wabi-Sabi. Noch nie gehört?

Wabi bedeutet jedenfalls so viel wie Bescheiden- oder Schlichtheit. Sabi Reife, Alter. Beides zusammen ist bei genauem Hinsehen das exakte Gegenteil des Hollywood-Ideals. Wabi-Sabi feiert den Makel anstelle der Perfektion, die Patina und überhaupt: das Echte anstelle des schönen Scheins.

Eine Philosophie, die den Bruch der Vollkommenheit, die Sichtbarkeit des Vergänglichen und Gebrauchsspuren zum Inbegriff von Schönheit erklärt. Und sie setzt sogar noch einen drauf: Wer etwas ablehnt, nur weil es unvollkommen ist, hat das Wesen nicht begriffen. So sieht's nämlich aus. Wabi-Sabi hat etwas mit Hinsehen zu tun, mit der Wahrnehmung des Wesentlichen und dem Glück, Reife zu erlangen.

Schönheit findet eben auf vielen unterschiedlichen Ebenen statt. Die viel besungene Kirschblüte wäre beispielsweise nicht halb so kostbar ohne das Wissen um den herannahenden Sommer, der die ganze Pracht wieder verschwinden lässt. Dank Wabi-Sabi werden in der berühmten japanischen Keramikkunst Kintsugi außerdem Reparaturstellen nicht überdeckt, sondern – ganz im Gegenteil – mit Gold ausgefugt, was zu wunderschönen, einzigartigen Ergebnissen führt.

Das alles kommt mir sehr entgegen. Vermutlich bin ich heute dank der japanischen Lehre näher an einem Schönheitsideal dran als je zuvor. Mit Gebrauchsspuren kann ich jedenfalls ausreichend dienen. Sowohl meine Lach- als auch meine Kummerfalten machen mein Gesicht gerade erst zu dem Gesicht, das ich mir immer hätte wünschen sollen und es nur nicht begriffen habe, weil ich mich am falschen Vorbild orientiert habe. Ich werde ab jetzt definitiv meine Reife feiern. So weit, dass ich mir die Fältchen mit Gold ausfugen lassen würde, muss ich ja nicht gehen.

Aber ich werde ein großartiges Vorbild sein. Zumindest für mich selbst.

Übrigens: Gerade habe ich herausgefunden, dass es sogar einen IHK-zertifizierten Influencer-Fernlehrgang gibt. Unfassbar. Dauert nur fünf Monate. Danach weiß man alles, was man in der Welt der Einflussnehmerinnen wissen muss. Ich glaube, ich melde mich sofort an. Wenn es sonst schon keiner tut, erfinde ich den Sputnikhaartrend eben selbst!

Humor-Vorbild gefällig?

Ach ja, und wer was zu lachen haben und jemanden sehen möchte, der all diese perfekten Hollywood-/Model-/Influencer-Fotos und -Videos auf eine sehr enttarnende Art und Weise nachgestellt hat, sollte sich unbedingt die Videos der australischen Schauspielerin und Komikerin Celeste Barber anschauen. Sie ist unglaublich komisch, herrlich ehrlich und beeindruckend uneitel.

https://www.instagram.com/celestebarber/

Quiz: Was heißt hier Schönheitsideal?

Schönheit liegt im Auge des Betrachters, heißt es. Und doch gibt es Idealvorstellungen davon. Aber was hat es mit diesem so oft diskutierten Schönheitsideal auf sich?

Nun, das kommt drauf an, wann und wo man lebt. Schönheit ist nun mal relativ.

Erstaunlicherweise gilt einerseits als schön, was dem jeweiligen Durchschnittsgesicht entspricht, und andererseits das, was schwer zu erreichen ist.

Wir kennen das alle: Wer Locken hat, hätte gerne glatte Haare und umgekehrt. Ähnlich ist es auch, was die Figur betrifft: In Zeiten relativer Armut sind Kurven gefragt, denn sie stehen für Wohlstand. In Zeiten und Kulturen, in denen Wohlgenährtheit kein finanzielles Problem darstellt, gilt dünn als schick.

Während zum Beispiel hierzulande nicht wenige Frauen vor ihrer Hochzeit eine Diät machen, um besser ins Brautkleid zu passen, werden ugandische Bräute monatelang in sogenannte Fetthütten geschickt, in denen sie täglich Tausende von Kalorien zu sich nehmen müssen. Das Ziel: möglichst viel zunehmen ...

Was es alles für Schönheitsideale gab und gibt und was Menschen dafür an Strapazen und Schmerzen auf sich nehmen, geht auf keine Kuhhaut! Die meisten der folgenden Aussagen stimmen – nur jeweils eine ist falsch. Welche?

Finde den Fehler! Welche Behauptungen sind erfunden?

1. Früher war auch nicht alles besser!
   Welche Behauptung stimmt nicht?
   A: *Bei den alten Römern galt ein leichter Buckel als edel, vor allem Frauen vermieden es, sich gerade zu halten.*
   B: *Im Mittelalter war eine hohe Stirn schick, weshalb man sich sogar Haare vom Ansatz wegzupfte.*
   C: *Im Japan der Heian-Zeit (8. Jahrhundert) färbte man sich die Zähne schwarz, denn das fand man erotisch.*
   D: *In der Renaissance galt ein leichtes Doppelkinn als wunderschön.*

2. Welche Operationen sind wo der Renner?
   Auch hier gilt: Drei von vier Antworten sind wahr.
   A: *In Korea lässt man sich gerne Schamhaare transplantieren, wenn man zu wenige davon hat – sie sind dort ein Zeichen der Fruchtbarkeit.*
   B: *In Asien stehen Augenlid-OPs hoch im Kurs. Doch anders als bei uns werden nicht die Schlupflider entfernt, sondern die Lidfalte wird operativ hinzugefügt.*
   C: *In Australien gelten angewachsene Ohrläppchen als schick, während hängende angeblich ein Zeichen von Leichtsinn sind. Daher lässt man sie sich gern annähen.*
   D: *Im Iran sind Nasen-OPs nicht nur angesagt, sondern auch ein Statussymbol, weshalb man den Verband auch stolz in der Öffentlichkeit trägt.*

3. Exotische Schönheit einmal anders ...
   Und nein, das ist nicht alles erfunden – drei von vier Behauptungen stimmen tatsächlich!
   A: *In Äthiopien schneidet man Frauen die Lippen auf und dehnt sie so weit, dass Teller von bis zu 15 Zentimetern Durchmesser eingesetzt werden können – sogenannte Lippenscheiben.*
   B: *In Tadschikistan schminken sich Frauen eine kräftige Monobraue, was dort als Krönung der Weiblichkeit gilt.*
   C: *Im südöstlichen Myanmar sind Giraffenhälse schick. Frauen tragen schwere Ringe um den Hals, der dadurch optisch länger wirkt – tatsächlich werden nur die Schultern deformiert.*
   D: *Auf Grönland schminken sich Frauen dunkelblaue Lippen, um Männer dazu zu animieren, sie ihnen warmzuküssen.*

4. Noch mal Schönheitsoperationen
   Drei dieser vier OP-Trends gibt es wirklich. Welchen nicht?
   A: *In den USA lassen sich Frauen die Zehen verkürzen, damit sie in High Heels besser laufen können.*
   B: *In Italien lässt man sich operativ die Schweißdrüsen entfernen, um auch bei Hitze gut zu duften.*
   C: *In Brasilien liegen nicht nur Poaufpolsterungen, sondern auch Brustverkleinerungen im Trend.*
   D: *In Japan lässt man sich schiefe Eckzähne einsetzen, denn die gelten als viel niedlicher als gerade Beißerchen.*

5. Männer? Sind auch nicht besser

Wer denkt, Schönheitsideale seien der holden Weiblichkeit vorbehalten, ist schiefgewickelt. Man lese und staune:

A: *In Russland lassen sich Männer die Ohren deformieren, damit sie so cool aussehen wie die typischen Blumenkohlohren von Ringkämpfern. Angeblich stehen Frauen darauf.*

B: *In Madagaskar tragen die Männer Glatzen und lassen sich auf den Hinterkopf ein zweites Gesicht tätowieren. Damit zeigen sie, dass man sie nicht übers Ohr hauen kann.*

C: *In Thailand liegt das Penis- und Hodenbleaching voll im Trend – also die optische Aufhellung des männlichen Intimbereichs mithilfe eines Lasers.*

D: *In Papua-Neuguinea lassen sich Männer die Haut so aufritzen, dass die Narben später aussehen wie Krokodilhaut. Das verleiht ihnen ein Starker-Krieger-Image.*

Auflösung!
Richtig (bzw. erfunden) sind: 1A, 2C, 3D, 4B, 5B

Teil 6:

DEIN LEBEN HAT KEIN PREISSCHILD

Es geht immer schneller, weiter und auch besser. Große Karriereschritte, Reichtum, familiäres und am liebsten öffentlich zur Schau gestelltes Glück gelten viel in einer Gesellschaft wie der unseren. Diese Fassade ist wichtig und wird immer schön geputzt, der dazugehörige Wohlstandsgarten natürlich auch, denn wenn etwas einen Wert haben soll, dann darf es auch was kosten. Nicht nur Geld, sondern auch kostbare Lebenszeit, manchmal die Beziehung oder Freundschaften. Viele merken gar nicht, wie tief sie schon in dieser Spirale festhängen, und sehen nur den nächsten Karriereschritt, die Gehaltserhöhung oder das lichtdurchflutete Penthouse. Das ist nicht nur anstrengend, sondern es erzeugt auch Druck und außerdem den Wunsch, sich und die eigene Leistung immer weiter zu verbessern. Statt sich darüber zu freuen, dass genug da ist, fragen wir uns, ob nicht vielleicht doch noch mehr möglich ist.

Vielleicht geht es nicht darum, der Gesellschaft, der Peer Group, dem Chef oder den Sportkumpels zu beweisen, dass wir immer noch einen draufsetzen können – sondern uns klarzumachen, dass wir alles haben, was wir brauchen, und vielleicht sogar mehr davon, wenn wir nicht immer weiterhasten. Denn mal ehrlich: Die Dinge, die uns wirklich glücklich machen, sind doch sowieso unbezahlbar, oder?

Heike

Erfolg – was ist das eigentlich?

»So werden Sie erfolgreich!«, brüllen uns die einschlägigen Selbstoptimierungsratgeber entgegen. Denn natürlich ist »Erfolg« eines ihrer Lieblingsthemen! Doch genügt es wirklich, simplen Tipps zu folgen, um reich, berühmt und mächtig zu werden?

Wobei – Moooment. Fällt Ihnen was auf? Wir sind gerade dabei, *deren* Definition von Erfolg zu übernehmen. Puh, gerade noch rechtzeitig gemerkt.

Also lassen Sie uns rasch einen Schritt zurücktreten, bevor wir in diese Falle tappen, und noch mal ganz neu überlegen: Was genau bedeutet Erfolg überhaupt? Lässt er sich tatsächlich in Geld messen? In PS? Followern? Likes? Oder in der Größe des Büros?

Gute Frage, oder? Schwere Frage vor allem. So spontan lässt sie sich gar nicht beantworten.

Seltsam, denn an sich geht uns das Wort doch ganz leicht über die Lippen.

»Viel Erfolg«, sagen wir zu unserer Freundin, die ein Vorstellungsgespräch vor sich hat. Zu unseren Kindern, wenn sie zu einer Prüfung aufbrechen. Zu unserem Partner auf dem Weg zu einem Meeting.

Ähm – und was genau meinen wir damit?

Bleiben wir doch einfach mal bei dem Beispiel mit der Prüfung. »Viel Erfolg« kann da vieles bedeuten – zwischen

»Hauptsache nicht durchgefallen« bis »volle Punktzahl« ist alles drin. Während ein Wackelkandidat sich schon über »gerade noch so bestanden« riesig freut und den unerwarteten Erfolg groß feiert, ärgert sich der Streber über das Minus hinter der Eins.

Ich erinnere mich an eine Klassenkameradin, die einmal wegen einer Drei in Mathe einen Heulkrampf bekam. Als eine Mitschülerin sie mit den Worten »Schau mal, ich hab eine Fünf, dagegen bist du doch supergut« trösten wollte, machte sie damit alles noch schlimmer, und die Tränen wollten erst recht nicht versiegen.

Klar – für die Fünferschülerin wäre eine Drei der Erfolg des Jahrzehnts gewesen! Doch wer sonst immer perfekt abliefert, kann angesichts des Wörtchens »befriedigend« schon mal die Fassung verlieren.

Es kommt eben immer auf die eigenen Ansprüche an. Darauf, was man erwartet hat – als Konsequenz des eigenen Handelns. Ursprünglich bezeichnet »Erfolg« nämlich das, was erfolgt, wenn man etwas tut. In dieser Bedeutung wird das Substantiv seit dem 17. Jahrhundert verwendet.

Man kann also, wenn es nach dem eigentlichen Wortsinn geht, nur Erfolg (oder auch Misserfolg) haben, wenn man handelt. Oder, wie es die gute alte Redewendung auf den Punkt bringt: Ohne Fleiß kein Preis. Wobei – ob das wirklich so stimmt? Dazu später mehr.

Zurück zu der Frage, was nun eigentlich als persönlicher Erfolg zählt. Vermutlich hat dazu jeder ganz unterschiedliche Konzepte im Kopf. Sie alle sind gültige Definitionen von Erfolg, aber wir gewichten sie unterschiedlich.

Wie sähe die Reihenfolge bei Ihnen aus? Ich habe die folgenden fünf Aspekte relativ willkürlich sortiert. Dachte ich jedenfalls beim Schreiben. Aber wenn ich sie mir jetzt so betrachte, wird mir klar, dass ich mit dem (für mich) unwichtigsten Punkt anfange und mit dem aufhöre, der mir am meisten am Herzen liegt.

Die fünf Aspekte des Erfolgs

Rekorde – besser geht's nicht?
Manche Menschen fühlen sich vor allem dann erfolgreich, wenn sie auf einem Gebiet besser als andere sind – idealerweise der oder die Beste weit und breit. Und sei es ein noch so irrelevanter Rekord wie der im Dauer-Schafkopf-Spielen, im Hotdog-Wettessen oder im Handy-Weitwurf.

Es gibt übrigens auch Rekordhalter, die stolz darauf sind, die längsten Ohrhaare der Welt zu haben oder in einer Minute mehr Walnüsse mit dem Kopf zerschmettern zu können als alle anderen Erdenbürger. Da fragt man sich doch: warum? Und gibt es in diesen Disziplinen überhaupt nennenswerte Konkurrenz?

Was den Weltrekord im Baseball-Rückwärtswerfen betrifft, bin ich allerdings ein klein wenig neidisch, dass so was als Erfolg gilt. Als mir damals (anno 1979) bei den Bundesjugendspielen etwas Ähnliches mit einem Schlagball gelang, wurde es nicht mal gewertet. Betrug!

Manche Rekorde sind übrigens kein Selbstzweck, sondern eher die Folge eines Erfolgs auf anderem Gebiet. Bestes Beispiel: Greta Thunberg, die 2019 als bis dahin jüngste Person aller Zeiten das Cover des *Time Magazine* zierte und sogar zur »Person des Jahres« gekürt wurde.

Zahlen – der kalkulierte Erfolg

Zahlen eignen sich schon allein deshalb so gut, um Erfolge zu messen, weil sie so herrlich objektiv erscheinen. Obwohl wir doch alle wissen, dass das nur bedingt der Fall ist, geben sie einen gewissen Halt – oder jedenfalls die Illusion davon.

Unternehmen messen ihren Erfolg zum Beispiel gern in Umsatzplus und Gewinnmaximierung. Werden die Zielvorgaben erreicht oder sogar übertroffen, verbucht man das als Erfolg.

Doch nicht nur Unternehmen, auch Privatpersonen sind zahlenorientiert. Ob Kontostand oder Prüfungsergebnis, Kilos auf der Waage oder Zahl der Follower – was sich konkret messen lässt, wird gerne zum Maßstab des Erfolges erhoben.

Dabei wissen wir doch alle, dass auch Menschen mit Millionen auf dem Konto Selbstzweifel haben können und sich andere mit einem BMI, der auf Untergewicht schließen lässt, fett fühlen. Zahlen sind eben auch ganz schön subjektiv.

Anerkennung – wollen doch alle
Ob ideell in Form von Lob, Ruhm, Ehre, Zuspruch und Applaus oder ganz konkret durch Preise, Zertifikate, Medaillen, Beförderungen, Urkunden und Gehaltserhöhungen – es gibt viele Formen der Anerkennung, und alle sind heiß begehrt.

Das fängt schon im Kindesalter an. Für ein »Das hast du aber fein gemacht« reißen sich schon die Kleinsten ein speckiges Beinchen aus. Und in der Grundschule dann für ein Fleißsternchen. Später im Leben darf es auch gern eine Ehrennadel oder ein Zinnteller sein.

Es ist immer toll, wenn man Bestätigung bekommt. Aber eins ist klar: Es handelt sich dabei stets um eine Beurteilung von außen.

Sehr gut möglich, dass man Sie um einen vermeintlichen Erfolg beneidet, auf den Sie selbst aber überhaupt nicht stolz sind. Weil zum Beispiel die Beförderung eigentlich einer Kollegin zugestanden hätte, das Lob völlig übertrieben ist oder Sie bei dem Test geschummelt haben. Oder weil Ihnen in Wahrheit ganz andere Dinge wichtig sind!

Geschafft – der ganz persönliche Erfolg
Es gibt Erfolge, die werden von der Umwelt so gut wie gar nicht wahrgenommen. Und sie lassen sich auch kaum in Zahlen beschreiben und noch viel weniger als Weltrekord bezeichnen.

Das macht auch überhaupt nichts, denn diese Erfolge feiern Sie im Stillen. Mit sich ganz allein. Völlig egal, ob andere Ihre Leistung genauso großartig fänden wie Sie oder für kaum erwähnenswert halten würden.

Sie wissen selbst am besten, was für eine Überwindung es gekostet hat, diesen Riesenhund zu streicheln. Oder die Flugreise ohne Panikattacke zu überstehen. Bei dem Vortrag die Hand zu heben und vor allen Leuten eine Zwischenfrage zu stellen. Wie schwierig es war, die niedergeschlagene Nachbarin zum Lachen zu bringen. Dem Fiesling in der Bahn, der jemanden rassistisch angepöbelt hat, die Meinung zu geigen. Endlich, endlich die Buchhaltung zu erledigen. Dieses komplizierte Rätsel zu knacken, an dessen Lösung Sie tagelang herumgeknobelt haben. Jemandem Mut zu machen. Den Halbmarathon zu schaffen – ganz egal in welcher Zeit.

Was für andere ein Klacks sein mag, kann für Sie eine ungeheuerliche Leistung bedeuten, auf die Sie zu Recht stolz sind!

Freiheit – das Höchste der Gefühle
Kein Rekord. Keine messbaren Leistungen. Kein positives Feedback von anderen. Nicht mal widrige Umstände, die Sie überwunden haben. Nein, es gibt auch eine Form von Erfolg, die noch stiller und privater ist, dafür aber vielleicht umso wertvoller:

Es ist das gute Gefühl, mit sich im Reinen zu sein. Nach dem eigenen Gewissen zu handeln. Nicht

> fremdbestimmt zu sein. So zu leben, wie es einem guttut. Sich Zeit nehmen zu können für alles, was einem wichtig ist. Aufgaben ablehnen zu können, die einem widerstreben.
>
> Es ist das Gefühl der Freiheit. Denn wer dieses Level erreicht hat, ist frei von den Urteilen, Maßstäben und Werten anderer. Sie sind erfolgreich, einfach nur, weil Ihr Leben nach Ihren persönlichen Maßstäben ein gutes ist. Klingt toll, oder?
>
> Ach, übrigens: Mit dem oben zitierten »Ohne Fleiß kein Preis« hat das wenig zu tun. Eher mit »Jeder ist seines Glückes Schmied«, aber das ist ein anderes Thema, dem wir ein eigenes Kapitel widmen.

Alles schön und gut, Sie finden sich in diesen Beschreibungen zwar teilweise wieder, fühlen sich aber kein bisschen erfolgreich? Und das, obwohl alle Welt denkt, Erfolg sei Ihr zweiter Vorname?

Nun, dann könnte es gut sein, dass Sie unter dem Hochstapler-Syndrom leiden. Und nein, das bedeutet nicht, dass Sie tatsächlich hochstapeln, sondern dass es Ihnen so vorkommt. Klingt verrückt? Würde aber vielleicht so einiges erklären. Vielleicht sind Sie ja betroffen?

Achtung, hier kommt ein Schnelltest:
- *Eigentlich kann ich ja gar nichts.*
- *Meine Leistungen werden überschätzt, in Wahrheit sind sie nichts Besonderes.*

- *Meine bisherigen Erfolge sind purer Zufall! Ich habe eben Glück, aber das kann unmöglich von Dauer sein.*
- *Früher oder später fällt das garantiert auf, und dann kommt alles raus – dann werde ich entlarvt:*
- *Ich bin ein:e Betrüger:in!*

Okay, Sie haben mindestens eine Frage, vielleicht sogar alle fünf mit Ja beantwortet? Dann habe ich eine schlechte und eine gute Nachricht für Sie:

Die schlechte lautet: Jawoll, das ist typisch für das Hochstapler-Syndrom (auch Impostor-, Mogelpackung- oder Betrüger-Phänomen genannt).

Und jetzt die gute Nachricht: Die beste Therapie dieses Syndroms beginnt damit, dass Sie seine Existenz erkennen. Sie befinden sich also bereits auf dem Weg der Besserung. Herzlichen Glückwunsch!

Früher dachte man, es seien hauptsächlich Frauen vom Hochstapler-Syndrom betroffen; inzwischen weiß man, dass Männer dieses Gefühl gleichermaßen kennen.

Vermutlich werden über die Hälfte aller Menschen von dieser Art von Selbstzweifeln geplagt, übrigens überwiegend erfolgreiche Personen.

Prominente Beispiele sind etwa Albert Einstein und Jodie Foster. Er ein Genie und Nobelpreisträger, Erfinder der Relativitätstheorie und Weltveränderer, sie eine hochdekorierte Schauspielerin und Regisseurin mit abgeschlossenem Hochschulstudium und Mitglied in einer Vereinigung für hochbegabte Menschen.

Wenn also selbst Einstein sich wie ein Schwindler fühlte und Jodie Foster fürchtet, das mit dem Oscar sei bloß eine Verwechslung gewesen, dann sind das wohl eindeutig nichts als Hirngespinste.

Tja, und bei Ihnen ist das nicht anders. Sehen Sie's ein: *Sie! Sind! Erfolgreich!*

Und wenn Sie das nicht glauben, dann machen Sie doch einfach mal eine Liste der Dinge, die Ihnen in Ihrem Leben schon gelungen sind. Ja, die Kinder zählen auch. Und der Apfelkuchen von neulich ebenfalls. Und natürlich das Schwimmabzeichen. Und, und, und.

Lucinde

Werte – was uns antreibt

Bestimmt eine Million Mal habe ich mir in meiner Jugend vorgenommen, alles ganz anders zu machen als meine Mutter, wenn ich selbst mal Kinder haben würde: Ich wollte mit allem cool sein, niemals Hausaufgaben kontrollieren oder meinen bis dato ungeborenen Kindern mitteilen, dass es wohl höchste Zeit fürs Bett sei. Ich würde sie nie fragen, ob es ihnen nicht vielleicht doch kalt ist »so wie da immer der Speck rausschaut« und ob sie ausreichend Obst gegessen haben.

Wie ich jetzt weiß, kann man sich so was getrost vornehmen. Vermutlich rettet es einen sogar durch die Pubertät und ist von der Natur so vorgesehen, denn es erleichtert den Abnabelungsprozess. Was soll man auch sonst tun, wenn es all diese Regeln und Vorstellungen gibt, die das Leben so unfassbar vorhersehbar und langweilig machen – außer sie abzulehnen? Ganz besonders dann, wenn irgendeine Oma wissend lächelt und Sachen sagt, wie »du erinnerst mich so an deine Mutter/deinen Vater, die haben damals genau das Gleiche zu mir gesagt. Und nun sieh sie dir an!«

In dieser Lebensphase ist das erschreckend. Im Nachhinein beruhigend, vor allem, wenn man Kinder hat, die auf keinen Fall ihr Hemd in die Hose stecken wollen.

Mittlerweile weiß ich natürlich, dass meine Oma recht hatte und dass sie – hätte sie lange genug gelebt – das auch über meine Kinder hätte sagen können.

Klar, ein paar Sachen mache ich wirklich anders. Wenige. Wenn man genau hinsieht, nur das mit den Hausaufgaben. Was meine Kinder natürlich nicht daran hindert, sich ebenfalls von mir und meinen Erziehungsmethoden zu distanzieren. Umso mehr erfüllt es mich mittlerweile mit einer gewissen Gelassenheit, zu wissen, dass auch an ihrem »Ey Mama, wenn ich mal eine Familie habe, dann ...« nicht so viel dran ist. Denn selbst wenn es ihnen gleichgültig wäre, ob ihre Kinder genügend Obst essen, rechtzeitig ins Bett gehen und warm genug angezogen sind (wovon ich nicht ausgehe), so sind ein paar grundsätzliche und sehr nachhaltige Werte, über die wir nie viele Worte verloren haben, dennoch ein ganz wesentlicher Teil ihrer Erziehung und ihres Lebens. Werte, die in mir sind, meine Moralvorstellungen darstellen und mich durch mein eigenes Leben geleitet haben. Tief und unverrückbar.

Dazu gehören beispielsweise Ehrlichkeit, Pünktlichkeit, Loyalität, Fürsorge und Vertrauen. Über entsprechende Verhaltensweisen muss und musste ich nie wirklich nachdenken oder mit meinen Kindern sprechen, denn sie sind für mich so selbstverständlich wie das Atmen.

In anderen Familien zählen andere, wie zum Beispiel Willenskraft, Ehrgeiz oder auch Bescheidenheit zu den Pfeilern des Zusammenlebens.

Ganz egal, was uns antreibt und was wir erreichen, wir messen unseren persönlichen Erfolg daran und wählen unsere Freundschaften oder Partner unbewusst anhand unseres persönlichen und individuellen Wertekatalogs.

Dabei zeigen Werte uns mitunter auch unsere Grenzen. Meistens bemerken wir sie allerdings nur, wenn wir auf Menschen stoßen, die anders aufgestellt sind als wir, oder wenn wir in Situationen geraten, in denen andere, uns fremde Regeln gelten.

Ein bisschen fühlt es sich dann so an, als hätte man einen Stadtplan von Rom dabei – und würde versuchen, sich damit in Tokio zurechtzufinden. Oder als würden wir uns mit Taucherbrille und Flossen am Fuße eines Berges wiederfinden. Ort mag passen. Ausrüstung auch. Aber eben nicht zueinander.

Das Ganze geht aber auch direkt vor der Haustür, zum Beispiel mit Nachbarn. Das weiß ich aus Erfahrung.

Neulich trafen wir bei einem Spaziergang zufällig auf Elisabeth Frantzen, immer glücklich strahlende Ehefrau von Thomas, stolze Mutter von Kaya und Celine, die so alt wie unsere Töchter sind und die bis zu unserem Umzug ans andere Ende der Stadt direkt neben uns wohnten. Bei ihnen herrschte die klassische Rollenverteilung: Er ging arbeiten und Elisabeth kümmerte sich um den Haushalt. Nicht, dass das damals bei uns wesentlich anders war. Ich hatte vier kleine Kinder und das Einzige, was ich zu diesem Zeitpunkt beruflich machen konnte, war, in den drei Stunden Schlaf, die ich nachts am Stück hatte, davon zu träumen, irgendwann einmal wieder irgendeiner Tätigkeit nachzugehen, die nichts mit Waschen, Putzen oder Kochen zu tun hatte.

Da wir direkt nebeneinander wohnten, waren die Frantzen-Töchter sehr oft bei uns – und umgekehrt. Wobei ich sie lieber bei uns hatte, denn dann sah ich die Kleider meiner drei Mädchen nicht plötzlich mit dem strengen Blick von Elisabeth, die sie in meiner Vorstellung ganz bestimmt für schäbig hielt – vor allem im Vergleich zu den farblich aufeinander abgestimmten Oshkosh-Partnerlook-Kleidchen von Kaya und Celine. Meine Kinder vererbten sich alles und entschieden auch oft selbst und äußerst kreativ, was sie tragen wollten. Nicht selten bestand ihre Garderobe aus Klamotten wie Prinzessinnennachthemden zu Gummistiefeln oder Bikinioberteil zu Ballettröckchen über Jeans. Ähnlich fragwürdig waren auch ihre »Frisuren«, während ich Kaya und Celine nie anders als mozartbezopft und mit Schleifchen im Haar gesehen hatte.

Die Frantzens waren einfach eine perfekte Familie: Die Kinder super in der Schule, Thomas erfolgreich in seiner Firma und Elisabeth glücklich und immer wie aus dem Ei gepellt. Am Wochenende trieben sie gemeinsam Sport, in den Ferien gingen sie zusammen wandern, nie hörte ich Geschrei von drüben, kein Fahrrad lag je so in der Einfahrt, dass man unweigerlich drüberfahren musste, und die Fenster waren unglaublich sauber, obwohl ich Elisabeth nie putzen sah.

Wenn sie bei uns waren, hatte ich außerdem nicht so sehr das Gefühl, Maria, Lilli und Paulina vorher noch schnell ein paar Benimmregeln eintrichtern und sie daran erinnern zu müssen, auch ja nicht zu vergessen, freundlich zu grüßen, ihre Schuhe nach dem Ausziehen nebeneinanderzustellen und ihre Hände zu waschen. Am besten ständig. Egal was sie taten.

Elisabeth hat nie irgendetwas zu ihnen oder zu mir gesagt, aber ich kann mich nicht erinnern, sie je ohne hochgezogene Augenbraue gesehen zu haben. Eine Augenbraue, die zumindest mir durch Mark und Bein ging. Ich hatte ständig das Gefühl, ihren Ansprüchen nicht zu genügen. Das lag daran, was ihr wichtig war: keimfreie Sauberkeit,

Ordnung, Höflichkeit, Gehorsam, Pflichtbewusstsein, Leistung und Perfektion waren die Ideale ihres Lebens, ihre Werte und das, woran sich alles orientierte.

Da konnte ich natürlich nur bedingt punkten, sosehr ich es mir gewünscht hätte. Unsere gemeinsame Schnittmenge diesbezüglich war winzig und beinhaltete Höflichkeit und Pflichtbewusstsein – wobei sie Letzteres ebenfalls ganz sicher auch anders definiert hätte als ich.

Unseren Kindern war das alles völlig egal. Sie ignorierten oder übersahen die Augenbraue schlicht und spielten fröhlich mit Kaya und Celine, während ich mich selbst dann von ihr verfolgt fühlte, wenn Elisabeth gar nicht da war.

Einmal waren wir zum Grillen dort. Unsere Kinder freuten sich wie verrückt, weil wir ihnen versprochen hatten, dass sie danach in unserem Garten im Zelt schlafen durften. Erster Fehler. Elisabeths Kinder durften so was nämlich nicht, was uns Elisabeth auch schon beim Begrüßungsprosecco-Cocktail mitteilte und außerdem fand, ich hätte das vorher mit ihr besprechen können, bevor ich falsche Hoffnungen in den Frantzen-Kindern weckte. Ehrlich gesagt hatte ich das nur meinen Kindern versprochen. Dass sie das Kaya und Celine erzählten und die beiden auch gern dabei sein wollten, war für mich nicht tragisch – im Gegenteil. Aber ich hatte ja auch keine Bedenken bezüglich der Sicherheit oder sonst irgendetwas. Die Mädchen hatten das schon ein paar Mal gemacht, es hatte immer gut geklappt und vor allem auch dem Papa Spaß gemacht, der jedes Mal noch auf eine Gruselgeschichte vorbeigekommen und am liebsten geblieben wäre. Aber Sicherheit war Elisabeth nun eben sehr wichtig, und man wusste ja nie, was nachts in den Gärten unseres sehr sicheren Wohnviertels geschah, es konnte kalt werden, und sie wollte auf keinen Fall die Tür offen lassen, denn siehe oben. Außerdem hatte vor Jahren jemand einen Fuchs in der Straße gesehen. Auf keinen Fall also durften ihre Kinder an diesem Abenteuer teilnehmen.

Ich hätte lieber ein Bier gehabt oder wenigstens einen Prosecco ohne Sirup, Holunderblüte und extra Zuckerrand, aber sie hatte sich so viel Mühe mit dem Aperitif gegeben, da wollte ich nicht unhöflich sein. Außerdem hatten wir sie ja schon mit der Zeltgeschichte aus der Fassung gebracht, bevor der Abend überhaupt begonnen hatte.

Ihr Mann Thomas fand Zelten zwar super, aber das sagte er so leise, dass man es kaum hören konnte, und noch dazu nur ein einziges Mal, denn dann brachte ihn die Augenbraue zum Schweigen. Überhaupt sprach er erst, als er mit meinem Mann am Grill stand und die Steaks briet, die Elisabeth beim Biometzger geholt, mariniert und sehr ansehnlich auf einem extra dafür vorgesehenen Teller drapiert hatte. Ich muss zugeben, ich war von ihrer Vorbereitung begeistert, und es roch himmlisch, was vielleicht auch daran lag, dass Thomas immer wieder einen Schluck Bier über das Fleisch goss – nun ja, auch dies nur, bis Elisabeth ihm erklärte, dass immer etwas Restalkohol blieb und er ja wohl kaum seine Kinder vergiften wollte. Wollte er selbstverständlich nicht.

Ich hätte immer noch gern ein Bier gehabt, aber ich traute mich immer noch nicht, danach zu fragen, denn ich hatte mittlerweile einen ziemlich lieblichen Weißwein mit den denkwürdigen Worten »Wir Frauen mögen es eben süß, nicht wahr?« kredenzt bekommen und mich wieder nicht getraut, mich zu wehren. Immerhin waren wir dort zu Gast, und es widersprach meiner Auffassung von Höflichkeit und Respekt, ihre Vorstellungen zu durchkreuzen. Es tat mir ja außerdem nicht wirklich weh, diesen Wein zu trinken (oder zumindest erst am nächsten Morgen) und für die gute Nachbarschaft tat man doch einiges.

Um das Ganze abzukürzen: Der komplette Abend verlief nach Elisabeths Konzept. Jeder, selbst mein Mann und ich, folgten ihren Regeln – mit dem beruhigenden Wissen, dass frühes Zubettgehen ebenfalls ganz wichtig für Elisabeth war. Als wir nach einem fürchterlich klebrigen Nachtisch gegen halb zehn wieder auf unsere Seite des Gartens zurückkehrten, waren wir sehr erleichtert und lobten uns gegenseitig, dass wir keine groben Fehler gemacht hatten. Zumindest keine, von denen wir wussten.

Fast zwanzig Jahre später stand nun ziemlich unerwartet Elisabeth ohne Thomas vor uns. Die beiden hatten sich schon vor zehn Jahren scheiden lassen. Thomas hatte sie für eine Jüngere verlassen. Das totale Klischee, wie uns Elisabeth bitter mitteilte. Er hatte seinen Job aufgegeben und fuhr in einem alten Bus um die Welt, wann immer er Zeit dafür hatte. Kaya studierte Erlebnispädagogik, die totale Rebellion, fand Elisabeth, aber wenigstens hatte sich Celine zu einem guten Mädchen entwickelt und sich für einen sicheren Job bei der Bank entschieden. Auf sie war Verlass.

Ich war nicht schadenfroh, das liegt mir nicht. Tatsächlich tat sie mir leid. Denn wenn man so will, stand sie mit ihrer Landkarte von ihrem eigenen Leben ziemlich orientierungslos da. Und wenn es für mich auch absolut merkwürdigen Regeln folgt, so waren es doch ihre wahrhaftigen, wesentlichen und grundsätzlichen Werte, nach denen sie sich gerichtet hatte. Und so, wie ich es sah, hatte Thomas sehr wohl versucht, ihr zu folgen, aber irgendwann bemerkt, dass das für ihn nicht funktioniert.

Wenigstens war er konsequent genug, auf diese Erkenntnis entsprechend zu reagieren. Schade nur, dass jemand wie Elisabeth nur auf eine für sie typische Art und Weise damit umgehen kann: mit einer hochgezogenen Augenbraue nämlich.

Der ultimative Drei-Fragen-Werte-Check

Manchmal, wenn Situationen nicht so laufen, wie wir uns das vorstellen, oder wenn Beziehungen zu Menschen nicht mehr funktionieren, können wir uns Folgendes fragen, um dem wahren Grund auf die Schliche zu kommen:

1. Was ist mir wirklich wichtig?
Manchmal ist es kein Fehler, seine eigenen Werte zu überprüfen – und mit denen der anderen abzugleichen. Im Grunde werden wir in unserem Freundeskreis automatisch eine große Übereinstimmung finden, sonst wären es schließlich nicht unsere Freunde. Aber wenn es mit einer Person eben so gar nicht passt, diejenige aber vielleicht unsere Chefin, unser Nachbar oder die Lehrerin der Kinder ist, lohnt es sich trotzdem, wertefrei zu überlegen, was sie antreibt. Nicht, weil es in ihrem Verhalten etwas ver-

ändern würde – aber in unserem Verständnis für sie. Und das wiederum verändert einiges.

2. Warum stört mich dies oder das so sehr?
Manchmal widerspricht uns etwas total – wie in meinem Fall dieser unglaubliche Ehrgeiz und Anspruch von Elisabeth. Klar hätte ich es toll gefunden, wenn eines meiner Kinder auch mal ein paar Einser geschrieben hätte, aber andererseits waren und sind mir eben andere Dinge wichtig. Wie beispielsweise, dass sie sich trauen, auch Fehler zu machen, und wissen, dass ich meine Liebe zu ihnen nicht an Leistung knüpfe. Für Elisabeth, die ihren Töchtern selbstverständlich für jede Eins fünf Euro gab, war es ein Grund für tagelanges Schweigen, wenn sie mal nicht zu den Besten gehörten, und nichts, was man hinterfragen musste. Es waren einfach ihre Regeln.

3. Ist es mir wirklich wert, mich hier auf diese Art und Weise zu verbiegen, nur damit der andere glücklich ist?
Nein, ich würde nie wieder süßen Weißwein trinken oder meinen Kindern Regeln auferlegen, die nicht die meinen sind – auch, wenn sie dank Elisabeth gelernt haben, ihre Schuhe immer schön nebeneinanderzustellen und mir das prinzipiell gut gefällt. Aber es gibt durchaus Situationen, in denen ich mich anpasse. Weil eben nicht nur Ehrlichkeit zu meinen

Werten gehört, sondern auch Respekt, Harmonie und Wertschätzung anderer.

Ein paar Werte zur Orientierung
(Nur, falls Sie auch mal nach Rom wollten und sich plötzlich in Tokio wiederfinden ☺):

Achtsamkeit, Akzeptanz, Ansehen, Anstand, Ausdauer, Authentizität, Beharrlichkeit, Bescheidenheit, Dankbarkeit, Demut, Disziplin, Ehrlichkeit, Empathie, Effizienz, Erfolg, Freundlichkeit, Frieden, Fürsorge, Geduld, Gelassenheit, Gerechtigkeit, Gleichberechtigung, Glück, Großzügigkeit, Güte, Harmonie, Hilfsbereitschaft, Hingabe, Hoffnung, Humor, Idealismus, Integrität, Interesse, Intuition, Klugheit, Kommunikation, Kompetenz, Konfliktfähigkeit, Konsequenz, Kontrolle, Kreativität, Leidenschaft, Leichtigkeit, Liebe, Loyalität, Menschlichkeit, Mut, Motivation, Nachhaltigkeit, Nächstenliebe, Offenheit, Optimismus, Ordnung, Pflichtgefühl, Phantasie, Pragmatismus, Professionalität, Pünktlichkeit, Redlichkeit, Respekt, Rücksichtnahme, Ruhe, Sauberkeit, Selbstvertrauen, Sensibilität, Sicherheit, Solidarität, Sorgfalt, Sparsamkeit, Spaß, Tapferkeit, Toleranz, Treue, Unabhängigkeit, Verantwortung, Verbindlichkeit, Vertrauen, Vergebung, Wachsamkeit, Weisheit, Weitsicht, Wertschätzung, Willenskraft, Wohlstand, Würde, Zielstrebigkeit, Zufriedenheit, Zuversicht

> Überlegen Sie doch mal, welche fünf Werte für Sie die wichtigsten sind. Und – sollte es jemanden geben, mit dem Sie sich gerade nicht so gut verstehen – überlegen Sie sich auch seine. Manchmal schafft das Nachdenken über die Werte des anderen Verständnis und Nähe – und plötzlich ist die Stimmung eine ganz andere!

Glück – der natürliche Feind des Mimimi

Dann greife ich mir doch aus Lucindes Werte-Liste einfach mal einen Schlüsselbegriff raus: Glück. So ein schönes Wort, finden Sie nicht?

»Mensch, hab ich ein Glück!« – dieser Satz begleitet mich schon, solange ich denken kann. Dabei bin ich nicht mal ein Sonntagskind, sondern an einem Montagnachmittag geboren. Doch bereits ganz früh reifte in mir die Überzeugung, dass ich es ganz schön gut getroffen habe in diesem Leben.

Schuld daran ist die gute, alte Tagesschau, die bei uns allabendlich eingeschaltet wurde. Zwar haben meine Eltern den Fernsehkonsum von uns Kindern ansonsten streng reglementiert, aber die Nachrichten liefen nun mal, und da war es unausweichlich, dass ich mitbekam, was auf der Welt so los war.

Und es war allerhand los, leider selten etwas Erfreuliches – der Großteil der mit Grabesstimme verlesenen Meldungen waren furchtbare Katastrophen. Bürgerkriege, Hungersnöte, Vulkanausbrüche, Massaker, Erdbeben, noch mehr Bürgerkriege ...

Ich konnte es kaum fassen, wie viele schreckliche Dinge anderen Menschen widerfuhren, während mein größtes Problem die Feuerwehrsirene auf der anderen Straßenseite war, die einen ganz schön erschrecken konnte, wenn sie nachts losheulte.

Ja, vor dieser Sirene hatte ich so viel Angst, dass ich mir beim Einschlafen immer das Kissen um den Kopf wickelte, quasi als Schalldämpfer. Aber mir war klar: Verglichen mit dem Elend der Welt, das in der Tagesschau so vorkam, war die Sache mit der Sirene ein Klacks!

In dem kleinen Dorf am Fuße des Hunsrücks, in dem ich aufgewachsen bin, hungerte definitiv niemand. Hin und wieder donnerten zwar Panzer durch die Hauptstraße und man hörte aus der Ferne Kanonen und das Trommelfeuer der Artillerie, aber nicht weil Krieg herrschte, sondern weil der Truppenübungsplatz Baumholder nicht weit entfernt lag.

An Vulkanausbrüche oder Erdbeben war ohnehin nicht zu denken, das Schlimmste, was in Sachen Naturkatastrophen passieren konnte, war ein Sommergewitter oder kniehoher Schnee im Winter, der uns sogar zusätzliche Ferien bescherte, weil die Straßen einfach unpassierbar waren.

Was es zu meiner allergrößten Erleichterung ebenfalls nicht gab: Klapperschlangen, Giftspinnen, Löwen und Tiger.

Oh, ich war wirklich ein Glückskind!

Damals gab es zwar noch keinen jährlichen World Happiness Report, denn der wurde erst 2011 von den Vereinten Nationen erfunden, aber wenn doch, hätte ich ganz schön über die Platzierung meines Heimatlandes gestaunt: Im Jahr 2020 belegt Deutschland darin keineswegs den ersten Rang, sondern gerade mal den siebzehnten! Vor uns liegen nicht nur die Skandinavier, sondern auch unsere Nachbarländer Österreich, Schweiz, Niederlande und Luxemburg.

Sogar Costa Rica (wo es definitiv Vulkane und Erdbeben gibt!) und Israel (wo die Terrorgefahr zum Alltag gehört) haben uns abgehängt. Auf Rang eins liegt übrigens Finnland – ein Land, in dem die Hälfte des Jahres Dunkelheit herrscht und eines der größten TV-Events die Liveübertragung der Schweige-Weltmeisterschaft ist!

Platz siebzehn also. Einen hinter Irland und nur vier Plätze vor den Vereinigten Arabischen Emiraten. Da fragt man sich doch, nach welchen Kriterien diese Rangfolge errechnet wurde.

Nun, unter anderem errechnet sich der Glücksindex aus Faktoren wie Kaufkraft, Lebenserwartung, Grad der sozialen Absicherung und Korruption. Zahlen und Statistiken fließen in die Platzierung mit ein, aber auch Umfragen zu Wohlbefinden, Zufriedenheit und Wertvorstellungen. Die Teilnehmer werden zum Beispiel gefragt, ob sie in letzter Zeit gelacht oder sich geärgert haben. (Okay, vermutlich ist das ein Aspekt, der für die relativ schlechte deutsche Platzierung verantwortlich ist, schließlich gelten wir als humorlose Meckerweltmeister.)

Eine große Rolle beim Glücksindex spielen außerdem die Freigiebigkeit – also die Frage, ob man für wohltätige Zwecke spendet – und die persönliche Freiheit, das Leben nach eigenen Vorstellungen gestalten zu können.

Vor diesem Hintergrund verwundert es dann auch nicht, welche fünf Länder die Schlusslichter auf der Liste sind: nämlich die Zentralafrikanische Republik, Ruanda, Simbabwe, der Südsudan und Afghanistan.

Um das zu verstehen, muss man kein Glücksforscher sein. Natürlich fühlt man sich in einem armen Land, in dem Krieg herrscht, Infrastruktur und medizinische Versorgung schlecht sind und die Menschen hungern, nicht besonders glücklich.

Apropos Glücksforschung: Ja, die gibt es wirklich. Und daran sind die unterschiedlichsten wissenschaftlichen Disziplinen beteiligt! Unter anderen beschäftigen sich Philosoph:innen, Psycholog:innen, Soziolog:innen, Ethnolog:innen und Ökonom:innen mit dem Thema Glück.

Und weil sie das meistens in englischer Sprache tun, können sie dabei die verschiedenen Aspekte von Glück auch besser auseinanderhalten: Denn einerseits gibt es ja das Zufallsglück (luck) und andererseits das Lebensglück (happiness). Und dann gibt es da noch die sogenannte Lebenszufriedenheit (well-being), mit der – im Gegensatz zu akuter Glückseligkeit – nicht die momentane Stimmung beschrieben wird, sondern die generelle Einschätzung der eigenen Situation über einen längeren Zeitraum hinweg.

Dabei spielen dann Kriterien wie Partnerschaft, Freunde, Beruf, Wohnsituation und Hobbys eine Rolle. Zum Großteil also Dinge, die man sich selbst ausgesucht hat. Die Frage nach dem well-being ist im Grunde die, ob man mit dem Leben, so wie man es führt, zufrieden ist.

Und Zufriedenheit muss ja nicht unbedingt etwas mit objektiven Lebensumständen zu tun haben. Es soll Menschen geben, die Millionen auf dem Konto haben, mit einem Filmstar verheiratet sind, einen spektakulären Beruf haben, in einer Traumvilla leben – und dennoch mit der Gesamtsituation so unzufrieden sind wie Ranger in *Der Schuh des Manitu*, als er am Marterpfahl steht. Fachleute nennen das »Dissonanz«. Ich nenne das nerviges Mimimi.

Sie merken schon: Gejammer geht mir furchtbar auf den Keks, vor allem, wenn es grundlos ist. Und Leute, die auf »Wie geht's« mit »Ich kann nicht klagen« antworten, habe ich noch nie verstanden. Was wollen sie damit ausdrücken? Dass sie schrecklich gern jammern würden, nur leider keinen aktuellen Anlass dafür haben? Statt sich zu freuen, dass es ihnen offenbar gut geht! Aber das scheint ja geradezu peinlich zu sein. »Ich bin rundum zufrieden und fühle mich so happy, dass ich am liebsten laut jubeln würde« hat mir jedenfalls noch niemand auf die Wie-geht's-Frage geantwortet. Als wäre Zufriedenheit ein Makel.

In mancherlei Hinsicht ist es das vielleicht auch. Wenn alle Menschen immer nur zufrieden wären, wäre das wohl das Ende jeglichen Fortschritts. Wozu irgendetwas erfinden, verbessern, kritisch hinterfragen, wenn alles so bleiben kann, wie es ist?

Unzufriedenheit mit Dingen, Umständen, Prozessen, Regelungen, Abläufen und dergleichen ist ein Motor. Er setzt Kreativität in Gang und motiviert dazu, Lösungen zu finden.

Unzufriedenheit mit sich selbst kann Ähnliches bewirken. Man findet sich zu unbeweglich, zu ungesund, zu unausgefüllt? Okay, dann kann man beschließen, mehr Sport zu treiben, sich ausgewogener zu ernähren und einen neuen Job oder sich ein interessantes Hobby zu suchen.

Ist die Unzufriedenheit mit sich selbst dagegen ein Dauerzustand, der mit jeder Veränderung nur noch zu mehr Unzufriedenheit führt, dann ist das so ungefähr das Gegenteil von Glück. Dann steckt man im Selbstoptimierungs-Frustrations-Teufelskreis. Nicht schön.

Können wir also gar nichts tun, um glücklicher zu werden? Hm. Das wäre ja echt blöd.

Schauen wir doch mal, was so richtig kluge Köpfe zu diesem Thema zu sagen haben. Stellvertretend nehme ich einfach mal den guten alten Aristoteles, denn dessen Definition von Glück ist mir besonders sympathisch. Und die bezieht sich sogar auf das eigene Tun!

Aristoteles war nämlich der Überzeugung, jeder Mensch habe besondere Fähigkeiten und Talente und könne daher also auch bestimmte Aufgaben in der Gesellschaft besonders gut erfüllen. Wenn man genau die Tätigkeit ausübt, in der man so richtig spitze ist, dann ist das Glück.

Sagt Aristoteles. Und sagen auch moderne Glücksforscher wie zum Beispiel Mihály Csíkszentmihályi, der Erfinder der Flow-Theorie.

Einen Flow erlebt man, wenn man in seiner Tätigkeit völlig aufgeht und dabei vor lauter unangestrengter Konzentration ganz die Zeit vergisst. Das hat er unter anderem bei Extremsportlern beobachtet oder bei Chirurgen. Nun, er hätte es auch bei Autorinnen beobachten können, denn so ein Schaffensrausch ist beim Schreiben wirklich was Feines – man fängt an und huch!, ist das Kapitel fertig.

Feinde dieses herrlichen Zustands sind übrigens die Überforderung und ihr Gegenstück, die Unterforderung. Beides Anti-Glücks-Faktoren, die nicht zufrieden machen, sondern auf Dauer krank – von Panikattacken bis zu Burn-out oder Bore-out ist alles drin. Und Stress sowieso.

Man muss sich also »nur« den Job suchen, der optimal zu den eigenen Fähigkeiten passt, und den so ausüben, dass man weder unter- noch überfordert ist, und zack, ist man happy! Oder zumindest deutlich glücklicher als in einem ungeliebten Job, zu dem man sich morgens nur mit Bauchweh aufraffen kann ... Selbst wenn der blöde Job besser bezahlt ist. Geld allein macht nämlich wirklich nicht glücklich!

Übrigens möchte ich den Glücksforschern in einem Punkt widersprechen: nämlich was die Unterscheidung in Zufallsglück und Lebensglück betrifft.

Denn so richtig glücklich wird man doch erst, wenn man aus den Zufällen, die einem das Leben so beschert, das Beste macht. (Okay, jetzt einmal abgesehen von schlimmen Krankheiten und tragischen Schicksalsschlägen – ich rede von weniger dramatischen Zufällen, die aber dennoch richtungsweisend sein können.)

Ich zum Beispiel hatte – ein grausamer Zufall – in einem meiner Lieblingsfächer den mit Abstand schrecklichsten, unbeliebtesten, fiesesten, ungerechtesten und abstoßendsten Lehrer der ganzen Schule. Ach was, des Landes, wenn nicht der Welt! Ich hätte mir das Fach von ihm also verleiden lassen können. Hab ich aber nicht. Denn dann hätte er gewonnen, und diesen Punktsieg habe ich ihm nicht gegönnt.

Anderes Beispiel: Ich nahm an der Uni ausnahmsweise einen anderen Eingang als sonst, kam an einem Schwarzen Brett vorbei, das ich gar nicht kannte, entdeckte dort ein Jobangebot, bewarb mich, bekam den Job, lernte dort meinen Mann kennen und heiratete ihn vom Fleck weg. (An dieser Stelle bitte den Song *Happy* von Pharrell Williams abspielen und mitträllern – danke sehr.)

Vieles im Leben ist die Folge scheinbar unwichtiger Entscheidungen – oder eben von Zufällen. Doch ob wir damit glücklich werden oder mit dem Schicksal hadern, haben wir bis zu einem gewissen Grad selbst in der Hand. Man kann schließlich auch mit superschlechten Karten eine Pokerrunde gewinnen.

Noch einmal zurück zur Tagesschau. Sie vermeldet heute keine besseren Nachrichten als in meiner Kindheit. Noch immer gibt es Kriege, Hungersnöte, Naturkatastrophen, Epidemien, Armut, Ungerechtigkeit, Terror, Folter, Klimawandel, jede Menge Leid und Elend.

Man kann sich das anschauen und seufzen, wie schlecht die Welt doch ist.

Oder man kann – wie ich damals als Kind – staunen, wie gut man im Grunde davongekommen ist. Uns geht's doch gold im Vergleich! Ja, ich finde wirklich, wir sollten uns besser fühlen als nur Platz-siebzehn-glücklich.

Ich bin es jedenfalls. Rundum happy mit meiner Familie (die mich trotz meiner Macken liebt), meinen Freundinnen und Freunden, meinem Chor, meinem Dorf, meinen Kunden, meinen Projekten, mit der Anzahl der türkis gestrichenen Wände in meinem Büro und der Tatsache, dass ich den ganzen Tag das tun darf, was ich am besten kann: schreiben. Nicht zu vergessen die Tatsache, dass es Menschen gibt, die das, was ich dabei fabriziere, gern und freiwillig lesen. Bis zum letzten Wort eines Kapitels. Und gleich kommt es: Danke!

Lesetipp: Glück®

»Und sie lebten glücklich bis an ihr Lebensende«, so was gibt es wohl nur im Märchen – es sei denn, man definiert Glück wie oben beschrieben als Zufriedenheit.

Im wahren Leben ist permanente Glückseligkeit so unrealistisch wie die dauerhafte Abwesenheit jeglicher Probleme.

Stellen Sie sich mal vor, alle Menschen wären wunschlos glücklich – und das einzig und allein aufgrund eines Lebenshilferatgebers!

Gibt's nicht? Doch, und zwar in dem herrlich skurrilen Roman *Glück®* von Will Ferguson (dem witzigsten Autor Kanadas).

Und wie es sich für eine Satire gehört, hat dieses allgegenwärtige Glück schreckliche Folgen. Vor allem für sämtliche Psychotherapeuten und Gurus, für Alkohol- und Tabakkonzerne, Drogendealer – und den kleinen Verlagslektor, der für die Veröffentlichung von *Was der Berg mich lehrte* verantwortlich ist und deswegen nun von der Mafia gejagt wird …

Was noch für das Buch spricht: Das Cover ist türkis.

Außerdem ist es ein super Geschenk. Ich jedenfalls habe es schon mehrfach verschenkt. Teilweise sogar wiederholt an dieselben Menschen. Aber das ist ein anderes Thema …

Mein Haus, mein Auto, meine Markenklamotten: Erfolg und Reichtum

Ich kann diese Angebertypen nicht leiden. Die, die immer sagen müssen, wo sie gerade im Urlaub waren und dabei diese »Malle-Dom-Rep«-Insider-Abkürzungen benutzen, oder die, die alles immer so pseudo-nonchalant benennen, nur um zu beweisen, wie egal es ist. Hauptsache, jeder weiß, dass sie einen Benz oder einen Neunelfer fahren. Gerne sagen solche Menschen auch, was sie verdienen, ohne dass man sie gefragt hat, aber es ist einfach wichtig, dass jeder weiß, dass sie mindestens acht Mille oder noch lieber 10 K im Monat machen. Bis ich begriffen habe, dass sie damit 10 000 Euro meinen, bin ich schon beinahe so weit, ihnen zu erklären, dass ich auch mindestens 10 Ks im Monat mache, dazu noch 100 Es, Rs, Ns und sehr viele andere Buchstaben des deutschen Alphabets. Meine Güte. Als ob es immer alle interessiert, wie toll jeder ist! Als ob man seinen kommerziellen Erfolg vor sich hertragen müsste wie ein Gucci-Handtäschchen, dessen Logo bei diesen Menschen größer sein muss als die ganze Tasche. Je heller das Funkeln, je heller der Schein, je größer egal was, desto besser fühlen sie sich.

Meine Freundin Susa und ich nennen solche Leute die »Und ich erst«. Immer, wenn jemand etwas erzählt, nutzen sie das, um ihre eigene Geschichte dazuzugeben und den anderen zu übertrumpfen. Sie haben eine Katze? Diese Menschen haben mindestens drei und noch dazu ein Pferd. Sie haben jemanden getroffen, den Sie spannend finden? Der andere einen Promi. Sie haben sich eine neue Kaffeemaschine gekauft? Der andere eine italienische Siebträger de luxe in Gold. Sie waren wandern im Schwarzwald? Ihr »Und ich erst«-Gegenüber hat den Mount Everest bestiegen. Jedes dieser Gespräche dient dem »Und ich erst« ausschließlich dazu, eins draufzusetzen. Besser zu sein. Und gerne auch noch dazuzusagen, wie teuer das Ganze war.

Dabei will ich doch gar nicht wissen, was wie viel kostet. Vielmehr, es beeindruckt mich jedenfalls nicht so rasend, wie sie es offensichtlich selbst beeindruckt. Anhand dessen, was ihr Leben kostet, messen sie ihren Erfolg und ihren Wert. Genug gibt es nicht. Mehr, mehr, mehr, ist die Devise, und sie können nicht anders, als sich ständig zu profilieren.

Besonders Männer neigen ja dazu, alles im Leben als eine Art Wettstreit anzusehen. Das sichtbare Messen ihrer Besitztümer und Habseligkeiten ist vermutlich absolut archaisch und macht für den XY-Chromosomenträger sogar Sinn. Immerhin war es früher von Belang, wer den größten Bär erlegt hat. Dass es heutzutage in der Großraumdusche nach dem Sport immer noch um Größe geht (wenn auch nicht um die des Bären) ist vielleicht einfach ein Überbleibsel aus der Urzeit. Womöglich ist es eine Art unterbewusstes Zähnefletschen, das dem anderen signalisiert, dass es sich nicht lohnt, sich mit ihm anzulegen? Nur eine Theorie ...

Dieses unendliche Vergleichen ist vermutlich in uns allen angelegt. Auch in uns Frauen, nur auf anderer Ebene. Irgendwo tief drinnen, wo wir uns immer weiterentwickeln wollen, besteht der kaum zu bändigende Drang, uns mit unserer Peergroup, also der Menschengruppe, der wir uns zugehörig fühlen, zu messen. Zu sehen, ob wir mithalten oder die anderen gar übertreffen können. Jetzt könnte man sagen, dass das ja ziemlich albern und vielleicht auch an der Zeit ist, sich eine neue Peergroup zu suchen, eine, bei der es um Wichtigeres geht, aber so einfach ist das nicht. Man sucht sie sich ja nicht wirklich aus, sondern landet dort aufgrund von äußeren Faktoren. Abgesehen davon wäre es in der nächsten Gruppe nicht besser – nur anders.

Außerdem ist es ja keine bewusste Entscheidung, immer noch eins draufzusetzen, sondern das Vergleichen läuft eher automatisch ab.

Auch ich habe sehr oft diese leise Stimme in meinem Unterbewusstsein, die mir gar nicht guttut und die mir ehrlich gesagt auch eher peinlich ist. Vor allem, weil es mir auch bei Menschen passiert, die ich gernhabe.

»Schau mal, die Susa«, sagt die Stimme beispielsweise, »sie hat bestimmt zehn Kilo abgenommen, Frisur und Klamotten sind der neueste Schrei und ihre neue Praxis in diesem schicken Penthouse in der Stadt läuft wie verrückt! Wahnsinn! Und trotzdem hat sie es noch irgendwie geschafft, drei Wochen ans Meer zu fahren und ein Riesenfest zur Masterarbeit ihrer Tochter Linnea auszurichten. Kein Wunder, dass Martin sie so anhimmelt – sie muss der glücklichste Mensch der Welt sein!«

Bis hierhin ist noch alles okay, finde ich. Beobachten darf

man ja, und Susa und ich sind wirklich sehr gute Freundinnen, seitdem wir nebeneinander auf der Entbindungsstation lagen. Seit dieser Zeit hat sich aber auch einiges getan: Susa hat ihren Facharzt für Anästhesie gemacht und Linnea so erfolgreich durch die Schule begleitet, dass sie als Jahrgangsbeste unseres Bundeslandes ein Jahr früher das Abitur geschafft hat, und schließlich hat Susa vor drei Jahren gemeinsam mit einer Kosmetikerin eine Praxis eröffnet, die sich vor allem auf Anti-Aging spezialisiert. Dass die Praxis brummt, ist kein Wunder. Erstens sehen die beiden strahlend und fünfzehn Jahre jünger aus, und zweitens besteht enormer Bedarf, wie man unschwer an all den glücklichen Kundinnen sehen kann, die auf ihrer Internetseite von der großartigen Behandlung schwärmen.

Ja, Susa ist toll, das finde ich auch. Ich habe übrigens in derselben Zeit vier Kinder geboren, erzogen, durch die Schule und die Pubertät begleitet. Preise gab es bei uns keine, was mich nicht im Geringsten stört, und wenn, hätte ich ihn verdient, finde ich. So sieht's nämlich aus.

Unsere Freundschaft ist nun schon beinahe fünfundzwanzig Jahre alt. Was haben wir schon gemeinsam gelacht, besprochen, hinterfragt? Manchmal hat sie mich ermutigt, getröstet und bestärkt, manchmal umgekehrt. In dieser Zeit hat sie Karriere gemacht und ich – nicht. Zumindest nicht auf Susas Art und Weise.

Ich freue mich wirklich von Herzen, dass sie glücklich ist. Trotzdem muss ich das merkwürdige Ziehen in meinem Magen niederringen, das sich bei ihren glückseligen Schilderungen und dem Anblick ihres strahlenden Ichs irgendwie eingenistet hat. Ich gebe es zu: Ich bin neidisch. Und ich schäme mich gleichzeitig dafür, denn Susa ist wirklich eine sehr nette Person und hat all ihr Glück auch verdient. Natürlich gönne ich ihr das alles und noch viel mehr von Herzen, aber trotzdem hätte ich es auch gern. Irgendwie. Außerdem habe ich vielleicht ein klitzekleines bisschen Angst, dass sie mich ja nun nicht mehr braucht, da sie selbst so toll und großartig ist. Wie absurd das ist, weiß mein Kopf. Aber der ist eben hier nur bedingt zuständig.

Wie kostspielig etwas ist, ist in meinem Fall hingegen völlig irrelevant, es bedeutet mir einfach nichts. Dafür triggert in mir dieses offen zur Schau gestellte Glück etwas. Natürlich will ich nicht, dass Martin mich anhimmelt, und Susas Praxis ist auch nicht mein Ding.

Aber was will ich denn dann eigentlich? Etwa tauschen? Allein beim Gedanken daran wird mir himmelangst. Susas Leben ist absolut perfekt – aber eben für sie. Mich schüchtert es ein. Und selbst, wenn ich auch so eine Praxis, eine Tochter und einen Mann hätte, wäre ich nicht glücklich.

Mein Erfolg bedeutet, unabhängig und frei zu sein, mein Leben in jeder Hinsicht so zu gestalten, wie es mir gefällt. Dazu gehört auch, dass ich meine Zeit mit Menschen verbringe, die ich mag und die mir guttun. So wie mit Susa. Unser gemeinsamer Nenner ist, dass wir uns beide Wertschätzung wünschen für das, was wir bewegen.

In diesem Sinne sind wir mehr als erfolgreich. Sie messbar offensichtlich. Ich, wenn ich Menschen durch meine Texte berühre, zum Lachen bringe oder meine Bücher in den Buchhandlungen sehe. Wenn meine Kinder mir kleine Zettel schreiben, auf denen steht, dass ich die Beste bin. Und wenn wir Zeit miteinander verbringen und das gegenseitige Vertrauen spüren, das uns durchs Leben trägt.

Das Einzige, was ich wirklich gerne von Susa übernommen hätte, wäre der dreiwöchige Urlaub am Meer. Nicht an ihrer Stelle – sondern mit ihr gemeinsam.

Reich macht mich, dass ich ihr selbst von diesen Gedanken erzählen kann. Schade ist also eigentlich nur, dass es kein besseres Wort als Neid oder noch schlimmer – Missgunst – für dieses komische Ziehen in uns gibt, das uns mitunter beim vermeintlichen Erfolg der anderen überfällt. Schön wäre eines, das die Freude über das Glück, den Reichtum oder den Erfolg der anderen ausdrückt und den gleichzeitigen Wunsch, etwas Ähnliches zu erleben.

Egal, wie wir es nennen und wie sehr wir es ablehnen, es ist einfach manchmal da. Das ist menschlich.

Manchmal hilft es dann, innezuhalten. Sich selbst zu stoppen. Darüber nachzudenken, was dieses Gefühl überhaupt ausgelöst hat. Was Reichtum und Erfolg für uns bedeuten. Und wie wir die Wertschätzung auf welcher Ebene auch immer erlangen können, die wir uns wünschen. Es mag offensichtlich sein, dass man Erfolg nicht kaufen kann. Trotzdem ist es bestimmt kein Fehler, sich ab und zu eine kleine Erfolgs- und Reichtumsliste des eigenen Lebens zu machen und vielleicht sogar aufzuschreiben. Anhand unserer ganz eigenen Maßstäbe und nicht denen von anderen. Uns auf das zu konzentrieren, was wir haben und wofür wir dankbar sind. Und uns dann unglaublich vermögend zu fühlen und zu lächeln.

Meine heutige Liste würde ganz sicher so beginnen:

Ich bin dankbar dafür, dass Sie gerade unser Buch in den Händen halten und sich jetzt vielleicht sogar über Ihre eigenen Reichtümer Gedanken machen. Aber ganz ehrlich – warum nur darüber nachdenken? Schreiben Sie sie auf – hier ist Ihr persönlicher Platz dafür!

Ich bin dankbar für

_____

_____

_____

Ach ja: Und was sagen wir zu »Dom-Rep, Neunelfer, mein Haus, mein Auto, meine Kohle«-Angebern? Ganz einfach: Gar nichts. Sie sind nicht relevant für uns. Und *das* ist wirklich wahrer Luxus.

Erfolgstypen –
Versuch einer Systematik

Oh ja, es gibt sie: Die supererfolgreichen, superglücklichen, super-egal-was Vorbilder, an denen wir uns orientieren und die uns zugleich klarmachen wollen, wie viel großartiger als wir sie sind. Sie haben alles im Griff, können alles, wissen noch viel mehr.

Aber am besten konzentrieren wir uns nicht auf sie – sondern auf uns. Und entdecken in unserem eigenen Leben all das Wunderbare, das es so einzigartig und spannend macht. Denn mal ganz ehrlich: Wollen wir wirklich ein perfektes Leben – oder doch vielleicht lieber ein echtes?

Der Hochleistungssportler
Der Hochleistungssportler ist einer, der sich gern durch die nassen Haare fährt. Dabei ist es ihm völlig egal, ob sie vom Sport verschwitzt oder vom anschließenden Duschen noch feucht sind. Nässe ist für ihn der Beweis dafür, dass er etwas geleistet hat. In diese feuchte Kategorie passt übrigens auch sein Schweiß, den er zelebriert, als wäre er eine Trophäe. Der Hochleistungssportler riecht natürlich auch sehr gern an seinen Achseln. Heimlich. Er will ja nicht angeberisch rüberkommen.

Er fährt grundsätzlich mit dem Fahrrad ins Büro und trägt mit Begeisterung seine einklickbaren und mit Spikes versehenen Fahrradschuhe kreuz und quer durch die Flure, bis auch jeder weiß, dass jemand wie er gar keinen Dienstwagen braucht. Er kann nicht gehen, nur rennen – und egal, was man ihm erzählt: Er wird mit einer Geschichte über seine Freizeitaktivitäten und sportlichen Superlative prahlen.

Er ist immer braun gebrannt und trägt gerne Klamotten, die eine Nummer zu klein sind, damit man auch ja seine Muskeln bewundern kann, und er lüpft, wann immer möglich, sein Shirt, um seine beeindruckenden Bauchmuskeln zu zeigen. Junge Kolleginnen hebt er gerne mal kurz hoch, und er hat eine Trinkflasche mit Schlauch in seinem Rucksack, aus der er auch wirklich trinkt. Isotonische Getränke selbstverständlich.

Was dagegen hilft: Wegschauen. Weghören. Kopfschütteln. Raumspray.

Die Hochleistungssportlerin

In der Dunkelheit joggen, vorher meditieren, in der Mittagspause Yoga und nur Dinge essen, die kein normaler Mensch aussprechen kann. Açai beispielsweise.

Sie genießen den Verzicht auf Genuss und Spontaneität, denn die Kontrolle gibt ihnen Halt. Alles muss immer genau geplant werden, damit auch keine Sporteinheit ausfällt. Wenn es doch einmal passiert, werden Hochleistungssportlerinnen panisch. Denn was, wenn die Muskelmasse wieder verschwindet? Schlimmer noch: Wenn sie über Nacht plötzlich so aussehen wie wir Normalsterblichen? Das wäre wirklich FURCHTBAR.

Am besten hilft: Sich nicht mit Supersportlerinnen zum Essen oder gemeinsamen Sport verabreden und das Leben genießen.

Der berufliche Durchstarter
Jung, dynamisch und sehr von sich eingenommen. Der Durchstarter erklärt auch gern mal alten Hasen, wie der Laden, die Wirtschaft, das Leben läuft und ist im Grunde ready, seine Memoiren zu schreiben.

Ach ja, apropos ready: Natürlich spricht er maßgeblich in Anglizismen, obwohl er im letzten Zeugnis (das gerade mal zwei Jahre her ist) eine Fünf in Englisch hatte, denn daran erkennt man, wie weltgewandt er ist. Und, to be honest: wie totally committed, by the way.

Da hilft nur eins: Souverän und kompetent sein. Wie schon all die Jahre davor, als der Durchstarter noch als Quark im Schaufenster lag. OMG. LOL.

Die berufliche Durchstarterin
Kann alles. Weiß alles. Lächelt viel. Ist effizient, tough und supereffektiv. Kommt morgens vor allen anderen und geht nach ihnen.

Ihre einzigen sozialen Kontakte sind ihr Frisör, und Freunde hat sie nicht wirklich. Es sei denn, man lässt die Serie *Friends* gelten. Anstelle eines Partners hat sie eine pflegeleichte Orchidee oder, sollte es doch einen Mann in ihrem Leben geben, so ist es der Juniorchef, der Junganwalt, der aufstrebende junge Chefarzt ... egal, Hauptsache, jemand mit einem ähnlich straffen Arbeitstag.

Auch da hilft nur eins: den Feierabend genießen. Und Mitleid haben.

Die Supermutter
Für jedes Problem gibt's eine Lösung – und die Supermutter hat sie selbstverständlich parat. Ebenso wie Taschen-

und Feuchttücher, Pflaster, Apfelschnitze, Trinkflaschen, Regenschirme, passende Erziehungstipps und Insiderwissen aus dem Lehrerzimmer.

Ihre Kinder sind natürlich perfekt und gehen immer früh ins Bett, um zu lesen. Noten top, Manieren sowieso. In ihrer Freizeit lernen sie ein Instrument und Chinesisch und im Turnen oder Fußball sind sie großartig.

Supermütter singen immer gerne pseudobescheidene Loblieder auf ihre perfekten Kinder. Vor allem, wenn gerade eine normale Mutter sich über ihr normales, zockendes, pubertäres Kind mit der Sechs im Diktat aufregt.

Die Supermutter hat natürlich auch einen Supervater an ihrer Seite, der sie gern auf den Elternabend begleitet. Den braucht sie auch.

Was dann hilft: Ohne sie mit allen anderen danach noch ein Bier trinken gehen.

Die Femme fatale

Uuuuh, wie sie ihr Haar schwingt! Und ihre Hüften erst! Dieser Blick und der Busen …!

Nein, die Femme fatale ist nicht unbedingt besonders hübsch oder sieht gar aus wie ein Pin-up aus den Fünfzigerjahren. Um genau zu sein, wissen wir anderen Frauen überhaupt nicht, was so toll an ihr sein soll, aber beinahe jeder Mann verfällt in Schnappatmung, wenn sie sich nähert.

Ja, sie hat das gewisse Extra. Sie zeigt ihre Wirkung gern und besonders an verheirateten Männern, deren Frauen danebenstehen. Wie sehr sie sich in deren Aufmerksamkeit sonnt! Wie viel sie davon bekommt! Unfassbar. Und ein bisschen peinlich, dass sie sonst so wenig zu bieten hat.

Da hilft nur eins: laut lachen!

Der Frauenheld
Er hat diesen einen Gesichtsausdruck. Genau: den, bei dem immer eine Augenbraue und ein Mundwinkel synchron hochgezogen sind. Leider hat er aber auch nur diesen.

Er kann mit seinem Charme alles erreichen. Er kennt jede. Und jede kennt ihn.

Er muss sich und der Welt immer beweisen, dass ihm keine Frau widerstehen kann. Das hat er mit der Femme fatale gemeinsam.

Was hilft: Schnell weg! Oder ihm die Femme fatale vorstellen, die gerade den eigenen Mann angräbt.

Die Nobelpreisträgerin
Es gibt einfach keine Frage, die sie nicht beantworten kann. Sie ist quasi Google in Person. Sie sagt Dinge wie: »Das ist postfaktisch so nicht ganz korrekt.« Oder »Laut einer Studie vom … Institut kann ich sagen, dass …« Oder: »Nebenberuflich arbeite ich an meiner Doktorarbeit in forensischer Psychologie.«

Was hilft: Sich bewusst machen, dass sie vielleicht aus dem Stegreif einen Vortrag über das Higgs-Boson-Teilchen halten kann – aber offensichtlich keine Ahnung hat, wie man mit Menschen umgeht.

Die Bienenkönigin
Sie ist auf jede Party eingeladen. Jeder kennt sie, jeder mag sie – und die meisten wollen sein wie sie. Freundlich. Hübsch. Lustig. Unkompliziert. Zugewandt. Hach.

Sie hat immer Menschen um sich, mit denen sie Spaß hat, ihr Leben ist leicht und wunderbar. Ihr Mann, ihr Job, ihre Kinder – alle froh und so beliebt!

Probleme hat sie höchstens mal, weil sie auf zu vielen Festen eingeladen ist und niemanden vor den Kopf stoßen will. Sie ist glücklich und zieht andere glückliche Menschen nur so an. Wäre es nicht ein Traum, wenn das eigene Leben ähnlich hell glänzen würde? Jep. Das ist das Stichwort: Es ist vermutlich ein Traum. Ein schöner, zugegeben.

Da hilft nur eins: genauer hinsehen – oder aufwachen.

Teil 7:

DAS KANNST DU ABER GUT!

Kennen Sie die beste Ausrede für alle, die mit einer Arbeit nicht rechtzeitig fertig geworden sind? Na? Genau: »Tja, ich bin halt perfektionistisch.«

Wer scheinbar zerknirscht mit seinem angeblichen Perfektionismus kokettiert, tut sich allerdings keinen Gefallen – und seinen Mitmenschen ebenfalls nicht. Denn perfekt ist nun mal nicht immer optimal.

Statt den Werbeslogan »gut ist uns nicht gut genug« kritiklos zu übernehmen, könnte man doch auch einfach dem Pareto-Prinzip folgen. Das besagt, dass 80 Prozent der Ergebnisse in gerade mal 20 Prozent des Gesamtaufwandes erreicht werden können – während für die 20 Prozent, die zur absoluten Perfektion fehlen, ganze 80 Prozent Aufwand nötig sind. Und mal ehrlich: Lohnt sich das wirklich? Wenn etwas so gut wie perfekt ist, dann ist das doch schon super! Und Zeit gespart hat man dabei auch noch ...

Oder einmal anschaulicher gesagt: Wir könnten entweder den einen verbliebenen Kommafehler in diesem Manuskript suchen, um ihn auszumerzen, oder stattdessen ein weiteres komplettes Buch zu einem neuen, spannenden Thema schreiben, in dem dann eventuell auch wieder ein einzelner Kommafehler versteckt bliebe. Was wäre Ihnen lieber? Na, sehen Sie! (Und ja, es ist schon in Arbeit. Wird Ihnen gefallen, wetten?)

Heike

Entspannt in Fremdsprachen radebrechen

Manchmal habe ich das Gefühl, inzwischen mehr Schulwissen vergessen zu haben, als ich jemals gelernt habe. Wobei das ja rein rechnerisch nicht möglich wäre, doch in Mathe war ich eh nie sonderlich gut.

In Sprachen dagegen schon, ich hatte sogar Französisch Leistungskurs, und außer mir waren nur sieben weitere Leute aus unserer Stufe so irre. Wir lasen André Gide und Gedichte von Baudelaire, interpretierten gesellschaftskritische Texte des 17. Jahrhunderts von Jean de La Bruyère, verglichen Camus mit Sartre und diskutierten über den Existenzialismus – natürlich alles auf Französisch.

Im Rückblick erscheint es mir schier unvorstellbar, dass ich darin sogar richtig gut war. Heute könnte ich auf Französisch mit Mühe gerade mal einen Kaffee bestellen! Na ja, und vielleicht auch ein Croissant dazu ... Aber Lyrik? Politische Streitschriften? Romane? Auf Französisch? Ich glaube, ich würde da nur noch Bahnhof verstehen. (Was heißt noch gleich Bahnhof? Station? Ach, nein – *gare*. Das weiß ich aber nur, weil ich am Pariser Ostbahnhof – dem Gare de l'Est – schon mal umgestiegen bin.)

Was sich dagegen fest in mein Hirn eingefräst hat, sind die Grammatik-Merksprüche, die wir damals eingebläut bekamen. Sie könnten mich zu jeder Nachtzeit wecken, und ich könnte sofort »Das Partizip Perfekt in einer Verbindung mit einer Form von être richtet sich in Geschlecht und Zahl nach dem Subjekt« herunterrattern. Anschließend müsste ich nur kurz Luft holen, um dann sofort zu ergänzen: »Das Partizip Perfekt in einer Verbindung mit avoir oder être reflexiv richtet sich in Geschlecht und Zahl nach dem vorausgehenden Akkusativobjekt.«

Ja, und ich wüsste sogar noch so ungefähr, was damit gemeint ist. Falls ich also jemals auf Französisch einen Text verfassen müsste, dann würde er zwar vor Fehlern und falsch verwendeten Vokabeln nur so strotzen, aber die Partizipien hätten allesamt die korrekte Endung. Tschakka!

Noch schlimmer ist es übrigens, wenn es ums Englische geht, denn das müsste ich ja eigentlich deutlich besser beherrschen. Zumal ich mich damit in der Schule sogar noch zwei Jahre länger beschäftigt habe als mit Französisch. Außerdem begegnet einem die Sprache an jeder Ecke – sei es in aktuellen Popsongs, in noch nicht synchronisierten Netflix-Serien oder im wahrsten Sinne des Wortes auf der Straße. Denn hier in der Pfalz gibt es so viele Amerikaner wie kaum anderswo in Deutschland, und die Kaiserslautern Military Community ist die weltgrößte amerikanische Militärgemeinde außerhalb der USA.

Doch was antworte ich, wenn mich mein US-amerikanischer Nachbar fragt, ob ich seine Sprache spreche?

»A little bit.«

Ja, ernsthaft.

Und ja, ich schäme mich dafür.

Ich meine – neun Jahre Englischunterricht, und dann so was! Sollte man da nicht erwarten, wenigstens so gut zu plappern wie ein britisches Grundschulkind?

Ich finde es übrigens extrem ungerecht, dass Kleinkinder die schwierigsten Fremdsprachen einfach so nebenbei lernen können, während unsereins mühevoll Vokabeln, unregelmäßige Verben, Konjunktionen und Grammatikregeln pauken muss!

Und selbst wenn man Wortschatz, Grammatik und Satzbau perfekt beherrscht, spricht man mit allergrößter Wahrscheinlichkeit mit einem dermaßen auffälligen Akzent, dass man sofort als German entlarvt wird. Tsss.

Warum ist das eigentlich so? Ich meine – Kleinkinder lernen doch auch akzentfreies Englisch, Chinesisch, Arabisch, Suaheli! Ändert sich etwa mit den Jahren das Sprechwerkzeug? Oder verliert man das Gehör für die korrekte Aussprache?

Tatsache ist, dass die meisten Menschen bis zum Alter von ungefähr zwölf Jahren jede Sprache perfekt und akzentfrei lernen. (Falls Sie sich also mit dem Gedanken tragen, auswandern zu wollen, sollten Sie das tun, solange Ihre Kinder klein sind, denn schon mit dreizehn kann es zu spät sein für den perfekten Zweitspracherwerb!)

Tatsache ist ebenfalls, dass ein Akzent überhaupt nichts mit dem Sprechwerkzeug zu tun hat – also mit den Lippen, Zähnen, Gaumen, Stimmlippen, Resonanzräumen, dem Zäpfchen, dem Kehlkopf und allen weiteren Körperteilen, die bei der Erzeugung von Lauten beteiligt sind. Denn die haben wir schließlich alle. Rein theoretisch könnte also jeder Mensch auch im Erwachsenenalter noch lernen, das R zu rollen, einen Nasal zu sprechen, Klick- und Schnalzlaute zu erzeugen oder Reibelaute in Kehlkopfnähe. Praktisch gelingt das allerdings nur wenigen nachträglich.

Das liegt zum Teil daran, dass man es einfach gewohnt

ist, diese Sprechwerkzeuge auf eine bestimmte Art und Weise zu verwenden – nämlich so, wie es in unserer Muttersprache üblich ist. Dasselbe gilt für Tonfall und Satzmelodie, an denen man eine Sprache manchmal erkennen kann, ohne ein einziges Wort zu verstehen, weil so ihr typischer Sound entsteht. (Gilt übrigens auch für Dialekte – allein am Singsang würde ich Vorderpfälzisch, Badensisch oder Schwyzerdütsch identifizieren.)

Zum anderen ist unser Gehör dran schuld. Natürlich vergleichen wir das, was wir in einer Fremdsprache so von uns geben, immer wieder damit, wie Muttersprachler reden, und versuchen uns dem anzunähern. Aber irgendwann hören wir einfach keinen Unterschied mehr. Doch es gibt einen – und Native Speaker hören den sehr wohl, auch wenn wir uns selbst der Illusion hingeben, akzentfrei zu sprechen.

Das beste Beispiel dafür ist mein Mann. So gut er inzwischen auch Deutsch spricht – wenn er »Birne« oder »Firma« sagt, klingt das eher wie »Bürrrne« und »Fürrrma«, und sein »beziehungsweise« hört sich an, als würde man es »BÄ?!ziehungsweise« schreiben.

Aber abgesehen von Gewohnheit und Gehör gibt es noch einen dritten Faktor, der eine Rolle spielt, und das ist unsere soziale Identität. Mit dem Erwachsenwerden bilden wir diese Identität aus, und die Sprache gehört nun mal dazu. In unserer Muttersprache sind wir uns sicher und können selbstbewusst auftreten. In einer Fremdsprache dagegen ist das anders. Da könnten wir uns blamieren. Und wer will das schon?

Merkwürdigerweise wird es als viel peinlicher empfunden, wenn man versucht, wie ein Muttersprachler zu plaudern und dann doch knapp danebenliegt, als wenn man zu seinem (zum Beispiel deutschen) Akzent steht. Denn der ist schließlich Teil der eigenen Identität.

Klingt sehr theoretisch? Oh, ich kenne das aus praktischer Erfahrung: Als ich einmal bei meiner französischen Austauschschülerin Véronique war und versuchte, ihr lässiges Genuschel zu imitieren, sorgte ich bei ihren Klassenkameradinnen für ziemliches Gelächter. Sprach ich dagegen so, wie wir es in der Schule gelernt hatten, allerdings mit eindeutigem Akzent, fand das niemand lächerlich. Ich habe meine Versuche, auf Französisch cool zu sein, dann schnell bleiben lassen ...

Apropos französische Brieffreundin: Nachdem wir uns im Rahmen des Schulaustauschs mehrmals – mal bei ihr in Lothringen, mal bei mir im Hunsrück – getroffen hatten, beschlossen unsere Familien, sich auch mal in privatem Rahmen zu treffen. Ich fuhr also mit meinen Eltern und Geschwistern nach Thionville, wo wir – wie dort üblich – kulinarisch verwöhnt wurden. Suppe, Salat, Hauptspeise, Dessert, anschließend noch ein Stück Kuchen, gefolgt von Käse. Wir hätten heimkugeln können!

Während des mehrgängigen Menüs wurde Konversation gemacht. Die Unterhaltung lief zum Glück einigermaßen rund, Véroniques Eltern konnten ein bisschen Deutsch, meine Eltern Französisch. Doch wer sich am allerbesten verstand, waren ihre kleine Schwester und mein jüngster Bruder. Sie waren beide im Kindergartenalter und spielten den ganzen Tag miteinander, waren ein Herz und eine Seele – und unterhielten sich prächtig! Mein Bruder sprach Deutsch, die kleine Virginie Französisch, und wie durch ein Wunder verstanden sie einander. Ein Phänomen.

Ein ähnliches Phänomen beobachtete ich viele Jahre später, als meine tunesische Schwiegermutter bei uns zu Besuch war und sie einmal mehrere Stunden allein mit meiner Oma verbrachte. Ich fürchtete, sie würden sich sehr langweilen und den ganzen Tag schweigend herumsitzen, denn meine Oma sprach Pfälzisch, meine Schwiegermutter nur tunesisches Arabisch (was von Hocharabisch mindestens so weit weg ist wie unser Dialekt von Bühnendeutsch).

Am Abend, als mein Mann und ich von der Arbeit nach Hause kamen, wollten wir wissen, wie sie miteinander zurechtgekommen waren, und staunten nicht schlecht, als es hieß, man habe sich prächtig unterhalten. Meine Oma hatte über ihre Kindheit auf dem Bauernhof erzählt (und dabei sämtliche Tiere, die es dort gab, pantomimisch dargestellt), meine Schwiegermutter hatte von der Fehlgeburt einer Verwandten berichtet.

Ich konnte es nicht fassen. Wie in aller Welt kann man sich über etwas wie eine Fehlgeburt unterhalten ohne eine gemeinsame Sprache? So ganz traute ich der Sache nicht, zumal meine Oma eine lebhafte Fantasie hatte – ich hätte ihr zugetraut, dass sie ein bisschen dazuerfunden hatte.

Doch dann fragte mein Mann bei seiner Mutter nach, und die bestätigte, was meine Oma gesagt hatte. Es stimmte alles. Keine Missverständnisse.

Spätestens da wurde mir bewusst, worauf es in Wahrheit ankommt: Nämlich nicht darauf, keine Grammatikfehler zu machen oder akzentfrei zu sprechen, sondern sich zu verständigen, auszutauschen, zu kommunizieren!

Schade eigentlich, dass diese Einsicht während all der Schuljahre, in denen wir in Fremdsprachen unterrichtet wurden, zu kurz kam. (Wie übrigens auch Hörverständnis, denn ein Sprachlabortermin im Quartal ist ein Witz, wie mir spätestens klar wurde, als ich versuchte, die Gags von *The Big Bang Theory* im Original zu verstehen.)

Statt zu lernen, wie man sich unterhält, konzentrieren wir uns im Unterricht auf das, was wir falsch machen könnten. Und sagen dann lieber verschämt »a little bit«, als hemmungslos draufloszureden.

Kleine Kinder und alte Frauen haben diese Angst vor Fehlern nicht. Das macht sie so frei, dass sie problemlos einen ganzen Tag miteinander spielen oder sich über Familiengeschichten austauschen können!

Übrigens funktioniert das in jedem Alter, wenn man sich erst einmal bewusst macht, dass die Zeit der Schulnoten vorbei ist und man auch nicht ins Gefängnis kommt, wenn man sich einmal blamiert. Was ist schon dabei?

Ich habe dieses Prinzip inzwischen verinnerlicht. Allerdings gelingt es mir vor allem bei den Fremdsprachen, die ich einfach so zum Spaß in ein paar Volkshochschulkursen gelernt habe und von denen ich definitiv nicht behaupten kann, dass ich sie beherrsche – aber das erwartet auch keiner von mir. Hauptsache, ich kann mich darin verständigen.

Als ich über zwanzig Jahre nach meinem ersten Schwedischkurs zum ersten Mal nach Stockholm kam, machte ich die Probe aufs Exempel. Ich versuchte einfach, mit meinen rudimentären Kenntnissen durchzukommen, und es gelang besser als erwartet! Ich konnte ein 3-Tages-ÖPNV-Ticket erwerben, im Hotel frische Handtücher ordern, im Restaurant meine Essensbestellung aufgeben und bei »ABBA – the Show« mit unseren Tischnachbarn parlieren. Krönung des

Ganzen war deren Frage, seit wann ich »im Land« sei, die ich dann zu ihrem Staunen mit »seit vorgestern« beantwortete. Vermutlich in völlig fehlerhaftem Schwedisch, aber da kein Mensch von mir erwartete, dass ich die Sprache überhaupt konnte, erntete ich ausschließlich positives Feedback.

Ähnlich geht es mir in Holland, wo wir regelmäßig Urlaub machen. Natürlich sprechen die meisten Niederländer besser Deutsch als ich ihre Sprache, und natürlich klingt das in ihren Ohren sicher sehr lustig, vor allem wenn ich in die False-Friends-Falle tappe, aber dennoch – ich kriege, was ich will, und hatte schon sehr nette Begegnungen und Gespräche auf Niederländisch!

Und als ich mit meinen Freundinnen vor einigen Jahren in Rom war, kam ich sogar mit meinem erfundenen Italienisch wunderbar zurecht, das ich »Esperanto fantastico« nannte. Einmal bestellte ich in einer Bar ungehemmt *una orangata pressato*, worauf der Mann an der Bar erst einmal herzlich lachte, mir dann aber einen frisch gepressten Orangensaft kredenzte – genau das, was ich wollte. Perfetto!

Apropos False Friends

Dass Fehler durchaus auch lustig sein können, zeigen die False Friends – also typische Fehlübersetzungen, die oft passieren, weil sie so naheliegend erscheinen.

Wenn Sie in Schweden beispielsweise einen Taxifahrer fragen, ob er *ledig* ist, dann interessieren Sie sich nicht für seinen Familienstand, sondern wollen einfach nur wissen, ob er frei ist, um Sie zu kutschieren. Und sollten Sie Ihren schwedischen Bekannten gegenüber behaupten, ihr Hobby sei *svimma*, wird man Sie wohl erstaunt anstarren, denn das bedeutet nicht schwimmen, sondern ohnmächtig werden. Falls Sie jemand fragt, ob sie *fika* wollen, können Sie ganz entspannt bleiben – es geht dabei wirklich nur ums Kaffeetrinken. Und wenn man Sie am Flughafen auffordert, *snälla* zum anderen Kontrollband zu gehen, dann nicht unbedingt, weil es dort schneller geht – man bittet sie einfach nur höflich.

Auch im Niederländischen gibt es zahlreiche False Friends, und gerade weil sich die Sprachen so ähnlich sind, fallen deutsche Muttersprachler besonders leicht darauf herein. So bedeutet *bellen* zum Beispiel einfach nur telefonieren – Hunde dagegen *blaffen*. *Boodschappen* erledigt man nicht in der Botschaft, sondern im Supermarkt, denn es sind Einkäufe. Und wenn dort ein Produkt als *slimme keuze* bezeichnet wird, dann wird keineswegs vor einem gefährlichen Magen-Darm-Virus gewarnt, sondern eine kluge Wahl angepriesen …

Improvisation ist Trumpf!

Dieser Text sollte wirklich dringend fertig werden.

Leider habe ich absolut keine Ahnung, was ich schreiben soll, denn erstens lief heute mal wieder alles komplett anders als geplant und zweitens – ganz ehrlich: Dies ist ein Text übers Improvisieren, da muss man das auch vorher gar nicht wissen. Ganz im Gegenteil: Es ist nicht vorgesehen.

Vorgesehen ist immer nur das, was sowieso nie eintreten wird. Oder andersherum: Das, was eintritt, war definitiv so nicht vorgesehen. Zumindest nicht von mir.

Vorgesehenes ist eine Erfindung von Menschen, die keine Kinder, kein Auto, keine Haustiere, Freunde und auch sonst kein Leben haben. Das ist zumindest meine unglaubliche Erkenntnis nach fünfzig Jahren Leben, fünfundzwanzig Jahren Mutterschaft und das Ganze meist in Gesellschaft von mehreren Katzen.

Ich versuche seit Jahren, einigermaßen die Kontrolle über mein Leben zu behalten, indem ich mir beispielsweise To-do-Listen schreibe, einen Familienplaner führe und jeglichen Terminen einen ordentlichen Zeitpuffer einräume, damit auch ja nichts schiefgeht. Es bringt: genau gar nichts. Ich verlege meine Listen, vergesse Termine und finde den Familienplaner viel zu klein.

Aber ich bin Optimistin. Eines Tages werde ich abends genau das zu dem Zeitpunkt erlebt haben, was ich mir morgens vorgenommen habe. Ich werde zufrieden und vermutlich ein wenig gelangweilt auf mein Tagewerk schauen, die Hände über meinem Bauch falten und dann gar nichts mehr denken. Schon gar nicht daran, was mir am nächsten Tag bevorsteht. Das ist nämlich das Sinnloseste, was man tun kann.

John Lennon hat es gut zusammengefasst: Leben ist, was passiert, während du andere Pläne machst. Anders ausgedrückt: Man kann sich nur auf eines verlassen – nämlich darauf, dass man sich auf nichts verlassen kann.

So sieht es aus. Aber das hat auch mehrere großartige Vorteile. Erstens macht es gelassen, denn man kann es sowieso nicht beeinflussen, und zweitens intensiviert es die Wahrnehmung und Dankbarkeit für Momente, in denen alles läuft wie am Schnürchen. Sie sind so selten.

Außerdem macht es schnell, kreativ und flexibel. Es stärkt die Nerven und trainiert die Lachmuskeln, wenigstens meistens. Kurz: Es macht besonders Mütter zu Improvisations-Superheldinnen.

Am schlimmsten sind die Tage, die ganz besonders harmlos daherkommen. Man lässt die Aufmerksamkeit schleifen, ist nachlässig mit der Abwehr. Und zack – geht's los.

Besonders gefährlich sind da Mittwoche, denn an Wochenenden, wenn die komplette Familie zu Hause ist, muss man immer mit allem rechnen. Und tut es vorsichtshalber auch.

Montage sind per se eine Herausforderung.

Freitage sind zu cool für Chaos, es sei denn, man hat Pläne fürs Wochenende, dann ist Gefahr im Verzug. An solchen Freitagen sperrt man sich gern mal aus, hat einen platten Reifen oder stellt fest, dass es überhaupt gar nicht dieses, sondern das nächste Wochenende war, an dem man wegfahren wollte, wie bei uns erst neulich geschehen ...

Einerseits war das geplatzte Wochenende ja dank der unverhofften Freizeit ganz gut. Andererseits auch wieder ziemlich schlecht, denn gleichzeitig stand da schwarz auf weiß, dass das mit dem Wegfahren schon allein deshalb nicht hätte stattfinden können, weil eigentlich Markus und Steffi zum Grillen vorbeikommen wollten. In genau – Uhrencheck – zwanzig Minuten würden unsere Freunde vor der Tür stehen. Der Kühlschrank war bis auf einen Bund grünen Spargel, etwas Serranoschinken und ein großes Stück Parmesan leer, weil wir ja eigentlich weg wollten und sich auch die Kinder anderweitig einquartiert hatten. Das heißt, William wollte erst am nächsten Tag zu einem Freund, denn an diesem Freitag hatte er noch Tennistraining.

Selbstverständlich fragte ich mich, ob dies nun der ideale Zeitpunkt für eine Notlüge war und er vielleicht schon heute zu seinem Freund …? Aber nein. Niemals. Nicht umsonst hat der amerikanische Schriftsteller und Satiriker Mark Twain (alias Samuel Longhorn Clemens, 1835–1910) gesagt: »Es gibt drei Dinge, die eine Frau aus dem Nichts zaubern kann: einen Hut, einen Salat und einen Ehekrach.« Er war wohl schon früher mit der Improvisationssuperkraft in Berührung gekommen.

Außerdem: Zwanzig Minuten sind beinahe eine halbe Ewigkeit, und zur Not kann man immer eine Pizza bestellen. Es geht ja nicht darum, einen Preis für das perfekte Dinner zu gewinnen, sondern Zeit mit seinen Freunden zu verbringen.

Dass wir nicht grillen würden, war klar. Ich hätte nicht gewusst, was. Bei meinem Gang durch den Keller fand ich allerdings zwei Packungen Spaghetti, mehrere Knoblauchzehen und den großen Schoko-Osterhasen, den wir schon abgeschrieben hatten, weil er unauffindbar gewesen war (wer hätte auch im Keller danach gesucht?), eine kleine Flasche Eierlikör, in der Tiefkühltruhe Vanilleeis und gefrorene Himbeeren. Noch nicht perfekt, aber ein Anfang.

Zunächst musste sowieso William mit dem Auto zum Tennistraining gebracht werden, weil ich vor lauter Besuch vergessen hatte, ihn rechtzeitig mit dem Fahrrad loszuschicken. Das wiederum war gut, denn in meinem Auto fand ich die Tüte mit den Tomaten, die ich vor ein paar Tagen gesucht, nicht gefunden und dann vergessen hatte.

Als ich William an der Halle rausließ und wieder vom Parkplatz brauste, stand der Dinnerplan beinahe (ich hatte noch zehn Minuten). Leider stand auch mein Kind – ein wenig verloren auf dem Tennisplatz herum, denn Tennis war seit diesem Freitag wieder draußen, die Outdoorplätze liegen aber am anderen Ende der Stadt, was mir William einigermaßen verzweifelt am Telefon mitteilte. Ich beruhigte ihn, rief Edith an, die Mutter von Karl, der mit William trainiert und quasi an der Halle vorbeifährt, und fragte sie, ob sie vielleicht zufälligerweise …? Kurz entschlossen bog sie ab und sammelte William ein. »Kein Problem. Wir Mütter müssen zusammenhalten«, sagte sie, und ich gab ihr recht. Immerhin hatte ich Karl neulich nach Hause gebracht, als sie ihn an der Halle vergessen hatte, weil seine kleine Schwester … aber das ist eine andere Geschichte einer anderen Mutter und dementsprechend im Moment nicht relevant, vor allem, weil ich nun nur noch sieben Minuten hatte, bis Steffi und Markus kommen wollten.

Auch auf die pünktliche Ankunft meines Mannes hoffte ich, der vermutlich immer noch davon ausging, dass wir gleich in ein gemeinsames Wochenende starten würden, um seinen Studienkollegen Michi zu besuchen, der in der Nähe des Chiemsees lebt und uns schon vor tausend Jahren eingeladen hatte. Jedenfalls:

Eine halbe Stunde später als verabredet, weil deren Hund sich auf den Badvorleger übergeben hatte und der Kühlschrank aufgrund einer im Abfluss steckenden Heidelbeere Wasser verlor, was sich allerdings erst erschloss, nachdem er komplett ausgeräumt war, klingelten Markus und Steffi an der Tür. So konnte ich sogar noch duschen, den Tisch draußen decken und die Spülmaschine starten. Steffi hatte übrigens einen Salat dabei, weil sie und Markus sich nicht abgesprochen hatten und beide jeweils zwei gekauft hatten.

Die Spaghetti mit grünem Spargel, viel Knoblauch, viel Parmesan, Serranoschinken und rohen Tomaten waren übrigens der Hit. Sie schmeckten so lecker, dass wir beschlossen, sie jetzt öfter zu machen. Und nein, es lag nicht nur am Primitivo, den mein Mann als Mitbringsel für Michi gekauft hatte und der perfekt zu den Spaghetti passte. Sogar Edith bekam noch ein Gläschen ab – und ließ Karl gleich zum Übernachten bei uns. Die beiden Jungs waren besonders von dem Vanilleeis mit heißen Himbeeren und Osterhasenbröseln angetan und wir von der Mischung plus Eierlikör.

Was soll ich sagen? Es war einer dieser Abende, die nicht schöner hätten sein können. Für hohe Erwartungen an ein perfektes Menü, Einkaufsorgien oder Putzaktionen, weil Gäste kommen, hatte ich gar keine Zeit. Dafür habe ich ein neues Rezept entdeckt, das ich von nun an öfter machen werde, und hatte einfach eine tolle Zeit mit meinen Freunden, die solche oder so ähnliche Abende ebenfalls schon oft erlebt haben. All diese Dinge, die nicht so laufen, wie sie sollen, halten uns flexibel und machen kreativ. Sie machen uns frei und fröhlich. Und bringen uns ganz neue Spaghetti-Rezepte.

Natürlich ist das nicht wirklich eine weltbewegende Entdeckung, aber ich bin ja auch nur – ich eben. Auf dieselbe Art und Weise haben ganz andere Menschen schon ganz andere Dinge entdeckt:

Zufällig genial

Igitt? Gesundheit!
1928 experimentierte der Mikrobiologe Alexander Fleming mit Staphylokokken. Das sind Krankheitserreger, die bei einer Lungenentzündung vorkommen können. Mister Fleming war offensichtlich ein wenig zerstreut, denn er fuhr in den Sommerurlaub und ließ die Petrischalen offen auf seinem Labortisch stehen, der Schlamper. Als er zurückkam, sah er, dass seine Staphylokokken von einem Schimmelpilz befallen waren. Bevor er das Ganze entsorgen und so tun konnte, als wäre nie was gewesen, stellte er allerdings fest, dass überall dort, wo der Pilz sich ausgebreitet hatte, die Staphylokokken verschwun-

den waren. Hurra! Das Penicillin war entdeckt – und Mister Flemings Frau bestimmt so stolz, dass sie nicht über die Unordnung auf dem Schreibtisch geschimpft hat.

Man nehme ...
1839 erfand Charles Nelson Goodyear das Gummi. Und zwar, weil er Kautschuk mit Schwefel mischte und das Ganze auf einer heißen Platte vergaß (wahrscheinlich musste er auch sein Kind zum Tennis fahren, oder es klingelte an der Tür oder ...). Jedenfalls wurde das Gemisch zäh, aber gleichzeitig auch dehnbar. Das Verfahren nennt man übrigens Vulkanisation. Und Gummi, dieses Unfallprodukt, ist nicht mehr wegzudenken vom Schuhsohlen-, Autoreifen- und Kondom-Markt.

Plötzlich immun!
1879 entdeckte Louis Pasteur, dass Mikroorganismen Krankheiten verursachen. Um Gegenmittel gegen diese Krankheiten zu finden, injizierte er armen kleinen Hühnern Bakterien, die Geflügelcholera auslösten. Die Hühner starben und Louis Pasteur nahm sich erst mal frei. Auch er räumte vorher nicht ordentlich auf und die Erreger, die er hatte liegen lassen, waren von der Sonne, der Luft und dem Rumliegen im Allgemeinen geschädigt. Als er nach seinem Urlaub den Tieren diese Erreger spritzte, passierte gar nichts. Sie überlebten. Das fand er

nun noch nicht seltsam. Aber als er ihnen dann wieder frische Erreger spritzte, überlebten sie ebenfalls. Und Louis Pasteur hatte die Impfung entdeckt. Was lernen wir daraus? Urlaub ist gesund!

Unerwartete Schokoschmelze
1946 forschte der Ingenieur Percy Spencer für die amerikanische Rüstungsindustrie an Radaranlagen. Als er irgendwann mit einem Schokoriegel in der Tasche etwas länger an einer Magnetfeldröhre stand, schmolz der Riegel, obwohl es definitiv nicht warm genug dafür war. Ich wäre ja nie darauf gekommen, dass es mit den Röhren zu tun hatte, aber Mister Percy war eben vom Fach. Es half der amerikanischen Rüstung nicht wirklich, aber dafür hatte er quasi den Mikrowellenofen erfunden. Funfact am Rande: Die erste offizielle Mikrowelle hieß übrigens »Radarange« und wog 750 Kilo.

Aber die Nebenwirkung ...
Viele Jahre suchten Mediziner nach einem Mittel gegen Herzprobleme – leider ohne den gewünschten Erfolg. Der Stoff, an dem sie forschten, heißt Sildenafil und erwies sich bei den Tests als Flop. Allerdings berichteten viele der männlichen Probanden von unerwarteten Erektionen. Nach der Zulassung 1998 kam der Wirkstoff als kleine blaue Pille mit großer Wirkung auf den Markt. YAY! Viagra!

Auch Teebeutel, Herzschrittmacher, Streichhölzer, Sekundenkleber, Teflon und viele andere spannende Dinge wurden im Grunde durch Un- oder Zufälle, Improvisation, Glück und die Erkenntnis darüber erfunden. Manchmal war die Forschung der Auslöser – und manchmal sogar ein Urlaub, Schlamperei oder Faulheit. Aber wie sagte Erich Kästner einst so schön? »Irrtümer haben ihren Wert, jedoch nur hier und da – nicht jeder, der nach Indien fährt, entdeckt Amerika.«

Ich bin außerdem überzeugt, dass wir auch einige kulinarische Genüsse dem Wirkprinzip der Improvisation zu verdanken haben. Oder glauben Sie wirklich, »Kalter Hund«, »Würstchen im Schlafrock« und »Arme Ritter« waren Absicht? Moment, da fehlt doch noch ein ganz wesentliches Rezept in dieser Aufzählung, das ich Ihnen auf keinen Fall vorenthalten darf.

Lucindes berühmte »Spaghetti all'improvvisazione«

Zutaten:
1 Packung Spaghetti (oder andere Pasta)
1 Bund grüner Spargel (wahlweise 1 Bund Bärlauch, Rucola, Brokkoli – oder sonst irgendetwas Grünes)
Viel Knoblauch, gehackt
Speck, Serranoschinken (oder nichts dergleichen)
Tomaten

Olivenöl
Parmesan, frisch gerieben

Zubereitung:
Pasta nach Packungsbeilage kochen.
Knoblauch mit dem Schinken in ein wenig Olivenöl anbraten.
Spargel in Stücke schneiden (Brokkoli vorher dünsten), zu Knoblauch und Schinken geben und maximal fünf Minuten mitbraten.
Tomaten in kleine Stücke schneiden.
Herdplatte ausmachen, Pasta abgießen, ein wenig Nudelwasser auffangen und zu dem Gemüse geben.
Pasta und Tomaten untermischen.
Genießen!

Das Silbermedaillengewinner-Syndrom!

Wäre Conchita Wurst nicht gewesen, hätten die Common Linnets 2014 mit *Calm After the Storm* garantiert den ESC gewonnen. Locker! Aber gegen Conchitas Glamour-Ballade, die als Befreiungshymne gefeiert wurde, hatte das niederländische Duo keine Chance.

Dafür kam ihr Song umso besser beim Publikum an: *Calm After the Storm* wurde ein Hit und war in den Charts deutlich erfolgreicher als *Rise Like a Phoenix*.

Da ging es den Common Linnets nicht anders als Cliff Richards, der 1968 – als der ESC noch Grand Prix Eurovision de la Chanson hieß – mit *Congratulations* Zweiter wurde – hinter *La, La, La* der Spanierin Massiel. Oder den New Seekers, die im Jahr 1972 zwar hinter Vicky Leandros landeten, doch ihr *Beg, Steel or Borrow* läuft noch heute regelmäßig im Radio – jedenfalls häufiger als *Après toi*.

Die knappstmögliche Niederlage erlitt übrigens die Sängerin Amina, die 1991 mit dem wunder-wunder-wunderschönen Lied *Le dernier qui a parlé* für Frankreich startete und der Schwedin Carola mit ihrem super-super-super-nervigen *Fångad av en stormvind* unterlag, obwohl beide exakt dieselbe Punktzahl erreicht hatten! Laut ESC-Regelwerk gewinnt in einem solchen Fall, wer am häufigsten die Höchstpunktzahl bekommen hat. In diesem Fall leider Carola. Das war so, so, so ungerecht!

Sie sehen, ich bin noch immer nicht darüber hinweg. Und wie muss es da erst Amina gehen! So nah war sie am Sieg dran, und dann so was. Zweiter Rang. Wer erinnert sich schon an Vizesieger (von den oben erwähnten Ausnahmen einmal abgesehen)? Nein, Zweite:r werden ist fast wie verlieren.

Das gilt im Sport noch mehr als bei Gesangswettbewerben. Wer immer Zweiter wird, braucht für den Spott nicht zu sorgen – ich sag nur »Vizekusen« (ein Ulkname für den ewig zweitplatzierten Verein, der nicht nur einen eigenen Wikipedia-Eintrag hat, sondern den die Leverkusener Bayer AG sogar als Markenzeichen hat schützen lassen).

Knapp vorbei ist eben auch daneben – darüber gibt es sogar ein Gedicht von Eugen Roth, das den Titel *Unverhoffter Erfolg* trägt und von einem Läufer handelt, der sich zunächst überhaupt keine Siegchancen ausrechnet und nur aus Spaß teilnimmt, dann aber vorne liegt und am Ende tieftraurig den zweiten Rang beklagt.

Keine Ahnung, ob Thomas Gilovich, Victoria Husted Medvec und Scott F. Madey den deutschen Lyriker und sein humoristisches Gedicht über den Zweitplatzierten kannten. Falls ja, könnte es sie durchaus zu ihren Experimenten inspiriert haben, die sie 1992 im Zusammenhang mit den Olympischen Spielen in Barcelona durchführten. Dabei untersuchte das Psychologenteam die Reaktionen der Medaillengewinner, und zwar jeweils nach Ende des Wettkampfs, bei der Siegerehrung sowie im anschließenden Interview.

Oh, wie sie strahlten und jubelten! Jedenfalls die Goldmedaillengewinner. Jaaaa, sie hatten es geschafft! Sieg!

Triumph! Ehre! Ekstase! Jahrelang hatten sie auf diesen Moment hingearbeitet, sich geschunden, trainiert, die Zähne zusammengebissen – alles für diesen Moment. Und nun hatte sich das alles gelohnt.

Wer außerdem strahlte und jubelte, waren die Drittplatzierten. Jaaa, eine Medaille! Sie durften aufs Treppchen. Was für ein Glück sie doch hatten!

Ganz anders die Silbermedaillengewinner. Ihnen stand Trauer und Enttäuschung ins Gesicht geschrieben. Wer freut sich schon über Silber, wenn Gold zum Greifen nah war?

Jedenfalls wenn man so tickt wie Supersportler. Da denkt man nicht: »Juhu, Silber, besser als Bronze«, sondern: »Verdammt, verdammt, verdammt!«

Ein Zentimeter mehr, eine Zehntelsekunde schneller, ein Millimeter höher, und der ganz große Sieg hätte ihnen gehört. Da kann man schon mal zerknirscht darüber sein, dass jemand anders ganz oben auf dem Treppchen steht. Dem man diesen Erfolg natürlich von Herzen missgönnt, sodass es für ihn ganz schön einsam ist dort an der Spitze. Beneidet werden ist nur bedingt schön.

Können Sie gar nicht verstehen? Sie würden sich auch über die Silbermedaille freuen wie ein Schnitzel?

Ja, das würde ich auch. Glaube ich jedenfalls. Sicher kann man sich da nie sein. Zumal wir es wohl nie herausfinden werden.

Oder vielleicht doch, wenn wir ganz ehrlich sind. Denn dieses Silbermedaillengewinner-Syndrom beruht auf einem Denkmuster, das nur zu menschlich ist. Leider, denn es macht furchtbar unzufrieden. Gemeint ist damit die Neigung, sich mit anderen zu vergleichen. Und zwar mit denjenigen, denen es vermeintlich besser geht.

Genauso wenig wie sich der Silbermedaillengewinner mit dem Letztplatzierten vergleicht, sondern mit dem Sieger, vergleichen wir uns mit denjenigen, die einen Tick erfolgreicher, wohlhabender, beliebter, hübscher und glücklicher sind – oder jedenfalls zu sein scheinen.

Doch ist das Gras auf der anderen Seite wirklich grüner? Ist der Kollege, der bei der Beförderung bevorzugt wurde, wirklich glücklicher? Ist die Beauty-Influencerin mit den vielen Followern rundum zufrieden mit ihrem Aussehen? Fühlt sich der Autor an der Spitze der Bestsellerliste tatsächlich wie im siebten Himmel? Ist die Nachbarin mit dem schicken Cabrio und den wohlgeratenen Kindern rundum zufrieden? Oder beneidet sie wiederum Sie um irgendwas?

Schon vor fast zweihundert Jahren erkannte der dänische Philosoph Søren Kierkegaard: »Das Vergleichen ist das Ende des Glücks und der Anfang der Unzufriedenheit.« Und dabei gab es zu seinen Lebzeiten nicht mal Instagram!

Ich bin sicher, selbst der zufriedenste Mensch des Planeten bekäme im Nullkommanix Minderwertigkeitskomplexe vom Feinsten, wenn er anfinge, sich mit anderen zu vergleichen.

Ohne diese Vergleicheritis gäbe es vermutlich auch keine Selbstoptimierungsratgeber. Und falls doch, würde sie keiner kaufen, viel weniger lesen.

Hören wir doch einfach auf damit. Denn selbst wenn der Nachbar, die Freundin, der Bekannte oder die Kollegin bei so einem Vergleich besser abschneiden, was sagt das schon aus? Und was wäre so schlimm daran?

Jetzt mal ehrlich: Warum streben wir überhaupt danach, andere zu übertreffen? Es besser zu haben? Besser zu sein?

Wenn überhaupt vergleichen, dann mit sich selbst. Mit der Person, die wir als Kind hofften, einmal zu werden.

Bei mir ist es einfach: Ich hatte nie den Wunsch, reich zu werden oder berühmt, ich wollte einfach nur Bücher schreiben. Und das hat geklappt.

Schreibe ich die besten, erfolgreichsten Bücher aller Zeiten? Natürlich nicht. Aber schreckt mich das ab? Natürlich auch nicht! Mir reicht es, dass dieses Buch hoffentlich das unterhaltsamste ist, das Sie heute gelesen haben.

Das Sprichwort sagt: Es ist nicht alles Gold, was glänzt. Ich würde vorschlagen, wir drehen die Sache um und formulieren: Es gibt so vieles, was unserem Leben Glanz verleiht – da muss es wirklich nicht immer Gold sein!

Was heißt hier »nur« Platz zwei?!

Mit einem Beispiel aus der Musik haben wir angefangen, mit einem Beispiel aus der Musik schließen wir auch ab. Genauer gesagt mit Hits, die in den deutschen Charts zwar Platz zwei erreichten, es jedoch niemals ganz an die Spitze geschafft haben. Sehen und staunen Sie:

Michael Jackson: *Beat it*
Ed Sheeran + Justin Bieber: *I Don't Care*

Lady Gaga: *Alejandro*
Elvis Presley: *It's Now or Never*
Sarah Connor: *Wie schön du bist*
Madonna: *Like a Prayer*
Mark Forster: *Bauch und Kopf*
Foreigner: *Waiting for a Girl Like You*
Robbie Williams + Nicole Kidman: *Somethin' Stupid*
Ariana Grande: *No Tears Left to Cry*
USA for Africa: *We are the World*
Lena Meyer-Landrut: *Stardust*
Celine Dion + Bee Gees: *Immortality*
Lionel Richie: *Hello*
Katy Perry: *Roar*
Vicky Leandros: *Ich hab die Liebe geseh'n*
Queen: *Radio Ga Ga*
Zayn Malik + Taylor Swift: *I Don't Wanna Live Forever*
The Beatles: *Help!*
Rihanna: *Russian Roulette*
Linkin Park: *Burn it Down*

Jetzt haben Sie Ohrwürmer für den Rest der Woche? Bitte, gerne ☺

Schwächen zu Stärken machen

Heike hat natürlich recht. Und selbst wenn ich Sprichworte liebe und eigentlich nicht genug von ihnen bekommen kann: Es muss nicht immer Gold sein. Auch nicht Silber oder überhaupt eine Medaille. Manchmal wäre etwas Motivations- und Erfolgsglitzer über dem großen Ganzen allerdings nicht schlecht. Oder vielleicht sogar ein wenig Camouflage …

Oh nein, ich habe nicht den Anspruch, perfekt zu sein, sondern im Gegenteil überhaupt nichts gegen all die vielen Dinge, die ich einfach nur mittelmäßig kann. Es sind schließlich die meisten. Kochen beispielsweise. Kindererziehung. Autofahren. Es läuft nicht immer großartig, aber doch immer irgendwie einigermaßen rund.

Es könnte besser, aber auch sehr viel schlechter sein. Ich bin da völlig uneitel und habe mich damit abgefunden, dass es ist, wie es eben ist.

Meine Kinder sind toll, auch wenn wir streiten und ihre Noten mal über, mal unter dem Durchschnitt liegen.

Bei uns gibt es mindestens einmal in der Woche gebratene Maultaschen, weil ich diesbezüglich völlig unkreativ bin und mir nie einfällt, was ich kochen könnte. Mein Sohn isst Ketchup dazu, anstatt irgendwas Frisches und auf keinen Fall Salat, denn der ist grün.

Ich komme in Parklücken, wenn sie groß genug sind für meine Fahrfähigkeiten (-künste wäre wirklich übertrieben) und wenn nicht, suche ich mir einen anderen Parkplatz. Das ist der unspektakuläre Teil meines Lebens.

Und dann gibt es auch noch die Dinge, in denen ich richtig scheitere: Ich kann zum Beispiel kein Mathe. Ab dem Dreisatz bin ich raus. Ich bin davon überzeugt, dass ich mit einer ausgeprägten Rechenschwäche diagnostiziert worden wäre, wenn es das während meiner Schulzeit schon gegeben hätte. Wie viel Leid wäre mir da erspart geblieben (und meinen Mathelehrern erst!). Tatsächlich erfüllt mich sogar schon meine Buchhaltung mit Furcht, und sobald es darum geht, Prozentsätze auszurechnen (wie beispielsweise bei Rechnungen), verzweifle ich beinahe. In dem Moment, in dem mein Mann die Steuererklärung und deren Abgabetermin erwähnt oder meine Kinder mich fragen, ob ich »kurz mal« eine Schulaufgabe überprüfen kann, befällt mich akute Narkolepsie, und ich muss mich hinlegen. Sofort. Mein Puls rast, mir wird schlecht, ich sehe Blitze. Na ja. Manchmal jedenfalls.

Menschen, denen es nicht so geht, können das nicht nachvollziehen, das ist mir schon klar. Mein Mann findet auch, ich solle mich bitte nicht so anstellen. Ich würde es ja sehr gern unterlassen, aber … Es geht eben nicht. Wie bei einigen anderen Dingen habe ich da eine unüberwindbare unsichtbare Grenze. Wollen allein reicht nicht, glauben Sie mir, ich habe es ausprobiert.

Es funktioniert auch weder bei der Entfernung von Haaren aus Abflüssen oder bei Dingen, die man mit Kraft in den Oberarmen tun muss. Liegestütze. Umzugshilfen. Männer auf Leitern abstützen. Ich kann es nicht, weil der liebe Gott, die Genetik oder wer auch immer mich quasi ohne Oberarmmuskulatur geliefert hat. Hätte ich auch gern anders, ist aber so und lässt sich auch nicht wegtrainieren.

Glauben Sie mir, wenn ich für jede Liegestütze, bei der ich laut stöhnend auf die Matte und schlimmstenfalls auf das Gesicht gefallen bin, einen Euro bekommen hätte, wäre ich jetzt reich.

Ich friere immer, bin nicht cool und völlig undiszipliniert, wenn es um Genussmittel geht. Ich habe Angst vor Enge und kann Dunkelheit nur leiden, wenn ein Licht brennt (toll). Ich bin viel zu empfindlich und denke zu viel nach. Vor allem über meine Schwächen.

Ich könnte diese Liste noch deutlich verlängern, aber das tut mir nicht gut und außerdem wissen Sie dann alles über mich, was ich seit Jahren mal mit mehr, mal mit weniger Erfolg zu verbergen versuche.

Natürlich wäre es schön, einen Trick zu kennen, um diese Schwächen (und alle weiteren) in Stärken verwandeln zu können. Ich würde ihn Ihnen auch verraten, wenn es einen gäbe. Aber ganz ehrlich glaube ich nicht dran, dass man das machen sollte – oder kann. Das wäre, als ob ich plötzlich eine Karriere als Steuerberaterin anstreben würde. Ich würde es schon tun, aber nicht unbedingt, weil ich es auf wundersame Weise plötzlich draufhätte, sondern weil ich dann all den anderen, die fühlen wie ich, vielleicht die Angst nehmen könnte.

»Seht her!«, würde ich zu all den verängstigten Menschen da draußen sagen, »ich habe es geschafft! Ich weise die Umsatzsteuer locker aus und erkläre jedem mit links, warum manches mit neunzehn und manches mit sieben Prozent besteuert wird!«

Nein. Ich fange jetzt schon an zu schwitzen. Es steht nicht zur Debatte. Und zwar, weil es einfach nicht möglich ist, alles zu schaffen, wenn man nur will. Auch eines dieser Sprichwörter, die uns so unter Druck setzen. Manches ist für uns einfach nicht vorgesehen. Unsere Aufgabe ist schlicht, genau das zu erkennen. Aber – im Gegenzug – all das, was uns liegt, eben auch.

Dann müssen wir nur noch dementsprechende Tätigkeiten, Hobbys, Lebensumstände danach sortieren, und fertig ist das glückliche Leben.

Na ja, ganz so einfach ist es natürlich auch wieder nicht. Man kann nicht nur machen, was einem liegt, und es ist natürlich auch sehr sinnvoll, an vermeintlichen Schwächen zu arbeiten. Manchmal kann man ja dabei sogar feststellen, dass es nichts zu überwinden gibt.

Menschen sind nun mal glücklicherweise unterschiedlich – und jede Charaktereigenschaft hat ihre Qualitäten. Anstatt also zu sagen, dass ich zu empfindlich bin und zu viel nachdenke, hätte ich auch sagen können, wie empathisch und reflektiert ich bin. Das klingt doch gleich viel positiver, oder?

Genug selbst gelobt. Schnell zurück zu meinen Schwächen.

Ich werde also nie eine gute Sängerin/Tänzerin/Yogini sein. Na und? Es hindert mich nicht daran, all das trotzdem zu machen. Lieber natürlich, wenn mich keiner dabei sieht, aber hey: Ich singe, ich tanze (oder nenne diese Bewegungen, die ich zu Musik vollführe, wenigstens so), und Yoga mache ich auch regelmäßig.

Ich kenne meine Grenzen, versuche sie ab und zu zu überwinden und bemühe mich tatsächlich, mich dabei nicht an anderen zu messen. Was mir meistens auch gelingt.

Manchmal ist es allerdings gar nicht so einfach, bei sich selbst zu bleiben, denn all diese Leute da draußen eignen sich extrem gut für Vergleiche, und es gibt immer jemanden, der das, was wir gerne gut machen würden, viel besser macht als wir.

Tatsächlich ist mir aufgefallen, dass ich mir an schlechten Tagen eine Traumfrau aus all meinen bewundernswerten Freundinnen mit all ihren großartigen Fähigkeiten und Talenten da draußen bastele, mit der ich mich dann vergleiche. An solchen Tagen fühle ich mich elend, klein und minderwertig.

Denn ich bin keineswegs so sportlich und schlank wie Anne, sondern habe einen dicken Hintern und kämpfe bei jeder Joggingrunde ums Überleben.

Ich bin nicht so klug und gebildet wie Susa, stattdessen mache ich ständig Witze – aber nur um zu vertuschen, dass ich keine Ahnung von Politik, Wirtschaft und all den anderen großen Themen habe, über die die Welt eben spricht. Oder wenigstens Susa.

Ich bin nicht so fröhlich und glücklich verheiratet wie Wiebke, stattdessen ist mir manchmal alles zu laut, meine Familie geht mir auf den Keks, und ich könnte den ganzen Tag darüber jammern, wie es hier aussieht und dass ich die Einzige bin, die den Müll runterträgt.

Das Einzige, worin ich wirklich sehr gut bin, ist, aus all diesen tollen Frauen diese Superheldin zu basteln, mit der ich schon gleich zehnmal nicht mithalten kann. An diesem Punkt angekommen, bin ich maximal die Summe meiner

Schwächen und kann mich selbst nicht leiden. Meist schiebe ich für einen Augenblick alles auf die Hormone, aber dann esse ich (ebenfalls hormongetrieben) sehr viel Schokolade, was nur sehr kurzfristig etwas verbessert, nur um dann sofort mein schlechtes Gewissen zu wecken.

»Nicht gut genug« ist an solchen Tagen mein immer wiederkehrendes Mantra, das ich einfach nicht abstellen kann, und es dauert, bis ich es enttarnt habe.

Dabei liebe ich diese Frauen sehr, kenne sie gut und weiß deshalb genau, dass sie ebenfalls nicht fehlerfrei sind. Susa verzweifelt beinahe an Rechtschreibung, Anne kann einfach nicht pünktlich sein, und Wiebke würde so unglaublich gerne wieder in ihrem Beruf als Architektin arbeiten, kriegt aber einfach die Kurve nicht und fühlt sich ständig unterfordert.

Das alles ist mir egal. Ich sehe diese hell leuchtenden Frauen und frage mich, warum auch sie manchmal an sich zweifeln. In meinen Augen haben sie doch gar keinen Grund. All das, was sie stört, ist doch nicht wichtig. Zumindest nicht für mich. Im Gegenteil: Ich liebe sie auch wegen ihrer Schwächen (und nicht trotzdem), weil es sie so echt macht. So verletzlich. Und weil es mir die Möglichkeit gibt, sie mit meinen Stärken zu unterstützen. That's what friends are for ... Susa lässt mich alles Korrektur lesen. Anne weiß, dass ich sie immer eine halbe Stunde früher bestelle, und Wiebke lauscht meinen geduldigen und immer wiederkehrenden Motivationsreden, wenn sie mal wieder unsicher ist, ob sie es wirklich wagen soll. Wir brauchen uns gegenseitig und können uns die Wertschätzung entgegenbringen, die wir für uns selbst nicht übrighaben.

Die Frage ist: warum nicht? Wäre ich meine eigene beste Freundin und würde mit ihr meine Gedanken an schlechten Tagen teilen, würde ich mir selbst in den Hintern treten, denn es ist schön, dass meine eigenen Schwächen mich offensichtlich gelassen und großzügig gegenüber anderen machen. Jetzt muss ich wohl nur noch lernen, mir selbst genauso zu begegnen. Dann hätte ich definitiv eine Schwäche zu einer Stärke gemacht.

Der beste Trick: Glaubenssätze enttarnen!

Wie ich ja schon erwähnt habe, liebe ich Sprichwörter. Aber tatsächlich können sie unseren Selbstwert nachhaltig torpedieren – vor allem, wenn wir sie schon in unserer Kindheit gehört (oder in unseren Poesiealben gelesen) und in unser Wertesystem aufgenommen haben. Sie stecken in uns und melden sich zu Wort – immer dann, wenn wir es am wenigsten brauchen können. Also kontern wir. Denn steter Tropfen höhlt den Stein. Morgenstund hat Gold im Mund. Und überhaupt:

Eigenlob stinkt
Echt jetzt? Wir sind so gut darin, unser eigener größter Kritiker zu sein. Wir bewerten uns ständig und niemals gut. Können wir etwas, dann ist es selbstver-

ständlich für uns und nichts Besonderes. Schlimmstenfalls sagen wir uns selbst, dass auch ein blindes Huhn mal ein Korn findet.
Blödsinn! Sagen Sie sich lieber mal, was Sie gut können! Seien Sie stolz darauf. Ein gesunder Eigen- oder Selbstwert stinkt nämlich auf keinen Fall. Er duftet regelrecht. Nach Rosen, Erfolg und Leichtigkeit.

Hochmut kommt vor dem Fall
Lieber den Spatz in der Hand als die Taube auf dem Dach? Kleinvieh macht auch Mist? Schuster, bleib bei deinen Leisten? Schon klar. Immer schön bescheiden bleiben, nur nicht nach den Sternen greifen. Sich nicht zu viel nehmen oder gar zu trauen. Sich ausbremsen lassen, nur um nicht den eigenen Träumen zu folgen, und immer schön angepasst ja nichts wagen. Was für eine gruselige Vorstellung von einem Leben, das gar nicht das eigene ist.
Aber Überraschung: In Hochmut steckt »Mut«. Also los, trauen Sie sich! Die Grenzen sind nur in Ihrem Kopf! Worauf warten Sie noch?

Jeder ist seines Glückes Schmied
Stimmt natürlich. Aber dabei geht es nicht darum, ständig seine Grenzen zu überschreiten, nur um ein bisschen weiterzukommen, höher zu fliegen, schneller mehr Geld zu machen.

Sondern darum, dieses Glück überhaupt zu definieren und sich zu fragen, was man wirklich will und ob es wirklich etwas mit immer mehr Leistung zu tun hat.
Hat es nämlich nicht, stimmt's?

Aller Anfang ist schwer
Genau. Manchmal. Aber manchmal dreht es sich dabei nur um den allerersten Schritt – oder um die Entscheidung dafür. Und manchmal ist aller Anfang auch leicht. Das heißt nicht, dass er weniger wert ist. Außerdem will gut Ding Weile haben.
Seien Sie also geduldig mit sich! Und liebevoll. Es ist nämlich noch kein Meister vom Himmel gefallen.

Bullshit-Bingo »Glaubenssätze«

Ja, es gibt viele Gründe, aus denen man sich immer weiter selbst antreiben und auch regelmäßig überfordern kann. Die Eltern, die Nachbarn, die Erziehung, der Boss ...

Aber Hand aufs Herz: Sind es wirklich immer die anderen, die diese Erwartungen an uns schüren und uns nie zur Ruhe kommen lassen? Oder können wir das ganz gut selbst?

Ganz ehrlich: Wie viele von diesen Sätzen haben Sie sich schon selbst gesagt und/oder sagen Sie regelmäßig?

Es sind sogenannte Glaubenssätze. Tief verinnerlichte vermeintliche Regeln, nach denen wir funktionieren sollten, die allerdings vor allem eines erreichen: Sie stressen und verunsichern uns. Also los, überprüfen Sie sich selbst!

Negative Glaubenssätze, die kein Mensch braucht

Ich bin nicht … genug! (schön, klug, interessant, schlank, sportlich, talentiert)	Ich müsste dringend …	Das ist doch das Mindeste!	Das kann man ja wohl von mir erwarten?	Das macht man aber so!
Da geht noch was!	Andere schaffen das mit links!	Erst die Arbeit, dann das Vergnügen.	Ich kann ja gar nichts!	Wenn ich es nicht selbst mache, wird es nichts.
Das ist doch ganz leicht!	Da muss man durch!	Die werden schon wissen, was gut (für mich) ist.	Ich darf niemanden enttäuschen!	Andere hätten längst …
Kein Problem!	Das geht aber auch schneller!	Da muss man sich anpassen!	Das kann man nicht ändern.	Ist das etwa schon alles?
Jederzeit gerne!	Früher Vogel fängt den Wurm.	… sonst mag mich keiner!	Ich sollte mich nicht so wichtig nehmen!	Kann man so machen, wird dann leider Kacke.

Sie haben den einen oder anderen Glaubenssatz enttarnt? Prima. Dann können Sie es ja in Zukunft besser machen. Zum Beispiel so:

Positive Glaubenssätze, die wir uns viel öfter selbst sagen sollten

Kopieren Sie sich diese Liste ruhig mehrfach. Schneiden Sie sie aus, stecken Sie sie in Ihr Portemonnaie, hängen Sie sie an die Wand, schicken Sie sie Freunden. Ganz egal, was Sie damit machen: sagen Sie diese Sätze. So oft wie möglich. Laut und leise. Das wird toll!

Ich bin genau richtig!	Ich mache das, was jetzt gerade nötig ist.	In der Ruhe liegt die Kraft.	Ich entscheide selbst, was wichtig ist.	Ich mache das auf meine Weise!
So wie es ist, ist es genug.	Ganz entspannt!	Ich habe Spaß an dem, was ich mache.	Ich kann alles, was ich können möchte.	Ich habe Vertrauen in die Fähigkeiten von anderen.
Ich mache es so gut und gründlich wie möglich.	Ich habe keine Lust!	Ich weiß am besten, was gut für mich ist.	Ich bin und bleibe mir treu!	Ich bin stolz auf mich!
Ich überlege mir das.	Ein Schritt nach dem anderen.	Ich bin ich!	Es darf sich alles ändern.	Es ist genug.
Nur zu meinen Bedingungen.	Am effektivsten bin ich ausgeschlafen.	Ich verdiene Zuneigung auch ohne Gegenleistung!	Der wichtigste Mensch in meinem Leben bin ich!	Gut gemacht!

Nachwort Heike:
Zu Risiken und Nebenwirkungen ...

Wie eingangs erwähnt: Dies ist kein Selbstoptimierungsratgeber und will auch gar keiner sein. Unser Ziel war es vor allem, Sie zu unterhalten.

Und wenn wir Sie ganz nebenbei zum Nachdenken gebracht haben, kann das wohl nicht schaden.

Es wäre natürlich auch möglich, dass das Lesen und Nachdenken gewisse Handlungen nach sich zieht. Sie könnten zum Beispiel all die Selbstoptimierungsratgeber, die Sie im Regal stehen haben, wegwerfen. Oder aufhören, sich selbst als wandelnde Problemzone zu betrachten. Essen, was Ihnen schmeckt, ohne schlechtes Gewissen. Sich nie wieder mit anderen vergleichen, weil das eh bloß unzufrieden macht. Entspannter durchs Leben gehen, ob mit oder ohne Meditation. Sich bewegen, nur weil es Spaß macht und guttut, nicht um irgendein Soll (oder gar die Vorgaben eines Fitnesstrackers) zu erfüllen. Anfangen, ganz neu über Glück, Erfolg und Werte nachzudenken. Ihre Liebsten so sein lassen, wie sie sind, statt an ihnen rumzumäkeln. Und mindestens genauso wohlwollend mit sich selbst umzugehen!

Ja, das alles könnte passieren. Aber dafür können wir dann nichts. So was gehört zu den normalen Risiken und Nebenwirkungen des Lesens! Fragen Sie dann einfach Ihre

Buchhändlerin oder Ihren Buchhändler. Denn gegen die Folgen des Lesens hilft nur: noch mehr lesen.

Übrigens: Die nächste Hutzenlaub-Abidi-Koproduktion ist bereits in Arbeit! Und – Überraschung: Es wird wieder kein Ratgeber.

Und falls Sie sich fragen, wann Sie das alles lesen sollen, habe ich hier ein paar Tipps für Sie:

Meine Top 10 der besten Lesemomente

1. Beim Haareföhnen
Okay, Sie haben dann hinterher zwar nur trockene Haare, keine Frisur, aber wenn ein Buch so richtig spannend ist, kann man das schon mal in Kauf nehmen!

2. Bei der Fußpflege
Hier empfehle ich einen spannenden Krimi. Das lenkt hervorragend ab, und Sie merken überhaupt nicht, wie furchtbar kitzelig Sie eigentlich sind.

3. Im Wartezimmer
Man könnte sich kaputtärgern, dass man trotz Termin zwei Stunden warten muss. Oder man könnte sich über die geschenkte Lesezeit freuen …

4. Beim Dehnen
Dehnübungen wirken nur so richtig, wenn man sie lange genug hält. Statt dem Sekundenzeiger beim Schleichen zuzusehen, messen Sie die Zeit doch einfach in gelesenen Buchseiten!

5. Auf dem Klo
Das Klolesen ist weitverbreitet. Blöd nur, wenn man an die Lektüre erst denkt, wenn man schon draufsitzt. Und dann liest man eben das Shampooetikett. Tipp: Lesefutter bereitlegen!

6. Bei langweiligen Vorträgen
Idealerweise »verkleidet« man die Lektüre als Notizbuch und gibt vor, hin und wieder etwas zu notieren, damit es nicht auffällt. Vorsicht: Das heimliche Blättern muss geübt sein!

7. Beim Frisör
Unter dem Hashtag #frisörzeitistlesezeit dokumentiere ich auf Instagram meine Frisörbesuche nebst jeweiligem Lesetipp. Einmal hatte ich allerdings mein Buch vergessen. Drama!

8. Beim Essen
Mahlzeiten sind perfekte Lesegelegenheiten – sofern man dabei allein ist. Oder falls alle anderen am Tisch ebenfalls lieber lesen wollen, als sich zu unterhalten …

9. In Warteschlangen
Die Schlange an der Supermarktkasse, am Postschalter oder vor dem Geldautomaten ist mal wieder unendlich lang? Wie gut, dass Sie immer was zu lesen dabeihaben!

10. Unterwegs
In Bus und Bahn liest es sich prima. Leider gilt das nicht fürs Auto – schon gar nicht, wenn man selbst fährt. Es sei denn, man greift zum Hörbuch! Da wird der Stau zum Vergnügen ☺

Nachwort Lucinde:
Ein Hoch auf das Leben

Auch Hollywoodschauspieler müssen aufs Klo, wachen morgens mit Mundgeruch auf und haben ab und zu schlechte Laune. Glaube ich zumindest. Nobelpreisträgerinnen sperren sich vielleicht sogar mal aus oder haben Probleme, ihren Schlüssel zu finden. Und Selbstzweifel haben sie sowieso. Wenn man ständig unter Beobachtung steht, scheitert es sich vermutlich sogar noch schmerzhafter, als wenn nur wir es bemerken.

Natürlich tun sie das nicht freiwillig öffentlich, aber es passiert eben. Genau wie es uns in unserem weniger öffentlichen Leben auch passiert. Dass niemand perfekt ist, auch wenn der eine oder andere das von sich behauptet oder sich zumindest so benimmt, wissen wir natürlich auch – und dennoch können wir es uns manchmal nicht verkneifen, genau das von uns selbst zu erwarten.

Wir setzen uns unter Druck, besser zu sein, schöner und manchmal auch klüger. Dabei wäre das doch schrecklich, wenn wir alle perfekt wären. Was wären wir (und alle anderen) ohne Ecken und Kanten, ohne unsere Eigenheiten unsere persönlichen »special effects«, die uns und das Leben interessant machen?

Ganz genau: Wir wären beliebig. Austauschbar. Alle gleich.

Dass wahre Perfektion immer einen Bruch braucht, um

sie hell leuchten zu lassen, haben wir vielleicht einfach noch nicht verinnerlicht – im Gegensatz zu den Japanern und ihrem *Wabi-Sabi*. Die Schönheit, die man nur ganz begreifen kann, wenn man auch die Vergänglichkeit in ihr wahrnimmt. Das Gefühl, das man bei der Betrachtung empfindet. Die Wehmut hinter der Erkenntnis. Den Bruch.

Vielleicht beschreibt Wabi-Sabi ganz gut unsere Lebensaufgaben:
- Uns als Ganzes zu begreifen und nicht nur als die Summe all dessen, was wir leisten oder worin wir richtig toll sind.
- Zu sehen, was da ist. Auch die Krisen und Schwierigkeiten, denn wir haben aus ihnen gelernt und uns dank ihnen weiterentwickelt.
- Zu feiern, was wir haben. Auch die vermeintlich negativen Eigenschaften, denn vielleicht haben sie uns auch das eine oder andere Mal schon vor einer schlechten Erfahrung bewahrt.
- Gut und großzügig zu uns zu sein. Uns und unser Leben, unsere eigenen Brüche mit Gold zu füllen und uns am Leuchten zu freuen.

Ein Hoch auf *Wabi-Sabi*, auf die Demut und die Gelassenheit, auf uns und auf das Leben, das uns all diese kostbaren Dinge lehrt. Denn: Ist es nicht großartig?

Danke

Wir möchten all den wunderbaren Menschen danken, die an der Entstehung dieses Buches beteiligt waren:

Wir danken Elisabeth Schmitten, unserer Lektorin vom Penguin Verlag, die sich für unser Plädoyer gegen den Selbstoptimierungswahn begeistert hat.

Ebenso danken wir Verlagsleiterin Karen Guddas und Programmleiterin Annette Anton für ihr Vertrauen und ihre Leidenschaft für besondere Bücher. Danke, dass ihr diesem Projekt bei Penguin ein Zuhause gegeben habt.

Danke an Steffi Emrich für ihr Adlerauge beim Testlesen. Nicht zu fassen, was du wieder für Tippfehler gefunden hast! (Ich sag nur: die Kunst des Bodenschießens.)

Wir bedanken uns bei Katharina Rottenbacher für ihr tolles Lektorat. Es war uns, wie immer, ein Fest, mit dir zu arbeiten!

Ein besonderer Dank geht an Anja Koeseling, Agentur Scriptzz, und Leonie Schöbel, Agentur Meller.

Nicht zu vergessen das Team in der Presseabteilung, die Schriftsetzer:innen, Korrekturleser:innen, Covergestalter:innen, Vertriebler:innen, natürlich auch die Drucker:innen und überhaupt alle, die aus unserem Manuskript dieses Buch gemacht haben.

Danke an Gaby Gerster für unsere immer noch großartigen Autorinnenfotos. Wir freuen uns schon auf das nächste Shooting.

Wir danken auch unseren lieben Freundinnen und Kolleginnen (beispielsweise bei Texttreff und DELIA). Das Autorinnenleben ohne euch wäre wirklich ganz schön einsam, vor allem in diesem Jahr.

Ein Riesendank geht natürlich auch an unsere Familien, die uns unterstützen, an uns glauben, für uns da sind. Ihr seid die Allerbesten!

Und schließlich danken wir Ihnen, die Sie dieses Buch gekauft haben. Wir hoffen, Sie haben ganz viel Spaß beim Lesen. Für Sie haben wir *Ich dachte, ich bin schon perfekt* geschrieben.

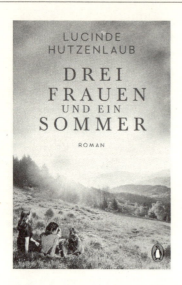

Drei Frauen, ein unvergesslicher Sommer und ein Ort, der Erinnerungen weckt

Kurz vor ihrem 40. Geburtstag erfährt Kiki, dass der Mann, mit dem sie ihr Leben verbringen wollte, eine andere heiraten wird. Ausgerechnet da bittet ihre Mutter sie, sie zu einer Reise auf die Schwäbische Alb zu Kikis Tante zu begleiten. Kiki stimmt nur widerwillig zu. Doch an einem Sommerabend am See, als die letzten Sonnenstrahlen die flachen Steine am Ufer wärmen und Kiki den Duft reifer Himbeeren riecht, erzählt Tante Elsie ihr endlich die tragische Geschichte ihrer großen Liebe Kurt, den sie in den letzten Kriegsjahren hier kennenlernte. Kiki fühlt, wie sich ihre Sicht auf viele Dinge im Leben ändert – besonders, als ihr der charmante Schreiner Jakob über den Weg läuft …

Tausche altes Leben gegen neues Glück!

Johanna ist mit Anfang 50 plötzlich Witwe. Ihre Ehe war schon lange zerrüttet. Und doch fühlt sie sich plötzlich allein und verloren. Als sie die Trauerkarten durchgeht, findet sie ein leeres Notizbuch, das ihr eine frühere Freundin geschenkt hat. Sie hatte vergessen, wie gern sie als junge Frau Tagebuch geschrieben hat. Auch jetzt füllen sich schnell die Seiten, und Johanna merkt, dass sie neu anfangen muss, um sich selbst zu finden. Als Erstes will sie dieses schicke, aber seelenlose Haus loswerden, das ihr nie ein richtiges Zuhause war. Sie beauftragt einen Makler und ist vollkommen überrascht, als plötzlich ihr Exfreund vor ihr steht. Henry, mit dem sie vor ihrer Ehe eine kurze, aber intensive Affäre hatte. Henry, der sie an die junge, lebenslustige Frau erinnert, die sie einmal war – und der offenbar immer noch einen Platz in ihrem Herzen hat …